공공시계열 데이터분석 기초의 직관적인 이해

SPSS를 활용한 공공시계열 데이터분석

김구

Business & Management Books
비앤엠북스

머리말

인간은 안정적이고 확실하며 예측가능한 일을 마주하고 싶어 한다. 미래를 예측할 수 있다는 것은 과거에 경험한 현상의 데이터를 통해 미래에도 똑같이 그 현상이 일어날 것이라는 가정을 두기 때문이다. 그러나 오늘날 세상은 자연재난, 감염병, 경제상황의 변화, 실업, 인구구조 및 고용구조의 변화, 가치관 및 인식의 차이 등과 같이 새롭고 다양한 요인들에 의해 과거에 경험하지 못한 현상을 마주하고 있어 점점 예측하기 어려운 시대가 되고 있다. 불확실한 상황요인의 다양화 및 다변화에 따라 예측하기 어려울수록 미래에 일어날 일을 예측하여 사전적이고 선제적으로 준비하는 사람(기관, 조직)만이 경쟁력을 갖추게 된다. 그렇다면 예측을 어떻게 할 것인지가 관건이다. 이 책은 시간적 흐름에 따라 측정된 과거의 데이터를 통해 미래를 예측할 수 있는 시계열 데이터의 분석방법을 초심자의 입장에서 쉽게 이해하고 활용할 수 있게 하였다.

오늘날은 '(빅)데이터의 시대'이다. 개인을 비롯하여 조직 · 기업 · 공공기관 · 국가 등 모든 주체는 자신에게 주어진 발전적 목표를 효율적으로 추진하기 위하여 활동과 관련된 직 · 간접적인 과거 및 현재 활동의 근거인 데이터를 체계적으로 수집하고 객관적으로 분석하여 미래를 예측하는 활동에 주력하여야만 성과를 기대할 수 있다. 미래를 예측하는 방법은 전문가 그룹이나 의사결정자의 개인적인 판단에 따른 주관적인 접근도 있지만 축적된 양적인 데이터에 의한 객관적인 접근이 있다. 주관적인 질적인 접근방법은 과거에 경험하지 못하였던 새로운 현상이나 급격한 변화가 발생하고 판단 및 결정의 시급성을 요하는 경우에 적용하는 이점이 있지만 신뢰성과 정확성을 담보하기 어렵다. 당면하는 문제를 해결하기 위한 대안을 모색하고 판단하기 위하여 주관적 방법을 적용하더라도 이 과정에서도 전문지식을 빌려오거나 과거의 유사사례에 비추어보거나 직 · 간접의 데이터 분석을 통해 판단의 근거로 삼는다. 미래를 예측한다는 것은 인간의 의도와 태도에서 비롯한 활동 방향을 헤아리고 짐작한다는 것이고, 시계열 데이터는 과거의 시간적 흐름에 따른 인간의 활동 흔적이라고 할 수 있다. 미래를 예측한다는 것은 과거의 동일한 조건 및 상황이 미래에도 주어진다면 과거와 같은 활동이 지속될 것으로 간주한다. 오늘날 시대가 다양하고 불확실한 상황요인이 발생되고 있지만, 여전히 체계적이고 객관적인 데이터 분석을 통한 판단 과정과 결정은 중요해지고 있다.

이 책은 공공부문을 연구하거나 학습하는 초심자들이 시계열 데이터의 분석방법을 이해하고 활용할 수 있도록 구성하였다. 필자는 그동안 학부 및 대학원에서 방법론과 계량분석(데이터분석)을 비롯하여 정책분석 및 정책평가론을 강의하면서 시계열 분석에 관한 내용을 이론적 설명에 그친 것이 늘 아쉬움으로 남았었다. 이 책은 이런 아쉬움의 부족함을 채우고 연구자 및 학습 수요자들이 시계열 분석을 따라하면서 쉽게 이해하고 활용할 수 있도록 하였다. 이 책의 특징은 초심자가 쉽게 따라하고 이해할 수 있도록 기초 내용을 반복적으로 제시하고 직관적인 체계로 구성하면서, 기본 개념과 원리를 중심으로 분석 절차와 결과 해석에 중점을 둠으로써 통계학을 전공하지 않은 사람이라도 누구나 따라할 수 있도록 하였다. 특히, 이 책에서 사례분석 대상으로 삼고 있는 시계열 데이터는 공공기관에서 생성하고 수집 · 정리한 데이터로 누구든지 국가통계포털에서 얻을 수 있다.

이 책은 총 7장으로 구성되어 있다. 제1장에서는 시계열 데이터의 정리 방법부터 시계열의 기본 개념과 가정 그리고 시계열의 변동을 소개하고 날짜 정의 방법과 이상치(값) 확인 방법 등 시계열 분석을 위한 준비과정을 담았다. 제2장에서는 비정상적 시계열 데이터를 안정적 시계열 데이터로 변환하기 위한 확인방법으로서 순차도표(시퀀스 차트)와 자기상관분석(자기상관함수) 방법 그리고 그에 따른 차분과 계절차분 방법을 담고 있다. 제3장에서는 불규칙한 형태의 변동을 가진 시계열 데이터를 평활화하여 예측하는 방법으로서 이동평균법, 지수평활법을 담고 있다. 제4장에서는 시계열 분석 모형의 적합성을 검증하는 방법으로서 잔차의 산점도, 정규성, 독립성 등의 검정 방법을 담고 있다. 제5장에서는 두 개의 시계열 데이터가 교차하여 상호관계를 가지는지를 파악하는 교차상관분석을 담고 있다. 제6장에서는 독립변수를 통해 종속변수의 변화를 설명 및 예측하고자 하는 시계열 회귀분석의 기본 원리와 방법을 소개하면서 명목수준의 측정변수를 가변수로 변환하여 회귀분석하는 방법도 담고 있다. 마지막 제7장에서는 전통적 시계열 데이터와 횡단 데이터를 결합한 횡단시계열분석을 담고 있다.

이 책은 이상과 같이 통계학을 전공하지 않은 사회과학, 특히 공공부문의 초심자에게 요구되는 기본 내용을 담고 있으며, 이 순서대로 따라하면서 쉽게 이해하고 활용하는 데 목적을 두었다. 필자는 통계학 전공자가 아닌 사회과학 전공자로서 통계학 전공자의 지식수준에 비추어 많이 부족하지만, 통계학의 기본 원리를 바탕으로 사회현상에 응용하는 데 관심을 가지고 있다. 지식의 발전은 지적 호기심과 사회문제를 해결하는 데 실마리를 제공하려는 의도에서 비롯된다. 하지만 호기심과 의도만으로 요구하는 지식의 내용적 타당성과 정확성을 대변하기 어렵다. 필자 역시 지적 호기심과 사회문제 해결을 위한 도대로 삼고자 하는 의도로 이 책 내용의 오류를 정당화하고 싶지 않다. 필자가 놓치고 있는 부문이나 이해의 오류에 대해서는 독자들의 아낌없는 지적과 채찍을 요청하면서, 사회과학 학습 초심자들에게 소기의 성과가 있기를 기대한다.

2021년 12월

저자 씀

차례

Chapter 1 시계열 분석 기초

Chapter 2 시계열 데이터의 안정화

Chapter 3 시계열 데이터의 평활화

Chapter 4 잔차의 모형 검증

Chapter 5 교차상관 분석

Chapter 6 시계열 회귀분석

Chapter 7 횡단시계열 분석

사례분석을 위한 데이터 파일 목록

(제1장)

- 주민등록인구.xlsx
- 주민등록인구.sav
- 지방자치단체현원.sav
- time.sav

(제2장)

- 지방자치단체현원.sav
- 안정화1.sav
- 안정화2.sav
- 실업자수.sav
- 실업자수_월별.sav
- 1인당지역총소득.sav
- 소득.sav

(제3장)

- 공공데이터.sav
- 산불건수.sav
- 월별실업자수.sav
- 순이동인구_경기도.sav

(제4장)

- 잔차검증.sav

(제5장)

- 교차상관.sav
- 1인당지역총소득_순이동인구.sav
- 청소년정신건강.sav
- 인구와고용.sav

(제6장)

- 단순회귀분석.sav
- 1인당지역총소득.sav
- 단순회귀분석_제주.sav
- 인구증가율.sav
- 분기별취업자.sav

(제7장)

- 삶만족도.sav

공공데이터 소스 목록

- 국가통계포털 https://kosis.kr
- 공공데이터포털 https://www.data.go.kr
- 마이크로데이터 서비스시스템(MDIS) https://mdis.kostat.go.kr
- 통계지리정보(SGIS) https://sgis.kostat.go.kr
- 서울시 통계지도(GIS) https://map.seoul.go.kr
- 한국은행 경제통계시스템 http://ecos.bok.or.kr/
- 금융감독원 금융통계정보시스템 http://fisis.fss.or.kr
- 국가교통DB센터 https://www.ktdb.go.kr
- 국가에너지통계종합정보시스템 http://www.kesis.net
- 고용노동통계 http://laborstat.moel.go.kr/
- 보건복지데이터포털 https://data.kihasa.re.kr/
- 지식경제부 통계포털http://www.itstat.go.kr
- 산업연구원 산업통계포털 https://istans.or.kr
- 서울시 열린데이터 광장 https://data.seoul.go.kr
- 유엔(UN) 통계 https://unstats.un.org
- 세계은행 통계데이터 https://data.worldbank.org
- OECD 통계 https://stats.oecd.org

Chapter 1
시계열 분석 기초

1. 데이터 정리

1) 개요

공공데이터는 통계청 등 행정기관이 수집하여 정리한 것으로서, 데이터 소스(sources)의 특성을 비롯하여 데이터 수집의 편리성과 효율적 관리 그리고 데이터의 용도 및 목적에 따라 정리된다. 공공데이터는 대부분 기관별로 시계열 특성을 가지며, 엑셀(MS Office Excel) 프로그램에 행(가로)과 열(세로)을 기준으로 정리되고 표현된다. 엑셀에 행(가로)과 열(세로)을 기준으로 정리된 데이터를 시계열 분석에 이용하기 위해서는 시계열 분석에 적합하도록 열과 행의 위치를 바꿔야 한다.

2) 엑셀 데이터의 행과 열 바꾸기

엑셀 파일 형태로 수집된 데이터를 시계열 분석에 이용하기 위해서는 엑셀에 표현된 데이터의 행과 열을 다음 순서와 같이 실행하여야 한다.

① 범위 지정
② 복사
③ 붙여넣기 – 붙여넣기 옵션 – 행/열 바꿈

예시

시도별 주민등록인구 데이터로, 열(세로)은 시도이고 행(가로)은 연도로 표시되어 있다. 이렇게 정리된 데이터를 시계열 분석에 이용하기 위해서는 열(새로)을 연도로, 행(가로)을 시도로 바꾸는 작업이 필요하다(🖫 주민등록인구.xlsx).

	A	B	C	D	E	F	G
1	행정구역별	2000	2001	2002	2003	2004	2005
2	전국	47,732,558	48,021,543	48,229,948	48,386,823	48,583,805	48,782,274
3	서울특별시	10,311,314	10,263,336	10,207,295	10,174,086	10,173,162	10,167,344
4	부산광역시	3,796,506	3,770,536	3,730,125	3,691,445	3,666,345	3,638,293
5	대구광역시	2,524,253	2,525,109	2,525,803	2,529,544	2,524,712	2,511,306
6	인천광역시	2,545,769	2,564,598	2,577,989	2,570,194	2,578,817	2,600,495
7	광주광역시	1,371,909	1,383,765	1,397,452	1,395,762	1,401,172	1,401,745
8	대전광역시	1,385,606	1,403,164	1,419,573	1,432,296	1,443,471	1,454,638
9	울산광역시	1,040,225	1,055,618	1,065,037	1,072,867	1,081,453	1,087,648
10							

① 범위 지정

② 마우스 오른쪽 클릭 – 복사

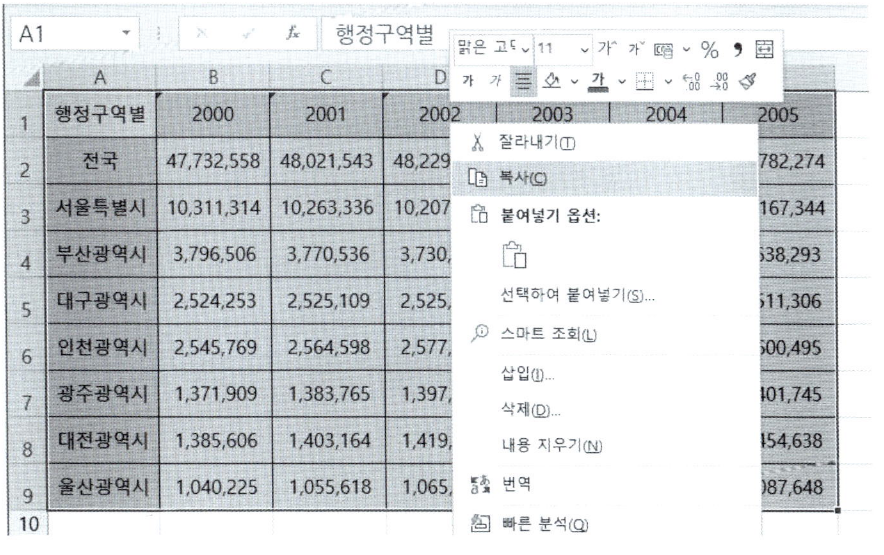

③ 마우스 포인터를 A1 셀에 위치하고

④ 마우스 오른쪽 [행정/열 바꿈] 클릭

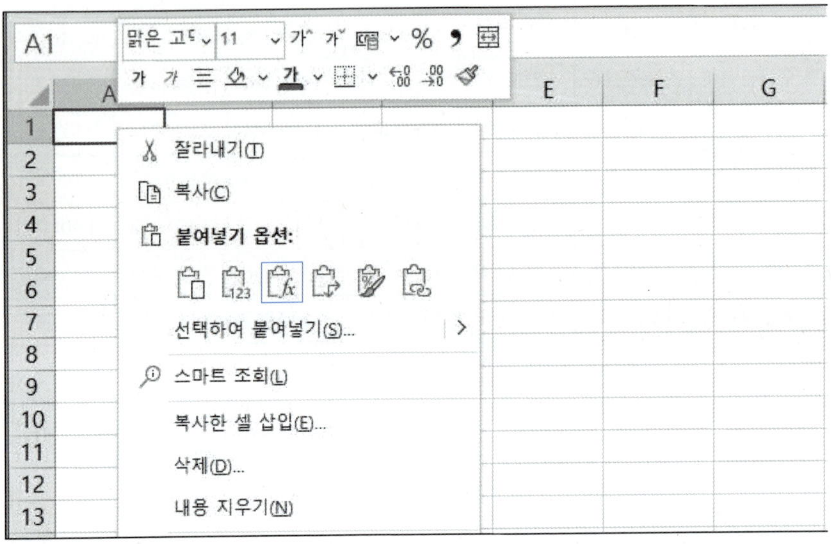

⑤ 최종 행/열이 바뀐 결과

행정구역별	전국	서울특별시	부산광역시	대구광역시	인천광역시	광주광역시	대전광역시	울산광역시
2000	47,732,558	10,311,314	3,796,506	2,524,253	2,545,769	1,371,909	1,385,606	1,040,225
2001	48,021,543	10,263,336	3,770,536	2,525,109	2,564,598	1,383,765	1,403,164	1,055,618
2002	48,229,948	10,207,295	3,730,125	2,525,803	2,577,989	1,397,452	1,419,573	1,065,037
2003	48,386,823	10,174,086	3,691,445	2,529,544	2,570,194	1,395,762	1,432,296	1,072,867
2004	48,583,805	10,173,162	3,666,345	2,524,712	2,578,817	1,401,172	1,443,471	1,081,453
2005	48,782,274	10,167,344	3,638,293	2,511,306	2,600,495	1,401,745	1,454,638	1,087,648

3) SPSS에서 데이터의 행과 열 바꾸기

통계청의 시도별 주민등록인구 데이터는 열(세로)에는 시도, 행(가로)에는 연도로 정리되어 있다. SPSS 프로그램에서 시계열 분석을 위해서는 데이터의 열과 행의 위치를 바꿔야 한다. SPSS의 구조변환을 통해 시계열 데이터를 다음과 같이 정리한다 (🖫 주민등록인구.sav).

	구분	year_2000	year_2001	year_2002	year_2003	year_2004	year_2005	year_2006
1	전국	47732558	48021543	48229948	48386823	48583805	48782274	48991779
2	서울	10311314	10263336	10207295	10174086	10173162	10167344	10181166
3	부산	3796506	3770536	3730125	3691445	3666345	3638293	3611992
4	대구	2524253	2525109	2525803	2529544	2524712	2511306	2406116
5	인천	2545769	2564598	2577989	2570194	2578817	2600495	2624391
6	광주	1371909	1383765	1397452	1395762	1401172	1401745	1407798
7	대전	1385606	1403164	1419573	1432296	1443471	1454638	1466158
8	울산	1040225	1055618	1065037	1072867	1081453	1087648	1092494
9	세종	.	.	.	.	.	.	.
10	경기	9219343	9544496	9927473	10206851	10462920	10697215	10906033
11	강원	1554688	1552407	1538720	1527034	1521375	1513110	1505420
12	충북	1497513	1496520	1492713	1489635	1488946	1488803	1494550
13	충남	1921604	1918137	1907725	1912803	1953406	1962646	1974433
14	전북	1999255	2006454	1953846	1954430	1906742	1885335	1868365

① 데이터 → 구조변환

② 〈데이터 구조변환 마법사〉 창에서

③ 〈모든 데이터 전치〉 선택 → 〈마침〉 클릭

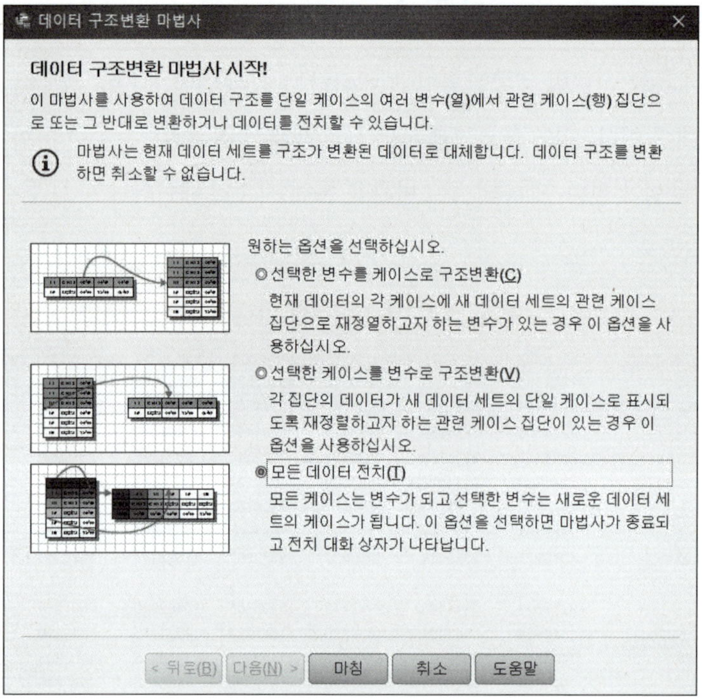

④ 〈전치〉에서

⑤ 모든 연도(year_2000)를 우측 〈변수〉로 이동

⑥ 〈확인〉 클릭

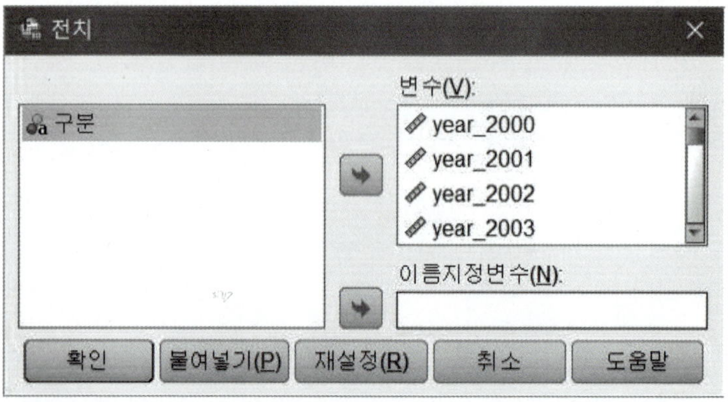

⑦ 바뀐 결과 화면

	CASE_LBL	var001	var002	var003	var004	var005	var006
1	year_2000	47732558.00	10311314.00	3796506.00	2524253.00	2545769.00	1371909.00
2	year_2001	48021543.00	10263336.00	3770536.00	2525109.00	2564598.00	1383765.00
3	year_2002	48229948.00	10207295.00	3730125.00	2525803.00	2577989.00	1397452.00
4	year_2003	48386823.00	10174086.00	3691445.00	2529544.00	2570194.00	1395762.00
5	year_2004	48583805.00	10173162.00	3666345.00	2524712.00	2578817.00	1401172.00
6	year_2005	48782274.00	10167344.00	3638293.00	2511306.00	2600495.00	1401745.00
7	year_2006	48991779.00	10181166.00	3611992.00	2496115.00	2624391.00	1407798.00
8	year_2007	49268928.00	10192710.00	3587439.00	2493261.00	2664576.00	1413444.00
9	year_2008	49540367.00	10200827.00	3564577.00	2492724.00	2692696.00	1422702.00
10	year_2009	49773145.00	10208302.00	3543030.00	2489781.00	2710579.00	1433640.00
11	year_2010	50515666.00	10312545.00	3567910.00	2511676.00	2758296.00	1454636.00
12	year_2011	50734284.00	10249679.00	3550963.00	2507271.00	2801274.00	1463464.00

⑧ 위 화면의 [변수보기]에서 변수명(시도) 지정

⑨ 최종 정리된 결과

	연도	전국	서울	부산	대구	인천	광주
1	year_2000	47732558.00	10311314.00	3796506.00	2524253.00	2545769.00	1371909.00
2	year_2001	48021543.00	10263336.00	3770536.00	2525109.00	2564598.00	1383765.00
3	year_2002	48229948.00	10207295.00	3730125.00	2525803.00	2577989.00	1397452.00
4	year_2003	48386823.00	10174086.00	3691445.00	2529544.00	2570194.00	1395762.00
5	year_2004	48583805.00	10173162.00	3666345.00	2524712.00	2578817.00	1401172.00
6	year_2005	48782274.00	10167344.00	3638293.00	2511306.00	2600495.00	1401745.00
7	year_2006	48991779.00	10181166.00	3611992.00	2496115.00	2624391.00	1407798.00
8	year_2007	49268928.00	10192710.00	3587439.00	2493261.00	2664576.00	1413444.00
9	year_2008	49540367.00	10200827.00	3564577.00	2492724.00	2692696.00	1422702.00
10	year_2009	49773145.00	10208302.00	3543030.00	2489781.00	2710579.00	1433640.00
11	year_2010	50515666.00	10312545.00	3567910.00	2511676.00	2758296.00	1454636.00
12	year_2011	50734284.00	10249679.00	3550963.00	2507271.00	2801274.00	1463464.00

4) 국가통계포털의 2차자료 획득 방법

시계열 분석에 이용하는 데이터는 대부분 2차자료(secondary data)에 해당한다. 공공부문의 2차자료의 획득은 중앙정부, 지방자치단체, 그리고 공공기관에서 생산한 데이터를 집적화하여 관리하고 있는 통계청의 국가통계포털을 이용할 수 있다. 2차자료인 연도별 지방자치단체공무원(지방자치단체에 소속되어 자치단체의 사무를 처리하는 공무원) 데이터를 획득하여 SPSS 파일로 변환하는 과정을 살펴본다.

① 국가통계포털(https://kosis.kr)에 접속

② [국내통계] → [e-지방지표(통계표)] 클릭

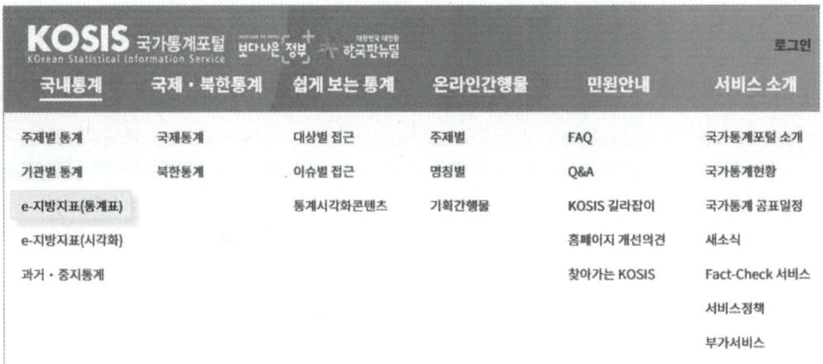

③ [사회통합] → [지방자치단체공무원 현원(시도)] 클릭

④ 왼쪽 상단 [일괄설정] 클릭

⑤ 하단의 "년"에서 모든 연도를 우측으로 이동

⑥ 우측 상단의 [적용] 클릭

⑦ 다음과 같은 화면 표시

⑧ 우측 상단의 [다운로드] 클릭

1) 지방자치단체공무원 현원(시도)

출처 : 행정안전부@지방자치분권실 자치분권정책관 지방인사제도과 인사정보통계팀

◎ 수록기간: 년 2008 ~ 2019 / 자료문의처 : 044-205-3361 / 기능문의: KOSIS Q&A 게시판

일괄설정 + | 항목[1/1] | 행정구역별[18/18] | 시점[11/12]

(단위 : 명)

행정구역별	2019	2017	2016	2015	2014	2013	2012	2011
전국	337,084	310,654	303,401	296,273	289,914	287,299	284,355	281,035
서울특별시	52,081	50,099	49,317	47,640	46,573	47,080	46,981	46,605
부산광역시	19,294	18,280	17,780	17,385	17,080	16,770	16,523	16,332
대구광역시	13,321	12,610	12,126	11,880	11,626	11,468	11,237	11,142
인천광역시	15,662	13,975	13,721	13,585	13,301	12,956	13,534	13,413
광주광역시	8,409	7,611	7,314	7,241	7,031	7,019	6,806	6,710
대전광역시	7,981	7,474	7,322	7,197	7,139	7,048	6,892	6,825
울산광역시	6,684	6,065	5,921	5,816	5,609	5,378	5,348	5,263
세종특별자치시	2,132	1,640	1,514	1,507	1,269	1,109	965	-
경기도	58,293	51,709	49,875	48,273	46,639	45,866	44,584	43,597
강원도	19,215	17,609	17,189	16,736	16,280	16,268	16,199	16,090
충청북도	14,661	13,451	13,262	12,944	12,745	12,548	12,294	12,196
충청남도	19,313	17,441	17,081	16,781	16,642	16,437	16,145	16,789
전라북도	17,811	16,644	16,535	16,190	15,930	15,814	15,773	15,613
전라남도	22,685	20,930	20,604	20,332	19,864	19,686	19,674	19,660
경상북도	27,829	25,983	25,413	24,981	24,653	24,618	24,132	23,810
경상남도	25,690	23,641	23,060	22,566	22,423	22,228	22,283	22,012
제주특별자치도	6,023	5,492	5,367	5,219	5,110	5,006	4,985	4,978

⑨ 파일형태 : EXCEL(xlsx) 선택 → 하단 [다운로드] 클릭

⑩ 다운로드한 엑셀파일

	A	B	C	D	E	F	G
1	행정구역별	2008	2009	2010	2011	2012	2013
2	전국	275,231	278,303	279,636	281,035	284,355	287,299
3	서울특별시	46,270	47,360	46,599	46,605	46,981	47,080
4	부산광역시	15,752	15,937	16,178	16,332	16,523	16,770
5	대구광역시	10,799	10,860	10,946	11,142	11,237	11,468
6	인천광역시	12,964	13,093	13,176	13,413	13,534	12,956
7	광주광역시	6,473	6,607	6,684	6,710	6,806	7,019
8	대전광역시	6,762	6,856	6,859	6,825	6,892	7,048
9	울산광역시	5,134	5,177	5,208	5,263	5,348	5,378
10	세종특별자치시	-	-	-	-	965	1,109

⑪ 새로운 Sheet 창을 만듦

⑫ 분석에 필요한 열과 행의 데이터를 블록 설정하고 복사

⑬ 새로운 Sheet 창에서 붙여넣기(옵션: 행/열 바꿈)

⑭ 아래와 같이 행과 열이 바뀐다.

	A	B	C	D	E	F	G	H	I	J
1	행정구역별	전국	서울특별시	부산광역시	대구광역시	인천광역시	광주광역시	대전광역시	울산광역시	세종특별자치시
2	2008	275,231	46,270	15,752	10,799	12,964	6,473	6,762	5,134	-
3	2009	278,303	47,360	15,937	10,860	13,093	6,607	6,856	5,177	-
4	2010	279,636	46,599	16,178	10,946	13,176	6,684	6,859	5,208	-
5	2011	281,035	46,605	16,332	11,142	13,413	6,710	6,825	5,263	-
6	2012	284,355	46,981	16,523	11,237	13,534	6,806	6,892	5,348	965
7	2013	287,299	47,080	16,770	11,468	12,956	7,019	7,048	5,378	1,109
8	2014	289,914	46,573	17,080	11,626	13,301	7,031	7,139	5,609	1,269
9	2015	296,273	47,640	17,385	11,880	13,585	7,241	7,197	5,816	1,507
10	2016	303,401	49,317	17,780	12,126	13,721	7,314	7,322	5,921	1,514
11	2017	310,654	50,099	18,280	12,610	13,975	7,611	7,474	6,065	1,640
12	2018	322,862	50,599	19,088	12,912	14,515	7,956	7,704	6,409	1,906
13	2019	337,084	52,081	19,294	13,321	15,662	8,409	7,981	6,684	2,132

⑮ SPSS 프로그램을 열고 엑셀의 Sheet 창에 있는 분석 대상 데이터를 불러온다.

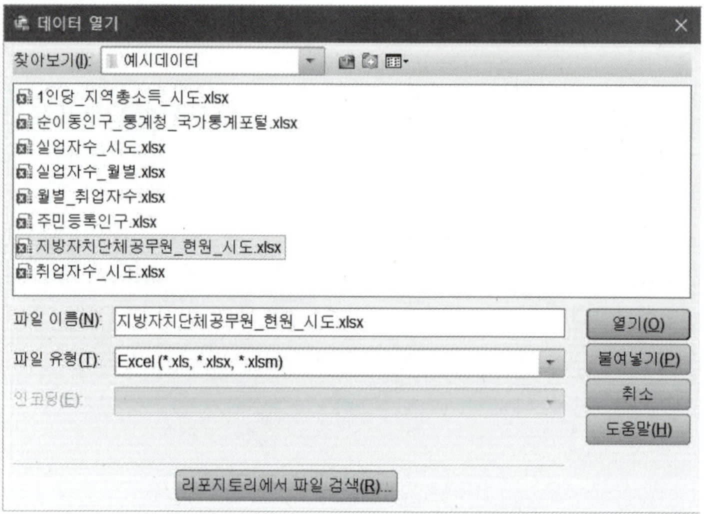

⑯ [엑셀파일 열기]에서 해당하는 Sheet 창을 선택하고 하단의 〈확인〉을 클릭한다.

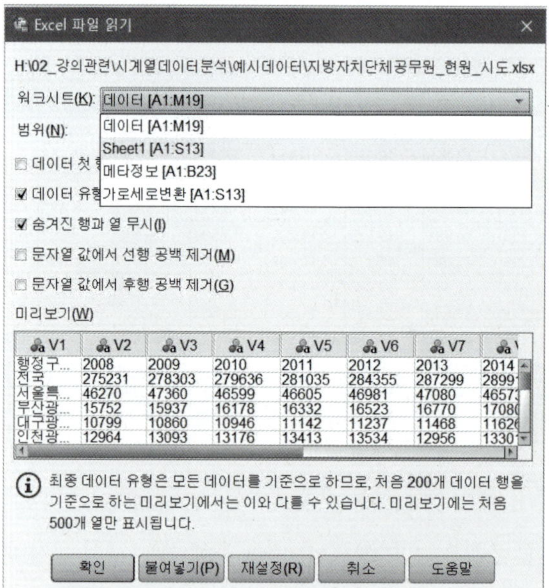

⑰ 다음 화면과 같이 SPSS 파일로 전환된 결과가 나타난다.

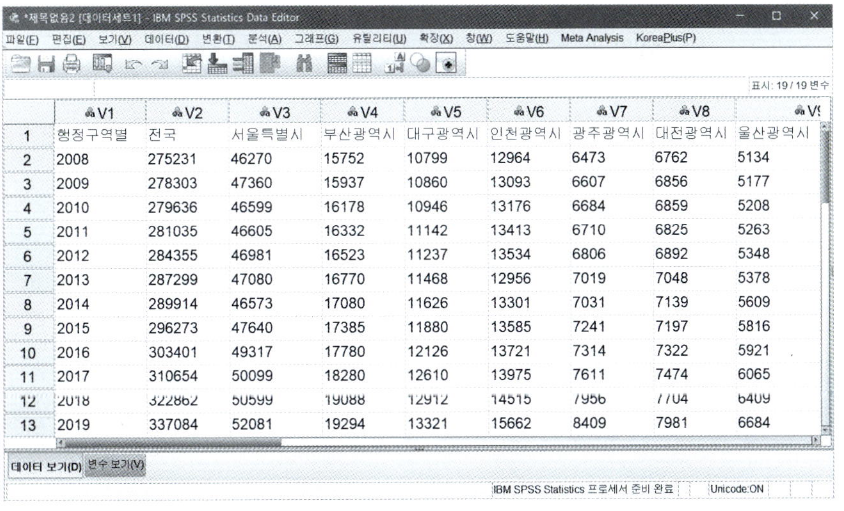
*제목없음2 [데이터세트1] - IBM SPSS Statistics Data Editor

파일(F) 편집(E) 보기(V) 데이터(D) 변환(T) 분석(A) 그래프(G) 유틸리티(U) 확장(X) 창(W) 도움말(H) Meta Analysis KoreaPlus(P)

표시: 19 / 19 변수

	V1	V2	V3	V4	V5	V6	V7	V8	V9
1	행정구역별	전국	서울특별시	부산광역시	대구광역시	인천광역시	광주광역시	대전광역시	울산광역시
2	2008	275231	46270	15752	10799	12964	6473	6762	5134
3	2009	278303	47360	15937	10860	13093	6607	6856	5177
4	2010	279636	46599	16178	10946	13176	6684	6859	5208
5	2011	281035	46605	16332	11142	13413	6710	6825	5263
6	2012	284355	46981	16523	11237	13534	6806	6892	5348
7	2013	287299	47080	16770	11468	12956	7019	7048	5378
8	2014	289914	46573	17080	11626	13301	7031	7139	5609
9	2015	296273	47640	17385	11880	13585	7241	7197	5816
10	2016	303401	49317	17780	12126	13721	7314	7322	5921
11	2017	310654	50099	18280	12610	13975	7611	7474	6065
12	2018	322862	50599	19088	12912	14515	7956	7704	6409
13	2019	337084	52081	19294	13321	15662	8409	7981	6684

데이터 보기(D) 변수 보기(V)

IBM SPSS Statistics 프로세서 준비 완료 Unicode:ON

⑱ [변수보기]에서 이름 입력, 유형(숫자), 너비, 열, 측도(척도) 등을 지정하고 임의의 파일명(지방자치단체현원.sav)으로 저장한다.

	Year	전국	서울	부산	대구	인천	광주	대전	울산	세종
1	2008	275231	46270	15752	10799	12964	6473	6762	5134	.
2	2009	278303	47360	15937	10860	13093	6607	6856	5177	.
3	2010	279636	46599	16178	10946	13176	6684	6859	5208	.
4	2011	281035	46605	16332	11142	13413	6710	6825	5263	.
5	2012	284355	46981	16523	11237	13534	6806	6892	5348	965
6	2013	287299	47080	16770	11468	12956	7019	7048	5378	1109
7	2014	289914	46573	17080	11626	13301	7031	7139	5609	1269
8	2015	296273	47640	17385	11880	13585	7241	7197	5816	1507
9	2016	303401	49317	17780	12126	13721	7314	7322	5921	1514
10	2017	310654	50099	18280	12610	13975	7611	7474	6065	1640
11	2018	322862	50599	19088	12912	14515	7956	7704	6409	1906
12	2019	337084	52081	19294	13321	15662	8409	7981	6684	2132

정리 **국가통계포털에서 2차자료의 획득방법**

국가통계포털 접속 > 국내통계 > e-지방통계(통계표) > 주제별 > 사회통합 > 지방자치단체공무원현원(시도) > 시점 월(2008~2019) > 우측 [통계표 조회] > 다운로드(엑셀)

2. 시계열 기본 개념

1) 시계열 분석의 의의

(1) 시계열의 개념

시계열(time series)이란 시간의 흐름에 따라 변하는 현상을 일정한 시간(년, 분기, 월, 일, 시, 분, 초) 간격으로 관찰하여 얻어지는 일련(series)의 데이터이다. 시계열은 경제현상이나 사회현상에 관한 시간적 변화를 나타내는 계열이므로 어느 한 시점에서 관측된 시계열은 그 이전에 이루어진 결과에 의존하게 된다. 따라서 시계열 분석은 관측된 과거 일정기간의 데이터를 분석하여 규칙성을 발견하고, 이러한 규칙성이 미래에도 변하지 않고 계속될 것이라는 가정하에 미래 시계열을 예측하게 된다(이덕기, 2002: 14).

시계열을 구성하는 관찰치는 관찰된 결과를 그대로 나타낼 수도 있고, 실수를 가공하여 얻은 평균, 비율, 지수 등으로 시계열로 나타낼 수 있다. 시계열을 구성하는 수치들은 동일하게 정의한 방법에 의해서 매 시간 똑같은 단위(초, 분, 시, 일, 월, 분기, 년)로 관찰된 것이어야 한다(이덕기, 2002: 14). 예를 들어, 지역의 고령인구비율을 월별로 정의하고 관측하였다면 시계열 데이터는 처음부터 마지막까지 매 관측치는 월별로 관측된 데이터이어야 한다.

(2) 시계열 분석의 목적

시계열 데이터를 분석하는 목적은, 첫째는 시계열 데이터를 관찰하고 통계적으로 분석하여 시계열 데이터의 변화를 설명하는 적정 모형을 찾는 것이고, 둘째는 과거의 데이터로부터 얻어진 적정 모형을 통해 미래를 예측하는 것이다(송병흠 외, 1999: 92; 김현철, 2005: 12).

(3) 회귀분석과 시계열 분석의 차이점

회귀분석(regression analysis)은 독립변수(원인변수/설명변수)를 통해 종속변수(결과변수/피설명변수)를 설명하고 예측하는 모형인 데 반하여, 시계열 분석은 변수 자체의 시간 흐름에 따른 특성을 파악하고 예측한다. 시계열 분석의 장점은 과거의 특성이 미래에도 그대로 연장된다는 가정하에 예측치 추정에 유용하나, 변수 자체의 시간의 흐름에 따른 특성만을 토대로 예측하기 때문에 변수 사이의 이론적 관계를 명확하게 설명하지 못한다는 한계를 가진다(한광종, 2017: 19). 특히 시계열의 패턴은 정치 · 경제 · 사회 · 문화는 물론 천재지변(지진, 대풍, 홍수, 폭우)과 재난상황(COVID-19), 환율변화, 유가변동, 지역 대규모 행사 등 다양하고 불확실한 외생변수에 따라 영향을 받기 때문에(한광종, 2017: 22), 예측에 한계를 가지고 있다.

(4) 시계열의 기본 가정

시계열 데이터를 분석하기 위해서는 다음과 같은 기본 가정을 충족하여야 한다(이재길, 2019: 12).

첫째, 대부분의 시계열 데이터는 추세(trend)가 없는 독립적인 것이어야 한다. 시계열 데이터가 일정하게 상승(증가), 또는 하강(감소)한다면 분석하기 전에 이를 제거하여야 한다.

둘째, 시계열 데이터는 자기상관이 없어야 한다. 즉 시차 간 관측값이 상호 관련이 없어야 한다.

셋째, 시계열 데이터는 정상성(stationarity)의 성질을 가져야 한다. 즉 백색잡음(white noise)의 가정을 충족하여야 한다. 시계열 데이터는 모든 시간 t에 대하여 평균, 분산이 일정(동등)하여야 한다. 정상성의 가정은 자기상관함수를 통해 신뢰한계 내에 존재하는 경우에 충족한다.

2) 시계열 분석의 기본 개념

시계열 분석에서 사용하는 몇 가지 기본 개념은 다음과 같다.

(1) 시차

시차(time lag)는 시간적 차이로 시계열의 두 시점 사이의 시간적 거리 또는 차이를 말한다. 회귀모형에서는 독립변수 *X*가 종속변수 *Y*에 미치는 영향이 동시에 나타난 것으로 가정한다. 그러나 실제에서 현재의 종속변수는 독립변수 *X*가 시간적 간격을 두고 영향을 미치는 경우가 있다. 이러한 시간적 간격을 시차(lag)라고 한다(송근원, 2005: 17). 예를 들어, 2020년 코로나19에 따라 정부가 전 국민 재난지원금을 지급하여 경제활성화를 살펴보고자 하는 경우 1개월 후 또는 2~4개월 후에 그 효과가 나타날 수 있다. 이렇게 재난지원금(독립변수)에 따라 경제활성화(종속변수)가 동시에 변화가 나타나지 않는 경우가 있다.

시차가 나타나는 이유는 다음과 같다(송근원, 2005: 18-19).

첫째, 심리적 이유이다. 소득이 증가하였다고 하여 곧바로 소비 행태를 보이는 것보다는 저축을 하거나 기존의 절약 습관 때문에 지출 시기를 늦추게 된다.

둘째, 기술 발전 및 제품 가격이다. 기술을 탑재한 제품의 경우 기술이 발전할수록 좋은 제품이 생산된다. 소비자는 현재보다 미래에 품질이 더 좋은 제품이 출시될 것이라는 기대감으로 현재의 구매를 망설이거나, 똑같은 제품일 경우 가격이 하락될 때를 기다리기 때문에 현재의 구매 행동을 늦추게 된다.

셋째, 제도적인 이유이다. 정부의 각종 정책에는 유인과 강제적 수단이 뒤따른다. 예를 들어, 부동산 계약의 경우 정부의 부동산 정책에 따라 세금 변동폭이 달라지기 때문에 소비자는 세금을 고려하여 주택 구입을 결정할 수 있다. 전기자동차 구매 계약의 경우에서도 정부의 보조금 지원을 고려하여 구매시기를 조정할 수 있다.

(2) 추세

추세(trend)의 사전적 의미는 "어떤 현상이 일정한 방향으로 나아가는 경향"을 의미한다(네이버 국어사전 참조). 시계열에서 추세는 시계열 파동이 일정한 방향으로 나아가는 경우를 말한다.

(3) 주기

주기란 일정한 간격이나 시간 동안 변동이 반복되는 한 마디를 의미한다.

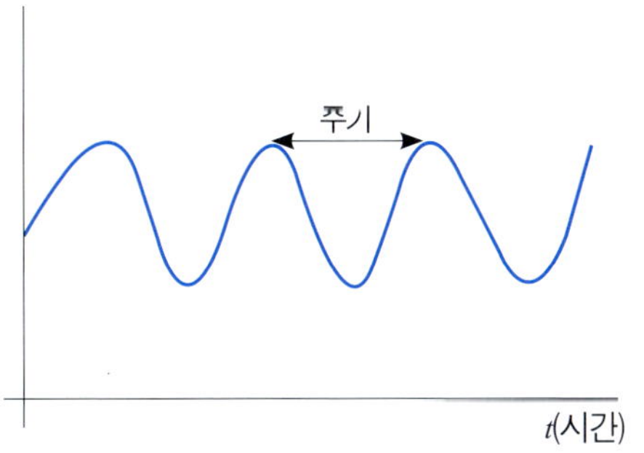

(4) 백색잡음

시계열 데이터가 불규칙하게 변동하는 부분을 오차(error/randomness) 또는 잡음(noise)이라고 한다(이원우 외, 2018: 77). 백색잡음(white noise)은 모형진단에서 잔차(오차)들이 서로 독립되어 있고 동일한 분포(평균은 0이고, 분산은 일정하며, 임의성으로 분포되어 있는 경우)를 가진 성질을 의미한다(이덕기, 2002: 34-36; 64). 백색잡음은 평균과 분산이 시간에 의존하지 않으므로 정상성을 가진다(이우리, 2014: 102).

(5) 차분

차분(differencing)은 현 시점의 데이터에서 전 시점의 데이터를 빼는 것을 말한다. 일반차분(regular difference)은 바로 전 시점의 데이터를 빼는 것이고, 계절차분(seasonal difference)은 여러 시점 전의 데이터를 빼는 것을 말한다.

(6) 정상성

정상성(stationarity) 또는 안정성은 시계열의 데이터가 시간의 흐름상에서 그 패턴이 일정하고 추세나 동향이 없는 상태로, 시계열의 평균이 시간축에 평행하다는 의미이다. 시계열을 분석하기 위한 전제 조건은 시계열이 정상성을 가져야 한다. 즉 추세와 동향이 있는 상태로는 분석하기 곤란하다. 만약 시계열의 데이터가 비정상시계열(non-stationary series)인 경우 차분(계절차분)과 자연로그변환 등을 통해 정상시계열(stationary series)로 변환하여야 한다.

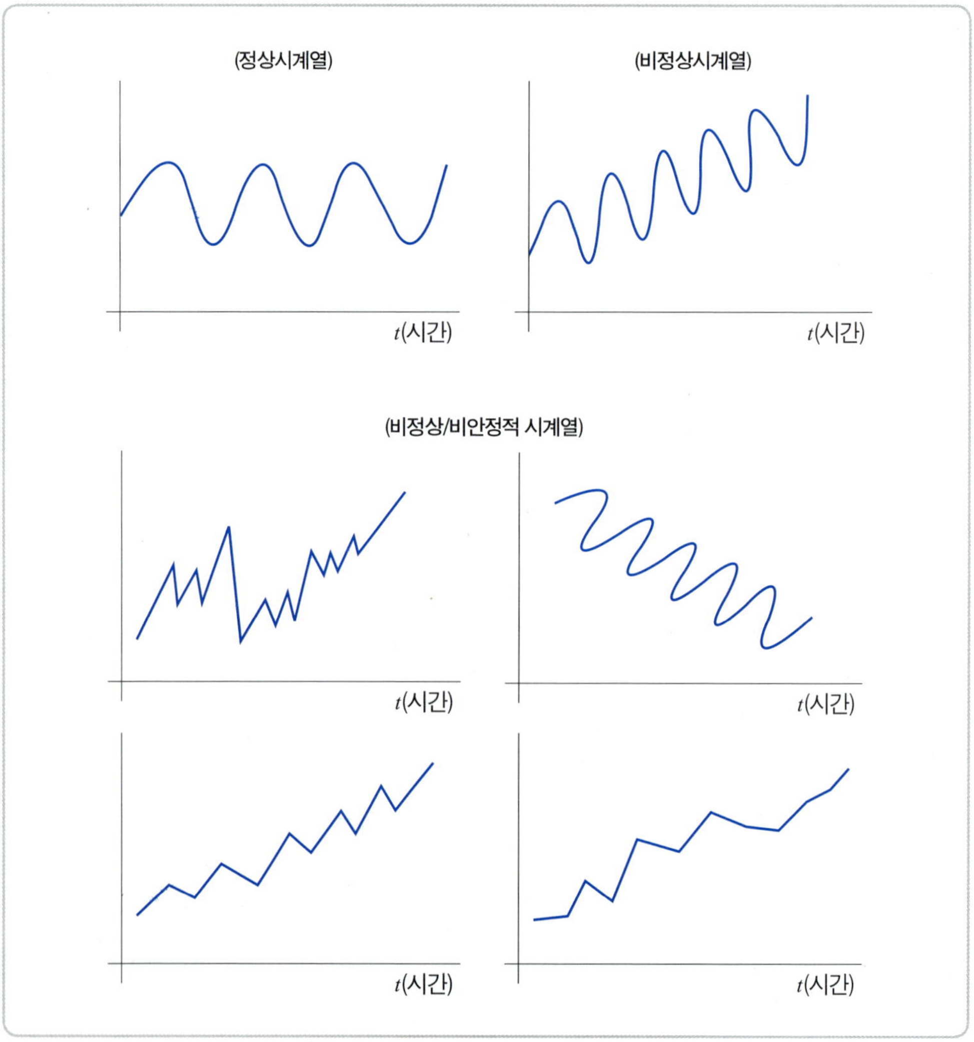

3) 시계열의 변동

시계열 데이터를 분석하기 위해서는 시계열이 시간의 흐름에 따라 규칙적(안정적)으로 변동하여야 한다. 그러나 시계열이 불규칙하게 변동한다면 정확하게 예측하기 곤란하다. 즉 시계열이 안정적이어야만 과거의 값을 통해 현재 및 미래의 값을 예측할 수 있다. 이때 시계열을 분석하기 위하여 가장 먼저 파악하여야 할 일이 시계열이 규칙적인지 불규칙적인지를 파악하는 일이다. 즉 시계열의 변동이 어떤 유형을 가지는지를 알아야 한다.

시계열의 변동 유형은 다음과 같이 수평, 추세, 계절, 순환, 불규칙 등으로 구분한다(이덕기, 2002: 15-20; 김현철, 2005: 18-20; 이우리, 2014: 6-9; 이원우 외, 2018: 76-77).

(1) 수평 혹은 정상성

수평 혹은 정상성(stationarity)은 시계열 데이터가 시간의 흐름에도 불구하고 계열 내에서 체계적으로 증가하거나 감소하지 않으며, 일정 시점 전후 부분계열의 평균값이 거의 같아서 일정한 평균수준을 유지하는 수평 형태를 갖는다. 정상성은 시계열의 확률적 구조가 시간이 변해도 동일하다는 것이다. 즉 시계열 데이터의 평균과 분산이 시점 t에 관계없이(시간의 흐름에 관계없이) 일정하며 안정적이기 때문에 시계열 그래프는 일정한 변동폭을 가진다. 시계열 분석을 통한 예측은 과거 관측값의 변동이 규칙적이고 안정성(정상성)의 특성을 가진다면 미래에도 동일한 특성을 가질 것이라는 가정에 기초하고 있다.

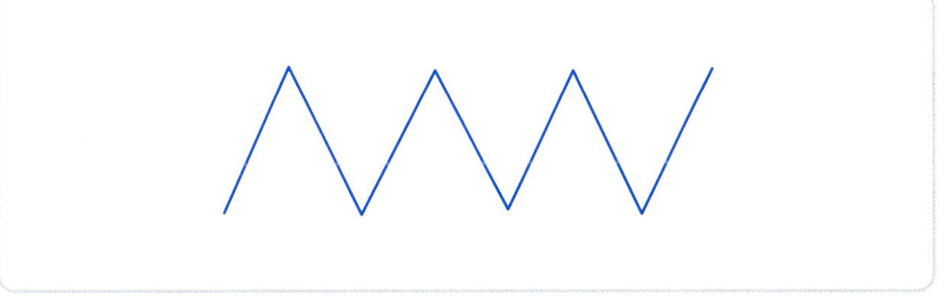

(2) 추세변동

추세변동(trend variation)은 데이터가 시간의 흐름에 따라 장기적으로 증가(상향)하거나 감소(하향)하는 변화 형태를 의미하고, 짧은 기간의 시계열 데이터에서는 추세변동을 찾기가 어렵다. 즉, 추세변동은 시계열의 장기적인 변화를 갖는다. 예를 들어, 국민총생산량(GNP)과 국내총생산(GDP) 등 경제지표를 나타내는 대부분의 시계열, 인구수, 고령인구비율, 자동차 보유대수, 주택보급률 등이 추세 형태를 가진다. 추세변동에 영향을 미치는 요인은 인구의 증가, 소득의 증가, 기술혁신 등이 있다.

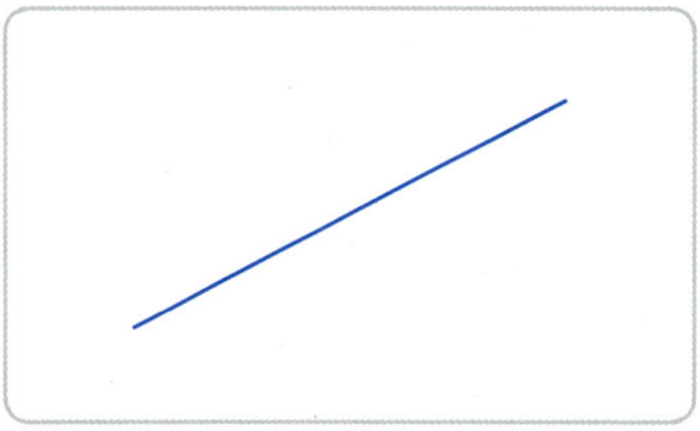

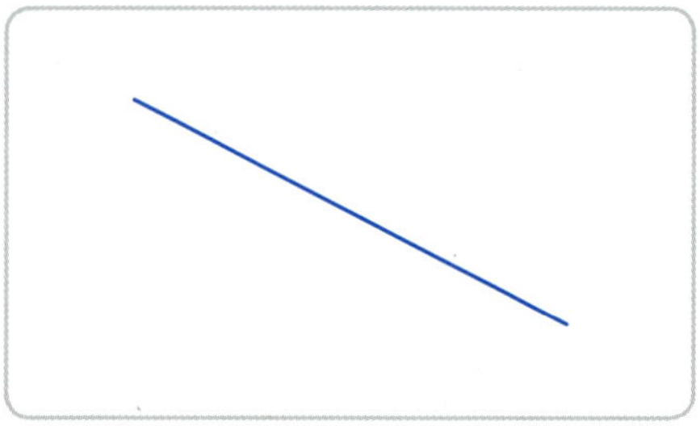

다음 그래프는 우리나라 주택보급률이다.

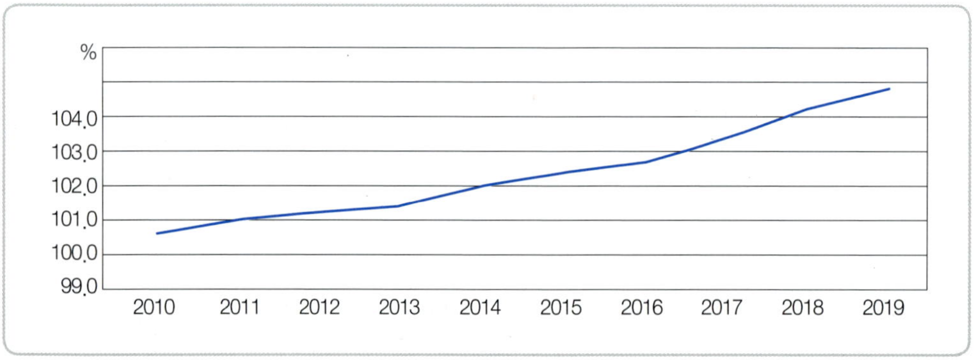

자료: 국가통계포털; 네이버. (검색일 : 2021. 7. 21).

(3) 계절변동

계절(season variation)은 특정 주기(주, 월, 분기, 년 등)로 시계열이 일정한 반복 형태를 가지면서 규칙적으로 변동하는 형태를 갖는다. 즉 월별 또는 분기별로 변동이 반복

된다. 전형적으로 계절 변동은 농산물의 생산량과 가격, 청량음료의 판매량, 냉/난방기구의 판매량 등에서 나타난다. 대부분 경제 관련 시계열은 추세와 계절요인을 동시에 포함한다.

(4) 순환변동

순환변동(cycle variation)은 계절유형과 비슷하지만 일정한 주기를 가지지 않고 증가나 감소를 보이는 경우로 추세 패턴이 서서히 증가하거나 감소하는 형태를 보인다. 순환변동의 형태는 국민총생산(GNP), 산업생산지수, 주택수요, 이자율, 자동차 판매대수, 주가 등 경제 및 산업의 현상 등을 나타내는 시계열이다. 계절이 월, 분기, 년 등의 고정된 주기를 가지고 반복적 변동을 하는 데 비하여, 순환은 계절보다 크고 주기의 평균 길이가 계절보다 길며, 특정부분의 변동이 다른 부문에 확산 파급되는 특징을 갖는다.

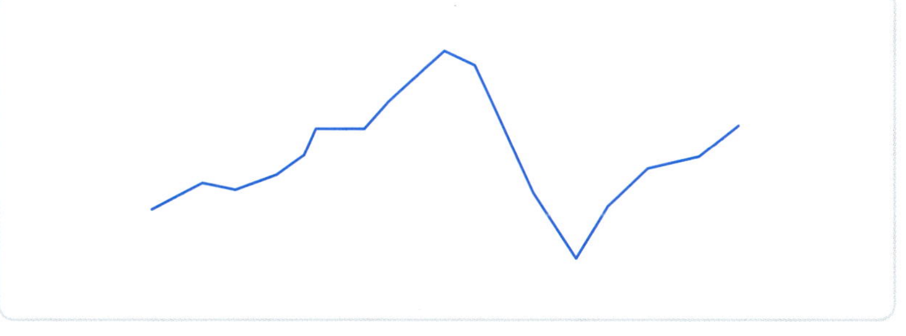

(5) 불규칙변동

불규칙변동(irregular variation)은 추세, 계절, 순환변동으로 설명되지 않으며 지진, 전쟁, 홍수, 감염병(COVID-19), 파업과 같은 사전에 예상할 수 없는 특수한 사건에 의한 변동이나 파악되지 않는 원인에 의해서 발생되는 우연적 변동이다. 시계열 데이터가 불규칙변동을 가진 경우 예측의 신뢰성을 확보하기 어렵다.

3. 시계열 분석 준비

1) TIME 변수 생성

시계열 분석은 시간의 흐름에 따른 데이터의 변화와 패턴을 파악하고 미래를 예측하려는 것이기 때문에 시간적 순서가 중요하다. 시간적 순서에 일련번호를 매기는 것은 이상치(극대값 또는 극소값)나 결측치를 확인하거나 잔차 및 모형의 적합에 부정적 영향을 미치는 관측값을 제거해야 하는 경우에 그 관측값을 확인할 경우 이용할 수 있다.

TIME 변수는 시계열 데이터의 시간적 순서를 나타내는 것으로 일련번호를 자동으로 설정하려는 경우에 〈$Casenum〉 함수를 사용하여 일련번호를 매기는 방법이다. 다음과 같이 2010년부터 2020년까지 시도별 '순이동인구'의 데이터를 통해 TIME 변수의 생성과정을 살펴보자(time.sav).

	연도	전국	서울	부산	대구	인천	변수
1	2010	0	-115023	-28466	-11840	3612	
2	2011	0	-113058	-24863	-12747	28809	
3	2012	0	-103647	-20610	-10564	27794	
4	2013	0	-100550	-17710	-11351	22035	
5	2014	0	-87831	-15092	-15526	9324	
6	2015	0	-137256	-13560	-12940	9538	
7	2016	0	-140257	-21392	-9260	5777	
8	2017	0	-98486	-28398	-11936	-1670	
9	2018	0	-110230	-26759	-14242	-67	
10	2019	0	-49588	-23354	-23673	-2337	
11	2020	0	-64850	-14347	-16835	-15748	
12							

① 설정

- 변환 → 변수계산
  - 목표변수 : 'TIME' 입력
  - 함수집단 : 모두 또는 기타 선택
  - 함수 및 특수변수 : 〈$Casenum〉를 더블 클릭
  - 확인

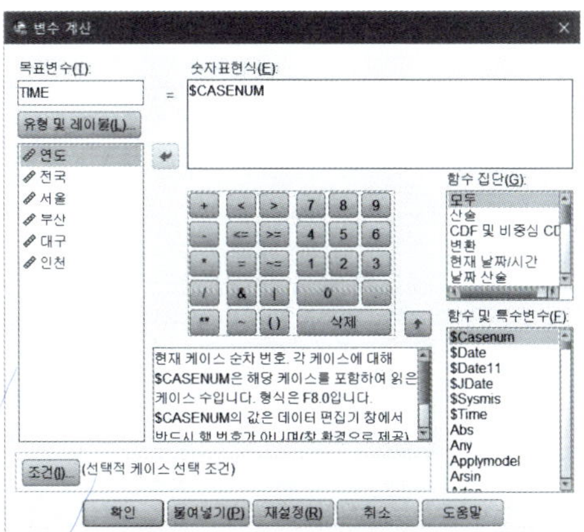

② Time 변수 생성 결과

	연도	전국	서울	부산	대구	인천	TIME	변수
1	2010	0	-115023	-28466	-11840	3612	1	
2	2011	0	-113058	-24863	-12747	28809	2	
3	2012	0	-103647	-20610	-10564	27794	3	
4	2013	0	-100550	-17710	-11351	22035	4	
5	2014	0	-87831	-15092	-15526	9324	5	
6	2015	0	-137256	-13560	-12940	9538	6	
7	2016	0	-140257	-21392	-9260	5777	7	
8	2017	0	-98486	-28398	-11936	-1670	8	
9	2018	0	-110230	-26759	-14242	-67	9	
10	2019	0	-49588	-23354	-23673	-2337	10	
11	2020	0	-64850	-14347	-16835	-15748	11	
12								

2) 날짜 정의

시계열 분석을 위한 준비 과정으로서 가장 먼저 해야 할 일은 날짜를 정의하는 것이다. 날짜를 정의하면 연도, 분기, 월, 주, 시간 단위 날짜의 새로운 변수가 데이터의 맨 오른쪽에 생성된다. 새롭게 생성된 변수 이름에 Under bar(_) 표시(예, YEAR_, DATE_)는 시스템 변수라는 의미이며 변수명을 임의로 수정하지 않는다. 날짜 정의는 새로운 케이스가 추가될 때마다 새로운 조건을 추가할 때마다 해야 되며, 새로 날짜 정의를 하면 기존 날짜 정의는 사라지고 새롭게 날짜 정의가 추가로 생성된다(한광종, 2017: 43).

'순이동인구'를 나타내는 시계열 데이터를 통해 날짜 정의 방법을 살펴본다(🖫 time.sav).

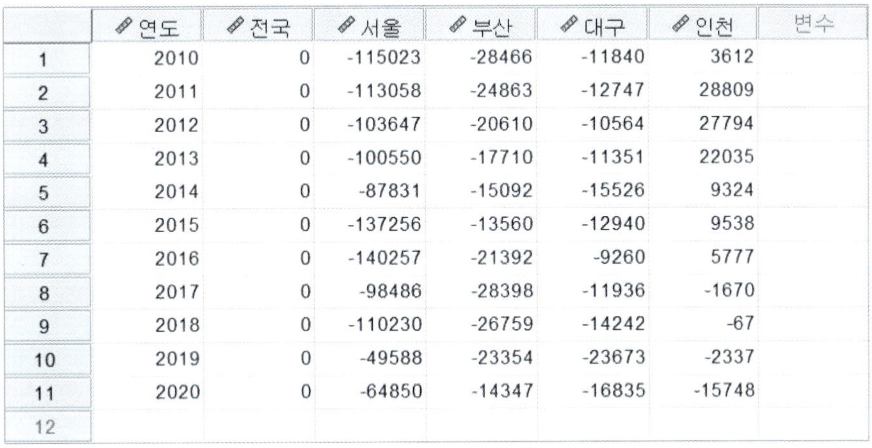

	연도	전국	서울	부산	대구	인천	변수
1	2010	0	-115023	-28466	-11840	3612	
2	2011	0	-113058	-24863	-12747	28809	
3	2012	0	-103647	-20610	-10564	27794	
4	2013	0	-100550	-17710	-11351	22035	
5	2014	0	-87831	-15092	-15526	9324	
6	2015	0	-137256	-13560	-12940	9538	
7	2016	0	-140257	-21392	-9260	5777	
8	2017	0	-98486	-28398	-11936	-1670	
9	2018	0	-110230	-26759	-14242	-67	
10	2019	0	-49588	-23354	-23673	-2337	
11	2020	0	-64850	-14347	-16835	-15748	
12							

① 설정

- 데이터 → 날짜 및 시간 정의

– 〈날짜 정의〉 창에서 〈케이스의 날짜〉란에서 '년'을 선택하고

– 오른쪽 〈첫번째 케이스〉에서 첫 연도(2010)를 입력

– 확인

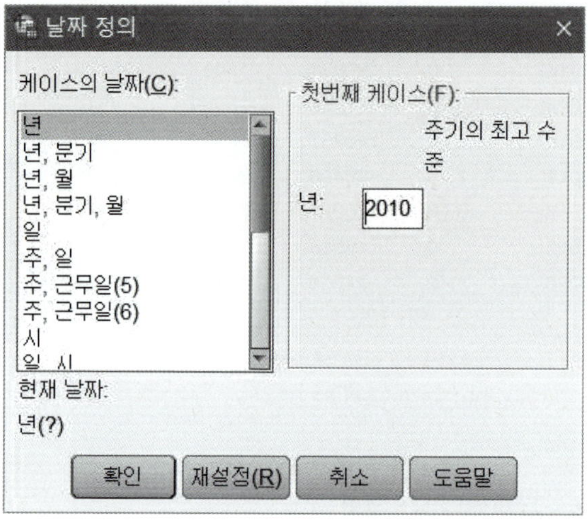

② 결과 화면

	연도	전국	서울	부산	대구	인천	YEAR_	DATE_	변수
1	2010	0	-115023	-28466	-11840	3612	2010	2010	
2	2011	0	-113058	-24863	-12747	28809	2011	2011	
3	2012	0	-103647	-20610	-10564	27794	2012	2012	
4	2013	0	-100550	-17710	-11351	22035	2013	2013	
5	2014	0	-87831	-15092	-15526	9324	2014	2014	
6	2015	0	-137256	-13560	-12940	9538	2015	2015	
7	2016	0	-140257	-21392	-9260	5777	2016	2016	
8	2017	0	-98486	-28398	-11936	-1670	2017	2017	
9	2018	0	-110230	-26759	-14242	-67	2018	2018	
10	2019	0	-49588	-23354	-23673	-2337	2019	2019	
11	2020	0	-64850	-14347	-16835	-15748	2020	2020	
12									

3) 이상치 확인

(1) 의미

이상치(Outlier) 또는 이상값이란 정상범주에서 크게 벗어난 값(극대치 또는 극소값)을 의미한다. 결측치와 마찬가지로 분석 대상 데이터에 이상치가 포함되어 있으면 분석결과가 왜곡되기 때문에 분석에 앞서 이상치를 제거하거나 대체하는 작업이 필요하다. 이상치는 관측 과정에서 또는 데이터를 입력 및 정리하는 과정에서도 나타날 수 있다.

(2) 이상치 대체

이상치를 제거하는 방법은 이상치로 판명 또는 의심되는 데이터를 결측값으로 대체하거나 가장 가까운 두 개의 관측값의 평균으로 대체한다. 다음 '서울'의 연도별 주민등록인구 데이터(연습을 위한 가상)에 대한 이상치를 찾아보자(🖫 이상값.sav).

	연도	전국	서울	부산	대구	인천	광주	대전
1	year_2000	47732558	10311314	3796506	2524253	2545769	1371909	1385606
2	year_2001	48021543	10263336	3770536	2525109	2564598	1383765	1403164
3	year_2002	48229948	10207295	3730125	2525803	2577989	1397452	1419573
4	year_2003	48386823	10174086	3691445	2529544	2570194	1395762	1432296
5	year_2004	48583805	10173162	3666345	2524712	2578817	1401172	1443471
6	year_2005	48782274	10167344	3638293	2511306	2600495	1401745	1454638
7	year_2006	48991779	10181166	3611992	2496115	2624391	1407798	1466158
8	year_2007	49268928	10192710	3587439	2493261	2664576	1413444	1475659
9	year_2008	49540367	10200827	3564577	2492724	2692696	1422702	1480895
10	year_2009	49773145	10208302	3543030	2489781	2710579	1433640	1484180
11	year_2010	50515666	10312545	3567910	2511676	2758296	1454636	1503664
12	year_2011	50734284	10249679	3550963	2507271	2801274	1463464	1515603

① 실행

- 분석 → 시계열 분석 → 시퀀스 차트[1](순차도표)
  - 〈시퀀스 차트〉 창에서 〈변수〉란에 '서울'을 이동

1) 시퀀스(sequence)란 일련의 연속적인 사건들 또는 사건들을 순서(차례)대로 나열한 집합을 의미한다.

– 확인

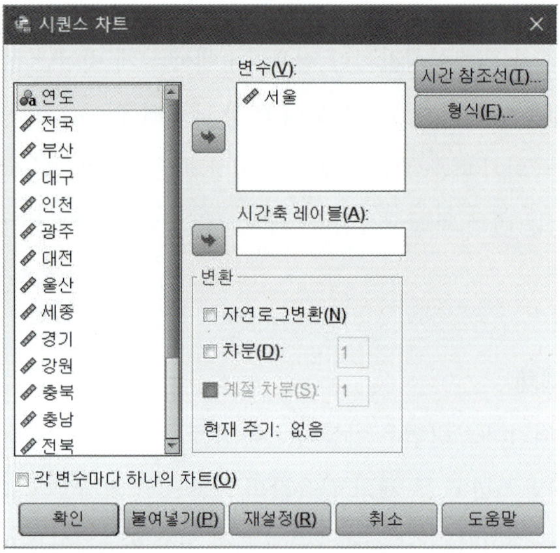

18번 관측치가 이상치(극대값)임을 확인할 수 있다.

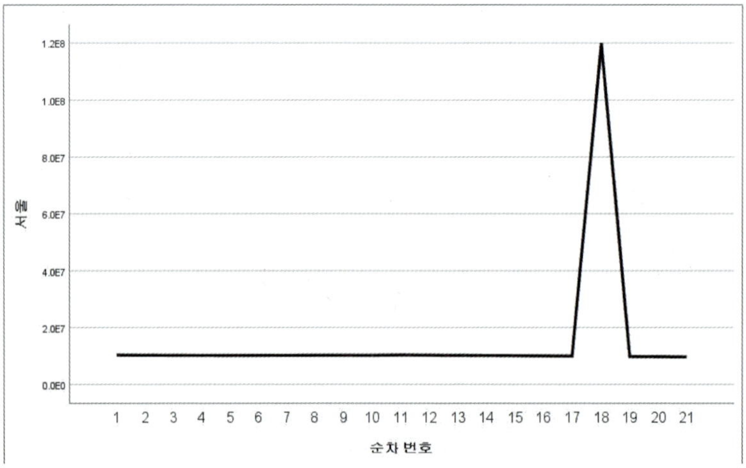

② 이상치의 케이스 번호를 확인하는 방법

– 결과화면을 더블클릭 → 도표편집기

– 도표편집기 : 요소 → '데이터 레이블 표시' 클릭

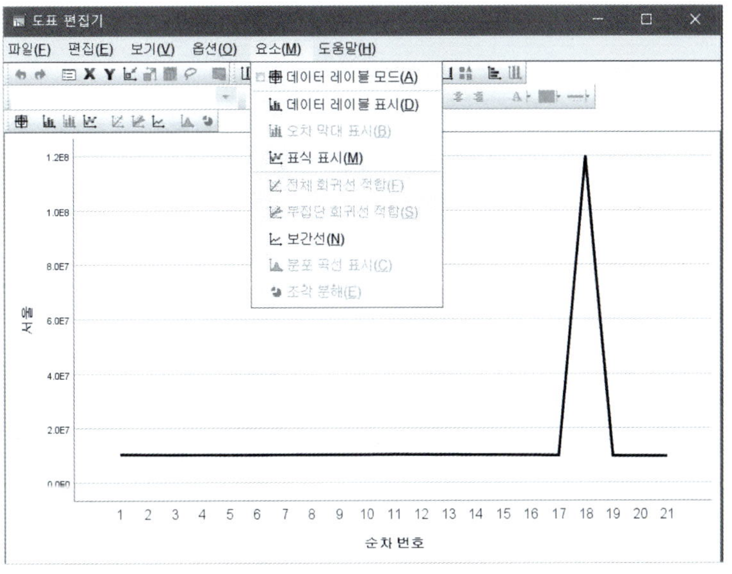

• [특성] 대화상자

– 레이블의 〈표시〉와 〈표시 안 함〉을 선택 및 드래그하여 상호 바꾼 후

– 〈적용〉, 〈닫기〉를 클릭

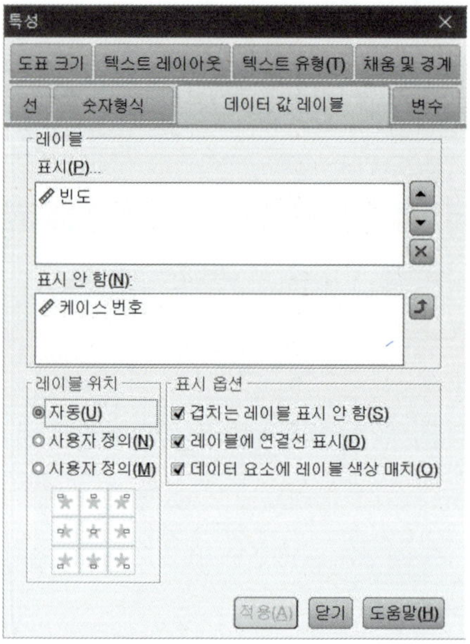

결과화면에서 케이스 번호가 나타난다. 18번 케이스가 이상치(극대값)임을 확인할 수 있다.

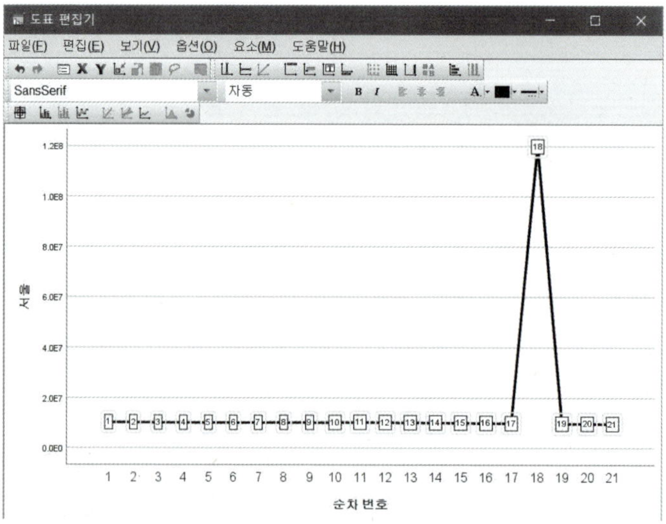

[데이터보기]에서 18번 관측치가 확인된다.

	연도	전국	서울	부산	대구	인천	광주
13	year_2012	50948272	10195318	3538484	2505644	2843981	1469216
14	year_2013	51141463	10143645	3527635	2501588	2879782	1472910
15	year_2014	51327916	10103233	3519401	2493264	2902608	1475884
16	year_2015	51529338	10022181	3513777	2487829	2925815	1472199
17	year_2016	51696216	9930616	3498529	2484557	2943069	1469214
18	year_2017	51778544	119857426	3470653	2475231	2948542	1463770
19	year_2018	51826059	9765623	3441453	2461769	2954642	1459336
20	year_2019	51849861	9729107	3413841	2438031	2957026	1456468
21	year_2020	51829023	9668465	3391946	2418346	2942828	1450062

③ 이상치로 확인된 관측치를 삭제 후 결측값으로 대체

	연도	전국	서울	부산	대구	인천	광주	대전
13	year_2012	50948272	10195318	3538484	2505644	2843981	1469216	1524583
14	year_2013	51141463	10143645	3527635	2501588	2879782	1472910	1532811
15	year_2014	51327916	10103233	3519401	2493264	2902608	1475884	1531809
16	year_2015	51529338	10022181	3513777	2487829	2925815	1472199	1518775
17	year_2016	51696216	9930616	3498529	2484557	2943069	1469214	1514370
18	year_2017	51778544	.	3470653	2475231	2948542	1463770	1502227
19	year_2018	51826059	9765623	3441453	2461769	2954642	1459336	1489936
20	year_2019	51849861	9729107	3413841	2438031	2957026	1456468	1474870
21	year_2020	51829023	9668465	3391946	2418346	2942828	1450062	1463882

- 변환 → 결측값 대체
  - 새변수 : '서울' 선택
  - 방법 : '근접한 값들의 평균' 선택
  - 근접한 값들의 계산너비 : "2"로 지정
  - 오른쪽 〈변경〉 클릭
  - 맨 아래 〈확인〉 클릭

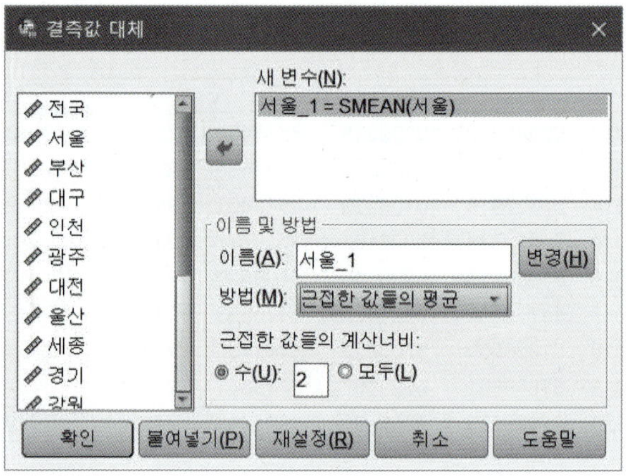

결과화면에서 〈서울_1〉의 새로운 변수가 추가로 생성되고, 18번 케이스에 평균으로 대체되었다.

	연도	전국	서울	서울_1	변수
13	year_2012	50948272	10195318	10195318	
14	year_2013	51141463	10143645	10143645	
15	year_2014	51327916	10103233	10103233	
16	year_2015	51529338	10022181	10022181	
17	year_2016	51696216	9930616	9930616	
18	year_2017	51778544	.	9861882	
19	year_2018	51826059	9765623	9765623	
20	year_2019	51849861	9729107	9729107	
21	year_2020	51829023	9668465	9668465	

18번 케이스의 평균값(9861882)은 근접한 상(16번, 17번) · 하(19번, 20번) 값의 합산 결과이다.

분기별 및 월별 데이터의 경우 가까운 연도의 동분기, 동월의 평균으로 대체한다.
– 2020년 1분기 = (2019년 1분기 값 + 2021년 1분기 값) ÷ 2
– 2020년 1월 = (2019년 1월 값 + 2021년 1월 값) ÷ 2

Chapter 2

시계열 데이터의 안정화

1. 시계열 데이터 안정화 개요

2. 시계열 데이터 안정화 방법

1. 시계열 데이터 안정화 개요

비정상적 시계열(비안정적 시계열) 데이터를 분석하기 위해서는 안정화(정상성)로 변환을 하여야 한다. 정상성(stationarity)은 시계열 데이터의 특성이 시간에 따라 변하지 않고 일정하다는 것을 의미한다. 시계열이 정상성이면 일정한 변동폭, 즉 평균과 분산이 안정화되어 있으며 대체로 수평적인 패턴을 보인다. 또한 시계열 관측값 간 자기상관이 존재하지 않는다는 것을 의미하며, 이로 인하여 장기적인 예측이 가능하다.

일반적으로 비정상적 시계열을 정상적 시계열로 변환하는 방법은 다음과 같다(노형진, 2011: 9-10). 첫째, 비정상시계열인 경우에는 차분을 취한다. 둘째, 계절성이 있는 시계열일 경우에는 계절차분을 취한다. 셋째, 분산이 큰 시계열인 경우에는 자연로그(log)를 취해서 분산을 안정시킨다.

비정상시계열을 확인하는 방법은 순차도표를 통한 시각적 방법이 있지만 정확한 판단을 위해서는 통계적인 검정 기준을 적용하는 방법이 있다. SPSS 프로그램에서는 자기상관 분석 결과 Box-Ljung 통계량의 유의확률이 유의수준 0.05보다 작게 되면 비정상시계열로 판단하고 정상적 시계열로 변환하기 위해서 차분, 계절차분, 자

표 2-1 안정적 시계열 데이터 변환 방법(정리)

확인방법	변환방법
시퀀스 차트 (순차도표)	– 이상값(극대값/극소값)이 있으면 이상값을 평균으로 대체 – 분산이 큰 경우 자연로그로 변환 – 추세가 있으면 차분 – 주기성(계절성)이 있으면 계절차분
자기상관 분석	– Box–Ljung 통계량의 유의확률 < 0.05 : 추세, 계절차분 – 차분 : 추세의 경우 – 계절차분 : 주기성(계절성)의 경우

자료: 노형진(2011: 9-10); 한광종(2017: 67)

연로그(log)를 취한다.

비정상적 시계열 데이터를 안정적 시계열로 변환하는 방법은 **표 2-1**과 같다.

2. 시계열 데이터 안정화 방법

1) 순차도표(시퀀스 차트)

순차도표(시퀀스 차트)는 시계열 데이터를 통해 모형의 적합성 및 예측을 위한 분석에 앞서 데이터의 특성, 즉 데이터의 계절성, 추세, 이상치(극대값/극소값) 등을 시각적으로 파악하기 위한 것이다.

순차도표를 실행하기 위하여 국가통계포털(https://kosis.kr)의 2차자료인 연도별 지방자치단체공무원(지방자치단체에 소속되어 자치단체의 사무를 처리하는 공무원) 데이터를 이용한다(🖫 자치단체공무원현원.sav).

정리 국가통계포털에서 2차자료의 획득방법

국가통계포털 접속 > 국내통계 > e-지방통계(통계표) > 주제별 > 사회통합 > 지방자치단체공무원 현원(시도) > 시점 월(2008 ~ 2019) > 우측 [통계표 조회] > 다운로드(엑셀)

① 날짜 정의

- 데이터 → 날짜 및 시간 정의
  - 케이스의 날짜 : 년
  - 첫 번째 케이스/ 년 : 2008
  - 확인

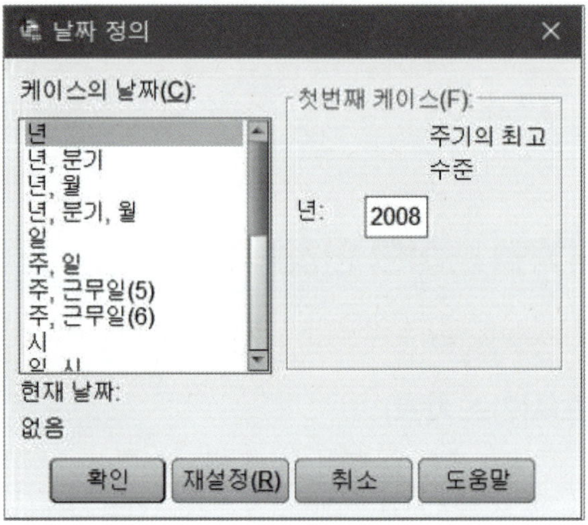

날짜가 정의된 결과는 다음과 같다.

경북	경남	제도	YEAR_	DATE_	변수
23215	21349	4981	2008	2008	
23378	21641	4899	2009	2009	
23580	22120	4931	2010	2010	
23810	22012	4978	2011	2011	
24132	22283	4985	2012	2012	
24618	22228	5006	2013	2013	
24653	22423	5110	2014	2014	
24981	22566	5219	2015	2015	
25413	23060	5367	2016	2016	
25983	23641	5492	2017	2017	
26745	24836	5862	2018	2018	
27829	25690	6023	2019	2019	

② 순차도표(시퀀스 차트) 실행하기

- 분석 → 시계열 분석 → 시퀀스 차트

  – 변수 : 전국

– 시간축 레이블 : 날짜로 정의하여 생성된 Date 변수 선택

– 시간참조선 : 참조선 없음

* 날짜에 참조선 : 특정시점을 표시하고자 하는 경우

– 형식 : 선형차트 또는 계열 평균에 참조선

– 계속 → 확인

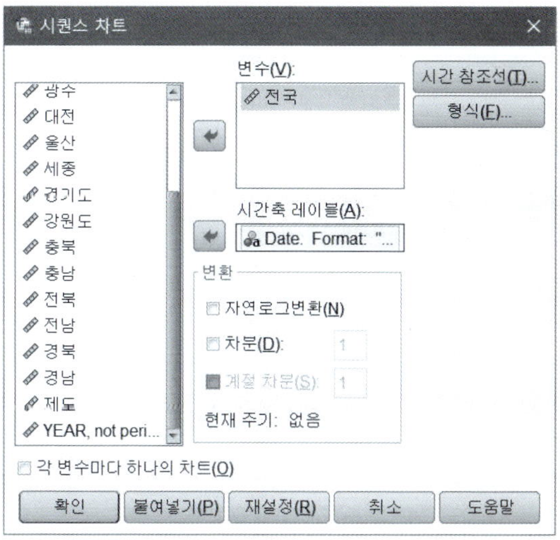

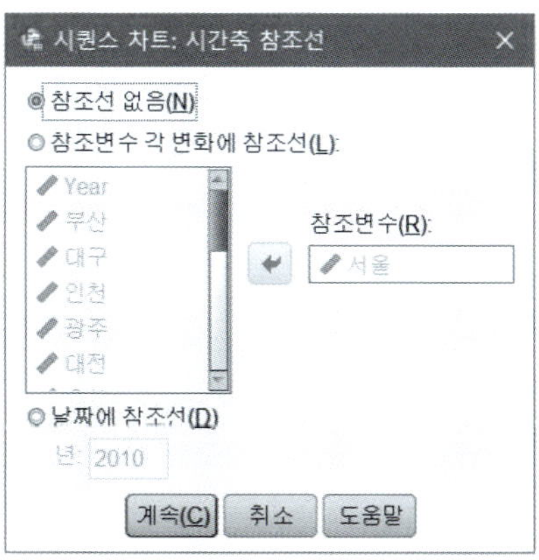

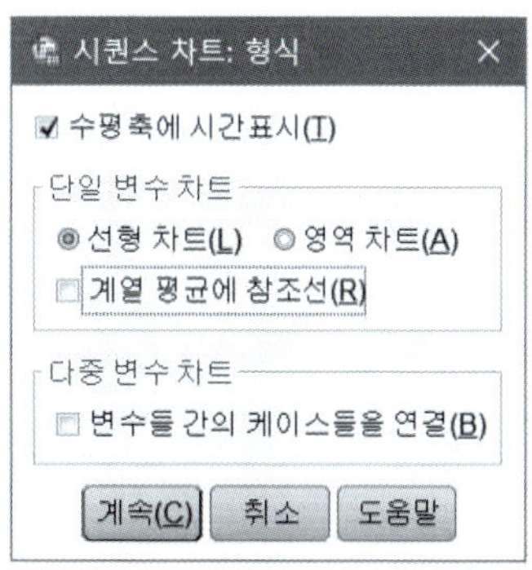

가로(수평선)에 '계열 평균'이 나타나고 연도별 추세를 나타낸다.

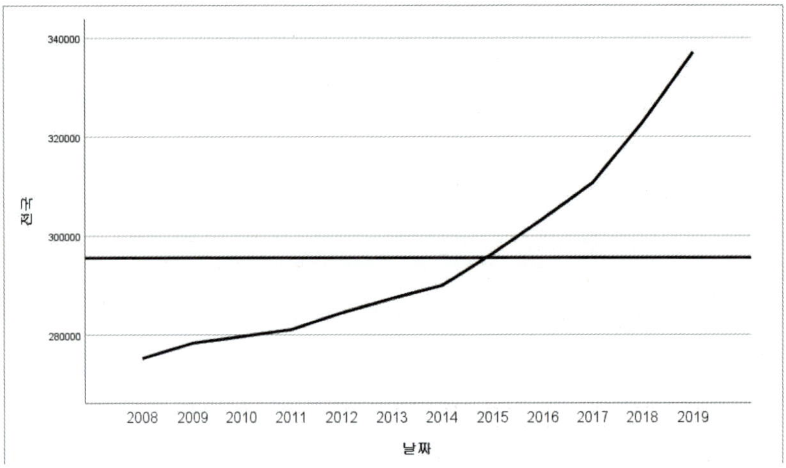

[참고]

순차도표는 레거시 대화상자의 '선형차트'와 같은 결과를 볼 수 있다.

- 그래프 → 레거시 대화상자 → 선형 차트
  - 선형 차트 : 단순
  - 차트에 표시할 데이터 : 각 케이스의 값
  - 정의

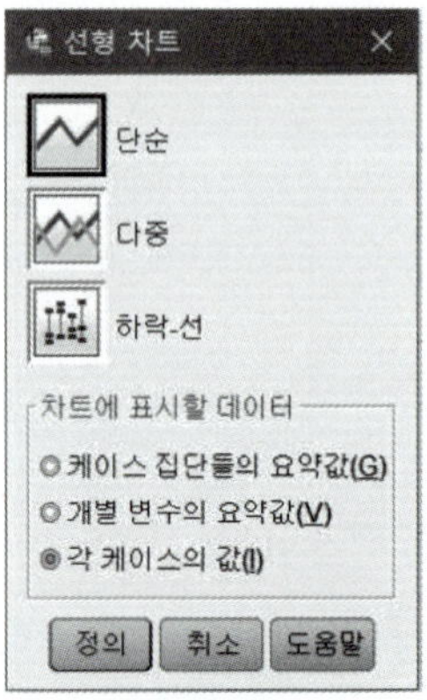

- 단순 선 차트 정의: 각 케이스의 값
  - 선표시 : 전국
  - 범주 레이블/변수 : 날짜로 정의하여 생성된 Date 변수 선택
  - 확인

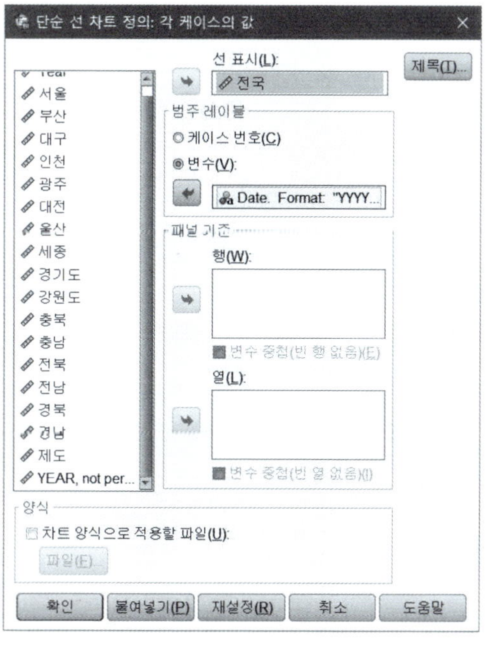

아래와 같은 순차도표의 결과와 똑같은 추세를 나타낸다.

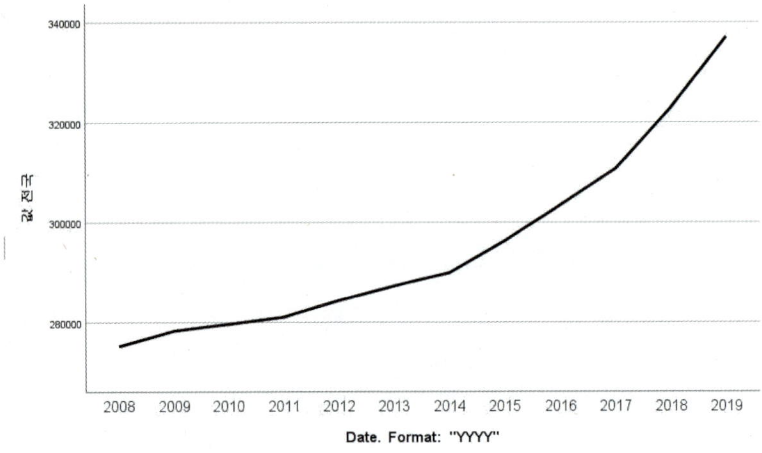

도표에서 임의 지점을 더블 클릭하면 아래와 같이 도표 편집기가 생성된다.

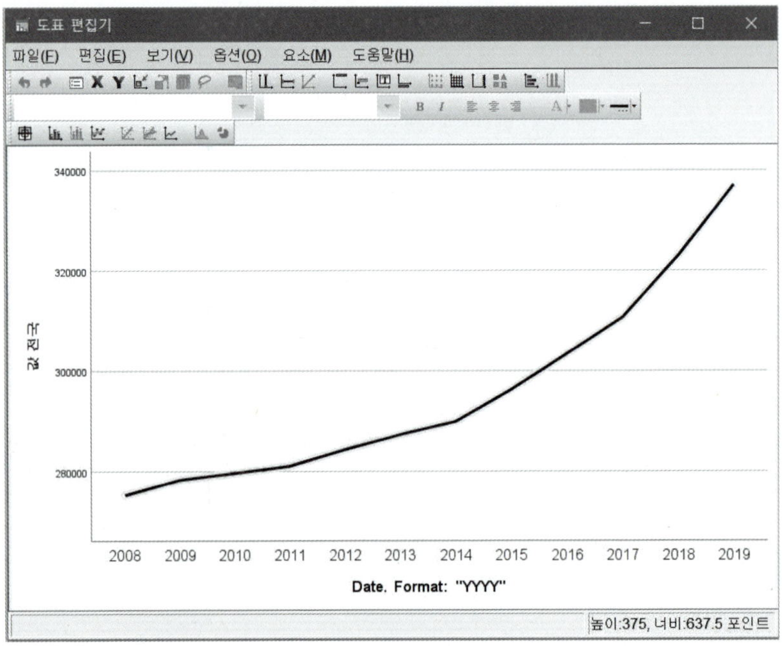

2) 자기상관 분석 : 자기상관함수

시계열 데이터를 분석하기 위해서는 관측 시점 간 상관관계가 존재하지 않아야 한다. 상관관계가 존재하면 과거의 관측값을 통해 미래를 예측하기 곤란하다. 자기상관이란 개별 관측값들이 독립적이지 않고 다른 시점의 관측값들과 중첩된다는 의미로 시계열 관측값 사이의 상관관계가 존재한다는 것이다.

자기상관함수(autocorrelation function; ACF)는 일반적 상관계수와 유사한 개념으로 일반적 상관계수는 두 변수 간 상호 관련성 여부와 크기를 나타내지만, 자기상관함수는 동일한 변수에 대해 시점을 달리하여 관측한 경우 시점 간에 존재하는 상호 관련성을 나타낸다. 일반적으로 시계열 데이터는 현재의 상태가 과거 및 미래의 상태와 밀접한 관계를 가지고 있기 때문에 시간의 흐름에 따라 독립적이지 않으며 이러한 경우에 시계열 데이터는 자기상관을 갖는다(김현철, 2005: 24).

아래 연도별 사람의 관측값에 관한 예시를 통해 자기상관의 의미를 살펴보자. 2019년은 5명, 2020년 6명, 2021년 7명으로 관측되었다. 그런데 2020년과 2021년은 새로운 사람이 아니라 기존 사람(A, B, C, D, E)에 대해 2020년에는 F, 2021년에는 G가 추가되었을 뿐이다. 즉 각 연도별 다른 특성을 가진 새로운 사람으로 관측된 것이 아니라 똑같은 사람이 다른 관측 연도에 중첩되기 때문에 매 연도별 관측값은 독립적이지 않고 스스로 관련성을 가진다. 스스로 관련성을 가진다고 하여 자기상관이라고 한다.

구분	2019년	2020년	2021년
관측값	5명	6명	7명
속성	A, B, C, D, E	A, B, C, D, E, F	A, B, C, D, E, F, G

자기상관함수는 시계열 데이터의 두 시점 간 상관계수로 나타내며, 이를 그래프로 나타낸 것이 상관 플롯(도표)이다. 편자기상관함수(partial autocorrelation function; PACF)는 시계열 두 시점 사이에 다른 시계열의 상호관계가 고정되어 있다고 가정하고, 순수하게 두 시점 간의 상호관계만을 나타낸다(이덕기, 2002: 34). 즉 변수 X, Y, Z가 있을

때 Z의 효과를 제거한 X와 Y의 상관계수를 의미한다.

3) 자기상관함수를 통한 차분 결정 방법

차분(differencing)은 현(現) 시점의 데이터(관측값)에서 전(前) 시점의 데이터(관측값)를 빼는 것을 말하며, 차분을 하게 되면 데이터의 개수는 하나 줄어들게 된다. 차분은 일반차분과 계절차분이 있다. 일반차분(regular difference)은 바로 전 시점의 데이터를 빼는 것이고, 계절차분(seasonal difference)은 여러 시점 전의 데이터를 빼는 것이다.

자기상관을 통해 차분하는 방법은 다음과 같다(한광종, 2017: 68-69).

첫째, 자기상관을 실시해서 자기상관함수(ACF) 플롯(plot)에서 시차 1(1주기)에서 신뢰한계를 벗어난 난 Peak(Spike)[1)]가 있는 경우 '차분 1'을 한다.

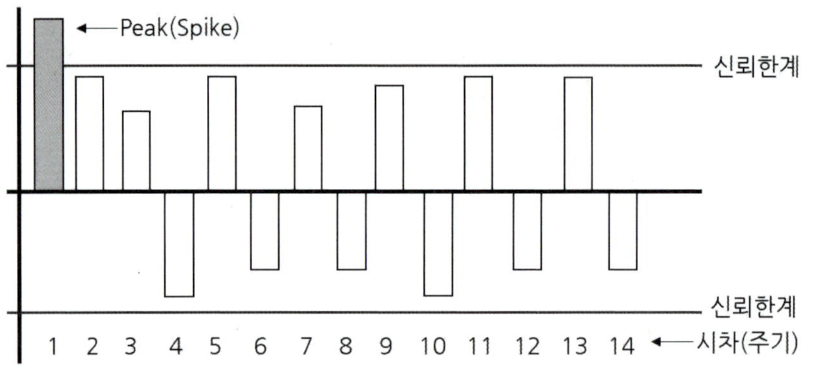

1) 극대값(peak) 극소값(valley) 또는 Spike(급격한 값의 변동)

둘째, 자기상관을 실시해서 자기상관함수(ACF) 플롯에서 시차 2(2주기)에서 신뢰한계를 벗어난 난 Peak(Spike)가 있는 경우 '차분 2'를 한다.

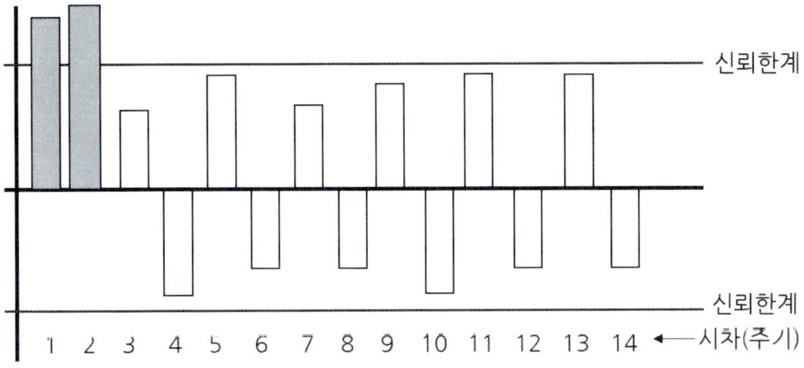

셋째, 자기상관을 실시해서 자기상관함수(ACF)의 플롯에서 시차 1과 시차 14(14주기)에서 동시에 신뢰한계를 벗어난 난 Peak(Spike)가 있는 경우 '계절차분'을 한다.

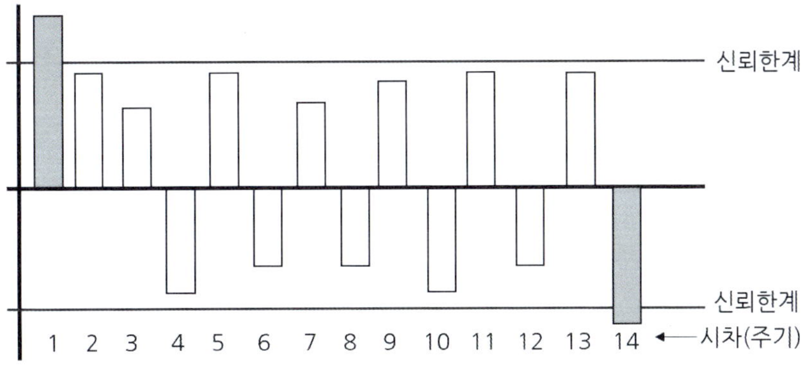

넷째, '차분 1', '차분 2', 그리고 '계절차분'한 결과 자기상관함수(ACF)가 '−0.5'에 가깝거나 그 이하인 경우를 과대차분(Over-differencing)이라 하며, 이때는 '차분 1'로 마무리한다.

차분한 결과	결정
① '차분 1' 결과 자기상관 : −0.48	차분 1 실시
② '차분 2' 결과 자기상관 : −0.56(−0.5 이하)	
③ '차분 1' 결과 자기상관 : −0.26	차분 2 실시
④ '차분 1' 결과 자기상관 : −0.42(−0.5에 근소함)	

자료: 한광종(2017: 68)

다섯째, 차분을 해서 표준오차가 증가한 경우도 '차분 1'로 마무리한다.

차분한 결과	결정
① '차분 1' 결과 표준오차 : 1.09	차분 1 실시
② '차분 2' 결과 표준오차 : 1.24(표준오차 증가)	

자료: 한광종(2017: 69)

4) 차분 1

(1) 분석 사례 1

다음 시계열 데이터를 통해 안정화 과정을 살펴보자((안정화1.sav).

① 날짜 정의

- 데이터 → 날짜 정의
  - 케이스의 날짜 : 년
  - 첫 번째 케이스 : 2000
  - 확인

② 순차도표(시퀀스 차트)

- 분석 → 시계열 분석 → 시퀀스 차트
  - 변수 : 전국
  - 확인

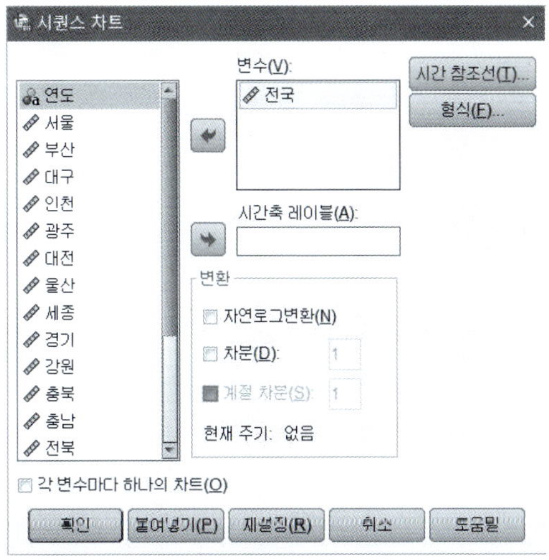

순차도표가 제시된다. 추세를 보이고 있다.

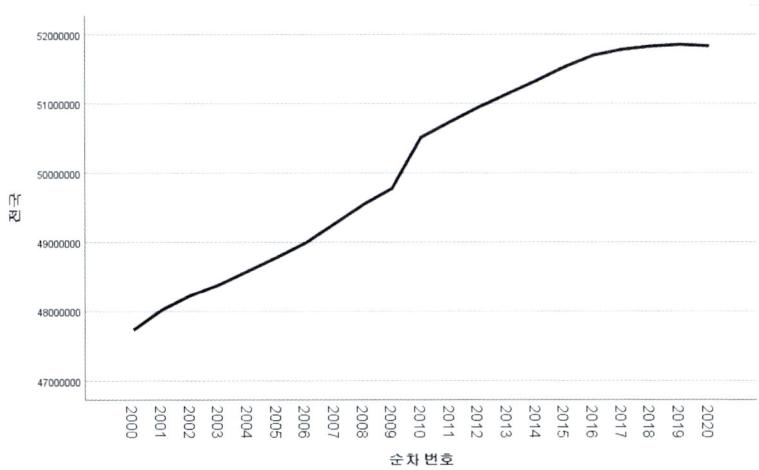

③ 자기상관 분석 실행

자기상관은 과거의 값(데이터)이 현재 및 미래의 값(데이터)에 영향을 미치는지 아니면 시차별 독립적인지를 판단하기 위함이다. 만약 시차별 데이터가 독립적이지 못하고 중첩된다면 과거의 값을 통해 미래를 예측하기 어렵다.

- 분석 → 시계열 분석 → 자기상관
  - 변수 : 전국
  - 표시 : 자기상관/편자기상관
  - 확인

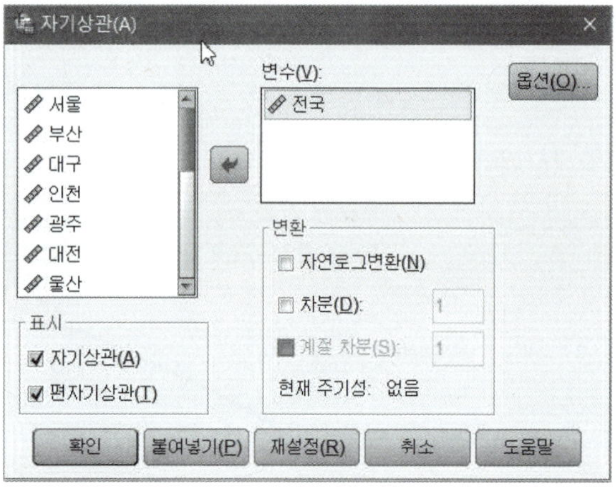

④ 자기상관 분석 결과

Box-Ljung 통계량의 유의확률이 유의수준 0.05보다 작다. 유의확률이 0.05보다 작으면 '시계열 관측값 사이에 자기상관이 존재하지 않는다(또는 자기상관이 0이다)'라는 귀무가설을 채택하지 못함으로써 자기상관이 존재한다(귀무가설을 채택하면 자기상관이 존재하지 않고 시계열 관측값들이 독립적이다). 시계열 관측값이 독립적이지 못하면, 과거의 관측값으로부터 미래의 값을 설명하지 못한다.

잠깐 : 자기상관계수의 통계적 유의성 판단

- 자기상관함수가 통계적으로 유의적인지를 판단하는 기준은 귀무가설인 "자기상관이 0이다(없다. 존재하지 않는다)"의 기각여부를 확인하여야 한다. 또는 "백색잡음으로부터 독립적이다"라는 귀무가설을 채택(기각하지 못함)하여야 자기상관이 존재하지 않는다.
- 즉 자기상관함수 플롯(그래프)에서 신뢰한계(상한, 하한)를 벗어나면 자기상관이 존재한다는 의미이고, 신뢰한계 안에 있게 되면 자기상관이 존재하지 않는다는 의미이다. 통계량으로는 다음과 같다.
  · 통계량의 유의확률 < 유의수준 0.05 : 자기상관 존재
  · 통계량의 유의확률 > 유의수준 0.05 : 자기상관 없음(시차별 독립적이다.)
- 표준오차법(독립성 모형/Bartlett 근사) : 자기상관 Box-Ljung 통계량의 유의확률이 유의수준 0.05보다 커야 독립적이다. 즉 과거의 값으로부터 미래의 값을 설명할 수 있다(한광종, 2017: 70).

자기상관

계열: 전국

시차	자기상관	표준화 오차[a]	Box-Ljung 통계량 값	자유도	유의확률[b]
1	.885	.203	18.919	1	.000
2	.763	.198	33.732	2	.000
3	.633	.193	44.470	3	.000
4	.492	.188	51.341	4	.000
5	.346	.182	54.963	5	.000
6	.201	.176	56.261	6	.000
7	.058	.170	56.378	7	.000
8	-.075	.164	56.588	8	.000
9	-.198	.158	58.169	9	.000
10	-.312	.151	62.431	10	.000
11	-.381	.144	69.459	11	.000
12	-.415	.137	78.712	12	.000
13	-.432	.129	89.990	13	.000
14	-.431	.120	102.815	14	.000
15	-.411	.111	116.437	15	.000
16	-.374	.102	129.937	16	.000

a. 가정된 기본 공정은 독립적입니다(백색잡음).

b. 점근 카이제곱 근사값을 기준으로 합니다.

자기상관함수(ACF)의 시차 1~시차 4, 시차 11~시차 16에서 신뢰한계를 벗어난 Peak(Spike)가 보인다.

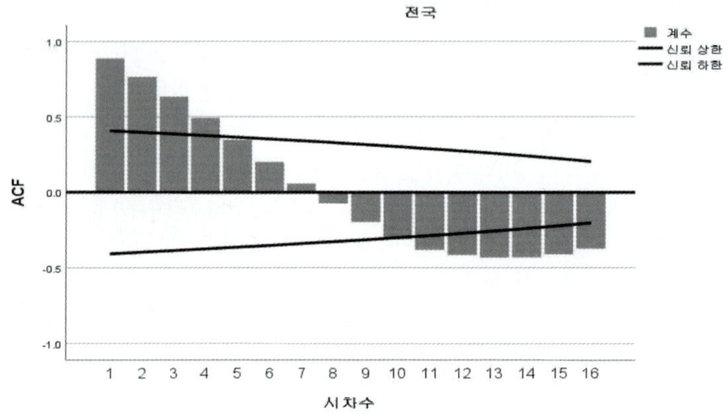

편자기상관함수(PACF)에서는 '시차 1' 신뢰한계를 벗어난 Peak(Spike)가 보인다. 시차 1차의 편자기상관계수만이 크므로, 이 시계열은 '시차 1' 전의 값이 크게 영향을 미치고 있다는 것을 알 수 있다.

편자기상관

계열: 전국

시차	편자기상관	표준화 오차
1	.885	.218
2	-.093	.218
3	-.110	.218
4	-.126	.218
5	-.114	.218
6	-.107	.218
7	-.104	.218
8	-.089	.218
9	-.094	.218
10	-.109	.218
11	.049	.218
12	.040	.218
13	-.039	.218
14	-.034	.218
15	-.021	.218
16	-.006	.218

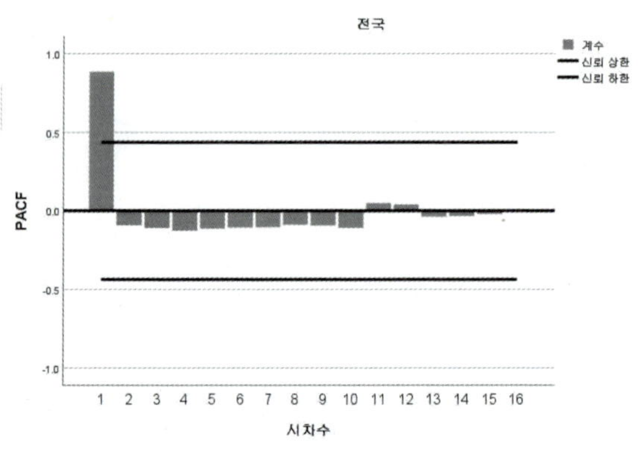

⑤ '차분 1' 실시

- 분석 → 시계열 분석 → 자기상관
  - 변수 : 전국
  - 표시 : 자기상관/편자기상관
  - 변환 : 차분 1
  - 옵션 : 최대 시차수 16
  - 표준오차법 : 독립성 모형
  - 계속 → 확인

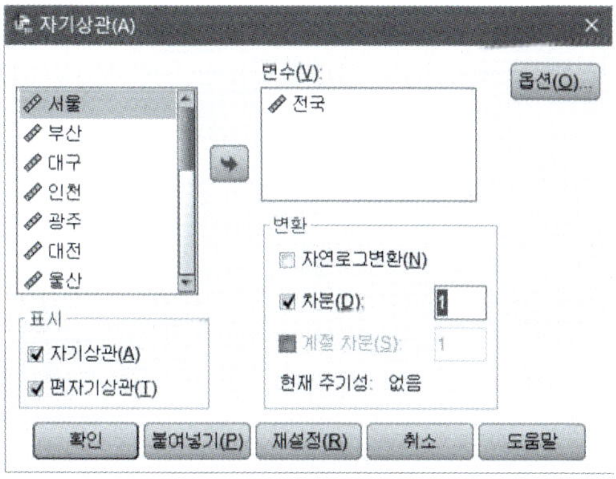

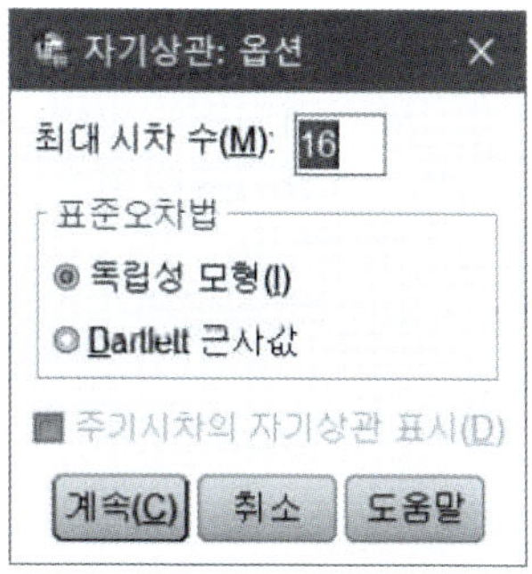

'차분 1'의 자기상관 분석 결과, Box-Ljung 통계량의 유의확률이 유의수준 0.05보다 크다. 유의확률이 0.05보다 크면 '시계열 관측값 사이에 자기상관이 존재하지 않는다(또는 자기상관이 0이다)'라는 귀무가설을 채택함으로써 관측값 사이의 자기상관이 존재하지 않고 안정화되었다. 따라서 각 시점의 개별 관측값들이 중첩되지 않고 독립적이기 때문에 과거의 관측값으로부터 미래의 값을 설명 및 예측할 수 있다.

자기상관

계열: 전국

시차	자기상관	표준화 오차[a]	Box-Ljung 통계량 값	자유도	유의확률[b]
1	.284	.208	1.874	1	.171
2	.238	.202	3.264	2	.196
3	.160	.197	3.926	3	.270
4	.005	.191	3.926	4	.416
5	-.010	.185	3.929	5	.560
6	-.043	.178	3.988	6	.678
7	-.207	.172	5.438	7	.607
8	-.211	.165	7.073	8	.529
9	-.163	.158	8.131	9	.521
10	-.331	.151	12.958	10	.226
11	-.065	.143	13.168	11	.283
12	-.066	.135	13.407	12	.340
13	-.034	.126	13.481	13	.411
14	.016	.117	13.499	14	.488
15	.016	.107	13.520	15	.562
16	-.001	.095	13.520	16	.634

a. 가정된 기본 공정은 독립적입니다(백색잡음).

b. 점근 카이제곱 근사값을 기준으로 합니다.

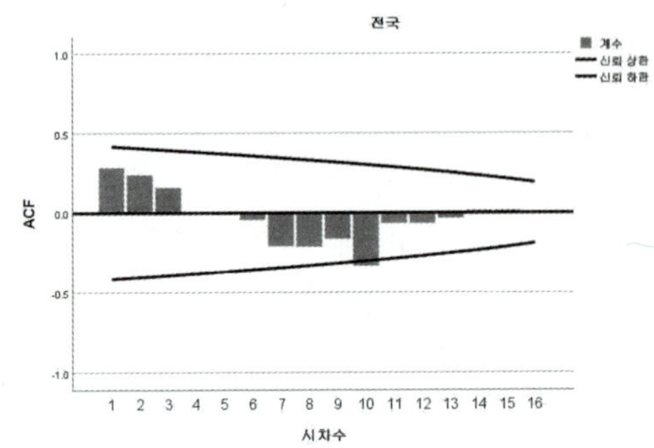

편자기상관

계열: 전국

시차	편자기상관	표준화 오차
1	.284	.224
2	.171	.224
3	.062	.224
4	-.096	.224
5	-.035	.224
6	-.028	.224
7	-.191	.224
8	-.126	.224
9	-.017	.224
10	-.230	.224
11	.113	.224
12	.025	.224
13	.008	.224
14	-.036	.224
15	-.029	.224
16	-.051	.224

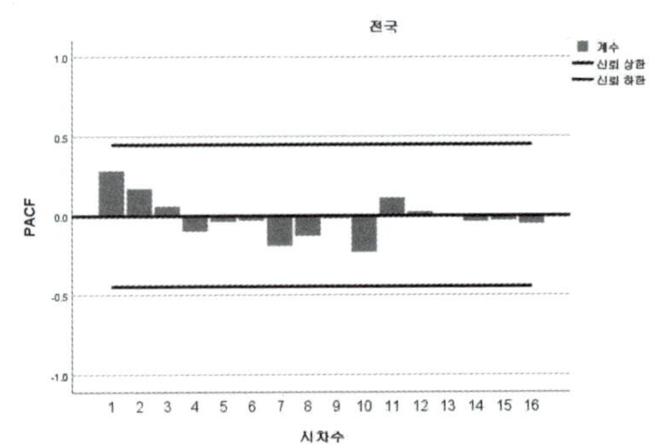

● 차분한 결과를 새로운 변수로 생성하기

차분한 결과를 새로운 변수로 생성하는 과정을 살펴본다.

① 실행

- 변환 → 시계열 변수 생성
  - 왼쪽 '전국'을 [변수 → 새이름]으로 이동
  - 이름 : '전국_1' [변경] 클릭
  - 함수 : 차분
  - 순서 : 1
  - 확인

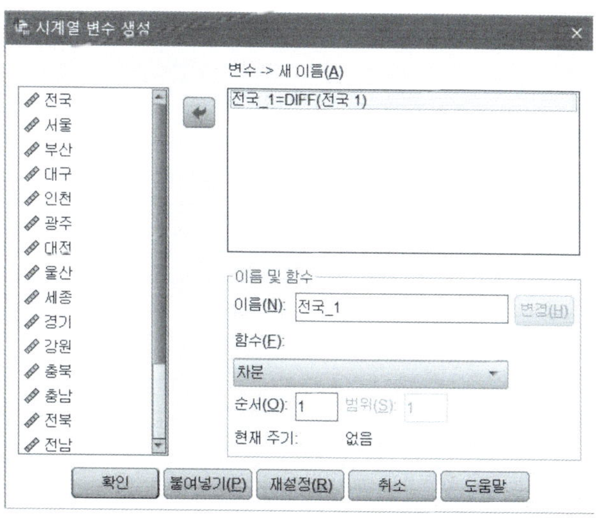

② 새로운 변수로 생성된 결과

'차분 1'로 된 [전국_1]의 새로운 변수로 생성되었다. '차분 1'의 결과는 해당 년도의 관측값에서 전(前) 년도의 관측값의 차이다.

- 2001년도 : 288,985 = (2001년도 인구수 – 2000년도 인구수)
- 2002년도 : 208,405 = (2002년도 인구수 – 2001년도 인구수)
- 2020년도 : -20,838 = (2020년도 인구수 – 2019년도 인구수)

YEAR_	DATE_	전국_1	변수
2000	2000	.	
2001	2001	288985	
2002	2002	208405	
2003	2003	156875	
2004	2004	196982	
2005	2005	198469	
2006	2006	209505	
2007	2007	277149	
2008	2008	271439	
2009	2009	232778	
2010	2010	742521	
2011	2011	218618	
2012	2012	213988	
2013	2013	193191	
2014	2014	186453	
2015	2015	201422	
2016	2016	166878	
2017	2017	82328	
2018	2018	47515	
2019	2019	23802	
2020	2020	-20838	

(2) 분석 사례 2

다음 파일의 주민등록인구 중 '서울' 인구[2]의 시계열 데이터를 통해 안정화 과정을 살펴본다(안정화2.sav).

① 날짜 정의

- 데이터 → 날짜 정의
  - 케이스의 날짜 : 년
  - 첫 번째 케이스 : 2000
  - 확인

② 순차도표(시퀀스 차트)

- 분석 → 시계열 분석 → 시퀀스 차트
  - 변수 : 서울
  - 확인

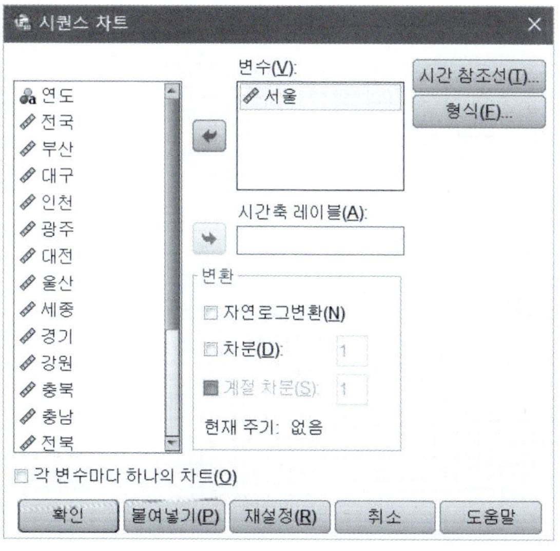

2) 분석을 위한 데이터로 삼고자 특정 연도를 임의로 조작하였다.

순차도표(시퀀스 차트)를 통해 이상 관측값을 확인한다. 2005년도와 2017년도의 두 개의 이상값이 확인되었다.

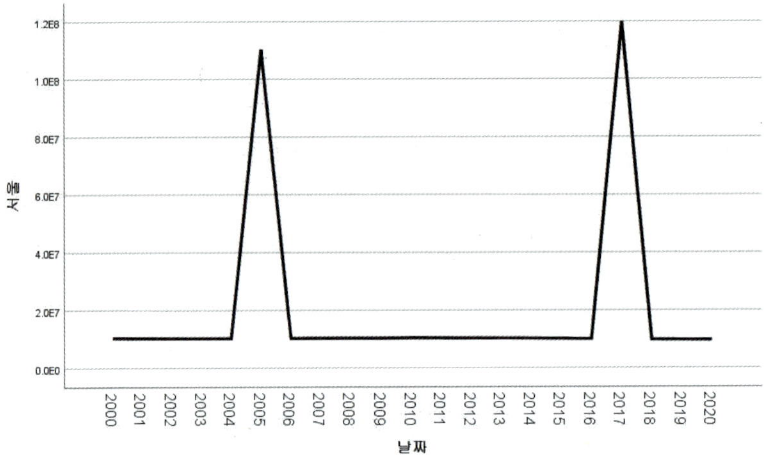

③ 자기상관 분석 실행

- 분석 → 시계열 분석 → 자기상관
  - 변수 : 서울
  - 표시 : 자기상관/편자기상관
  - 확인

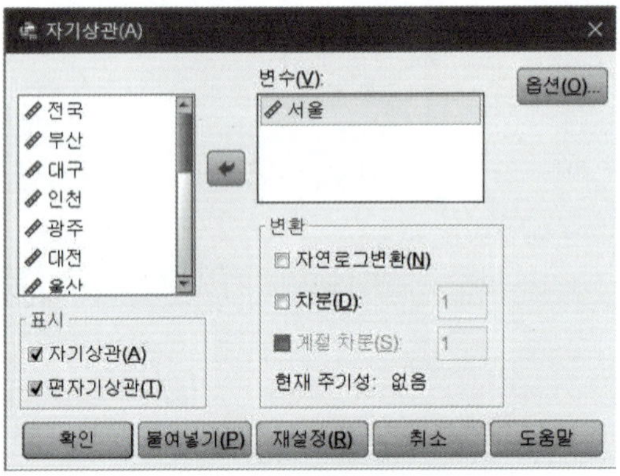

④ 자기상관 분석 결과

Box-Ljung 통계량의 유의확률이 유의수준 0.05보다 크기 때문에 '시계열 관측값 사이에 자기상관이 존재하지 않는다(또는 자기상관이 0이다)'라는 귀무가설을 채택함으로써 관측값 사이의 자기상관이 존재하지 않으며 시계열 시점의 관측값들이 독립적이다.

자기상관

계열: 서울

시차	자기상관	표준화 오차[a]	Box-Ljung 통계량 값	자유도	유의확률[b]
1	-.112	.203	.304	1	.581
2	-.117	.198	.652	2	.722
3	-.122	.193	1.050	3	.789
4	-.069	.188	1.185	4	.881
5	-.073	.182	1.346	5	.930
6	-.029	.176	1.373	6	.967
7	-.034	.170	1.412	7	.985
8	-.040	.164	1.470	8	.993
9	-.045	.158	1.551	9	.997
10	-.050	.151	1.001	10	.998
11	-.055	.144	1.809	11	.999
12	.490	.137	14.713	12	.258
13	-.066	.129	14.976	13	.309
14	-.071	.120	15.326	14	.356
15	-.076	.111	15.794	15	.396
16	-.029	.102	15.873	16	.462

a. 가정된 기본 공정은 독립적입니다(백색잡음).

b. 점근 카이제곱 근사값을 기준으로 합니다.

그러나 자기상관함수(ACF) 플롯(그래프) 12차에서 신뢰한계를 벗어난 Peak(Spike)가 보인다.

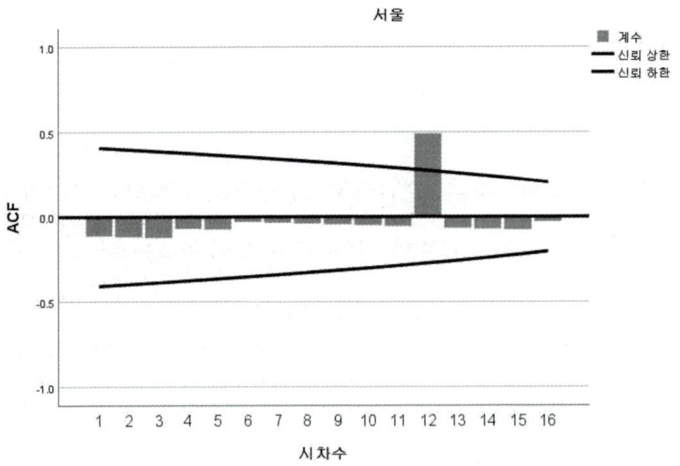

시계열 데이터의 비안정성(비정상성)을 판단하기 위한 더욱 많은 정보를 얻기 위하여 편자기상관함수(PACF) 플롯(그래프)도 살펴본다. 편자기상관은 편상관관계, 즉 어떤 변수를 제외(통제)하고 두 변수 간의 순수한 상관관계를 살펴보는 방법과 같다. 편자기상관은 시차가 다른 두 시계열 데이터 간의 순수한 상호연관성을 의미한다. 즉 두 시점 사이에 포함된 모든 시계열 데이터의 영향력은 통제(제거)하고 엄밀하게 살펴보는 근거이다. 편자기상관함수 플롯에서는 신뢰한계를 벗어나지 않고 있다.

편자기상관

계열: 서울

시차	편자기상관	표준화 오차
1	-.112	.218
2	-.131	.218
3	-.156	.218
4	-.129	.218
5	-.151	.218
6	-.127	.210
7	-.143	.218
8	-.167	.218
9	-.200	.218
10	-.256	.218
11	-.351	.218
12	.269	.218
13	-.102	.218
14	-.098	.218
15	-.093	.218
16	-.092	.218

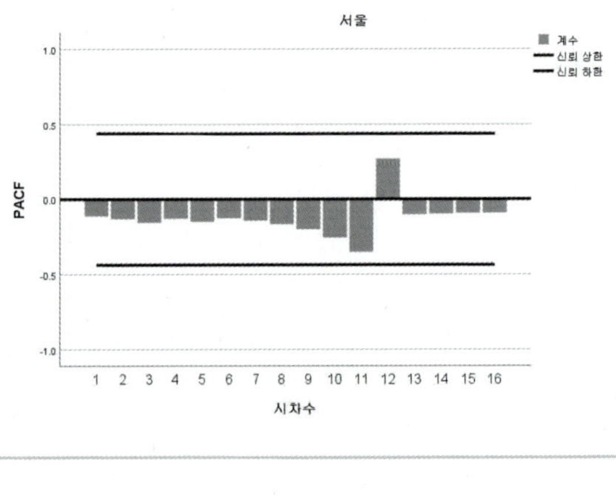

만약 시계열 데이터의 안정화를 높이기 위하여 '차분 1'을 해보자.

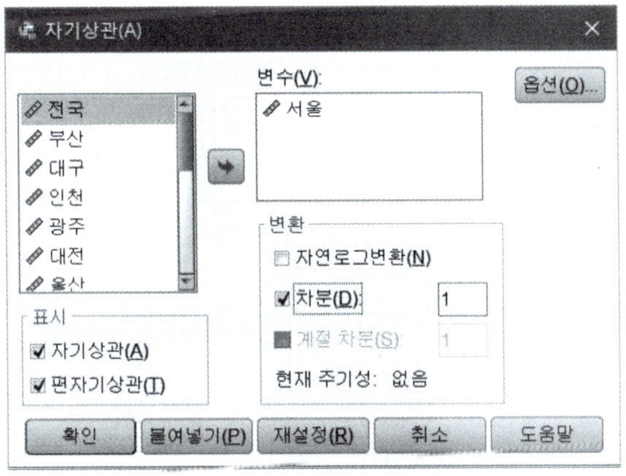

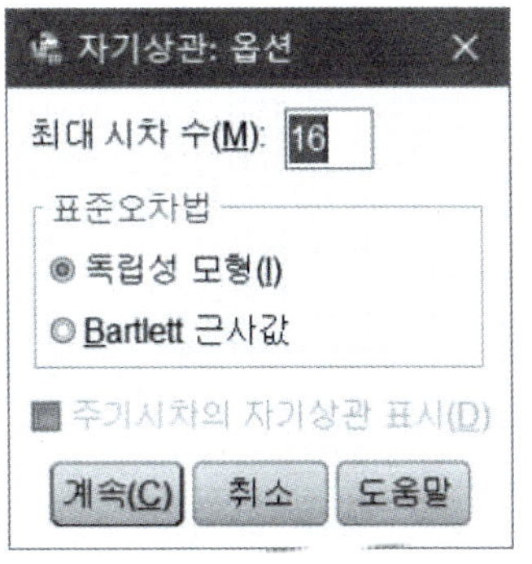

자기상관계수와 자기상관함수 그래프를 보면, '시차 1'에서 −0.5에 가깝다. −0.5에 가깝기 때문에 과대차분(Over-differencing)이 된 결과이다. 또한 시차 1과 시차 12~시차 16에서 유의확률이 0.05보다 작게 되어 백색잡음(White noise)으로부터 독립적이지 못하다. 즉 과거의 관측치를 통해 미래의 값을 설명하지 못한다. 이 시계열 데이터의 경우 차분을 하지 않아도 된다.

자기상관

계열: 서울

시차	자기상관	표준화 오차[a]	Box-Ljung 통계량 값	자유도	유의확률[b]
1	-.500	.208	5.793	1	.016
2	.000	.202	5.793	2	.055
3	.000	.197	5.793	3	.122
4	.000	.191	5.793	4	.215
5	.000	.185	5.793	5	.327
6	.000	.178	5.793	6	.447
7	.000	.172	5.793	7	.564
8	.000	.165	5.793	8	.670
9	.000	.158	5.793	9	.760
10	.000	.151	5.793	10	.832
11	-.249	.143	8.822	11	.638
12	.498	.135	22.447	12	.033
13	-.249	.126	26.344	13	.015
14	.000	.117	26.344	14	.023
15	.000	.107	26.344	15	.035
16	.000	.095	26.344	16	.049

a. 가정된 기본 공정은 독립적입니다(백색잡음).

b. 점근 카이제곱 근사값을 기준으로 합니다.

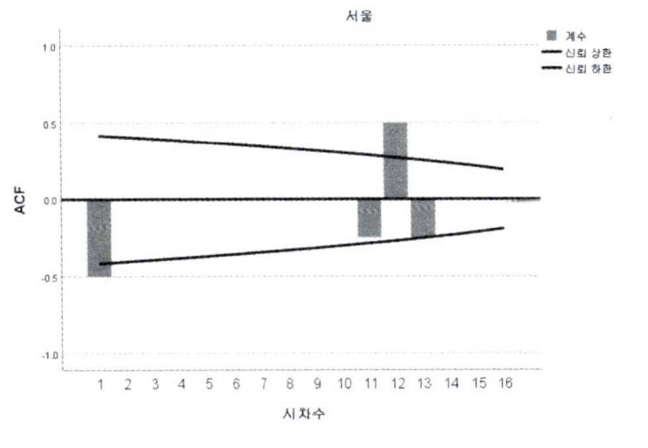

편자기함수에서도 '시차 1'과 '시차 11'에서 −0.5에 가깝게 나타나 차분을 하면 과대차분을 한 결과가 되기 때문에 차분을 하지 않아도 된다.

편자기상관

계열: 서울

시차	편자기상관	표준화 오차
1	-.500	.224
2	-.334	.224
3	-.250	.224
4	-.201	.224
5	-.167	.224
6	-.143	.224
7	-.125	.224
8	-.111	.224
9	-.099	.224
10	-.090	.224
11	-.539	.224
12	-.026	.224
13	-.025	.224
14	-.024	.224
15	-.023	.224
16	-.022	.224

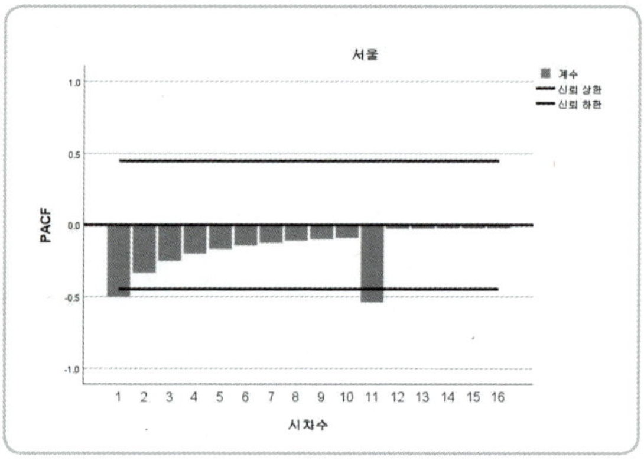

(3) 분석 사례 3

다음은 전국 시도의 실업자수에 관한 시계열 데이터이다(실업자수.sav).

① 날짜 정의

- 데이터 → 날짜 및 시간 정의
  - 케이스의 날짜 : 년
  - 첫 번째 케이스 : 2000
  - 확인

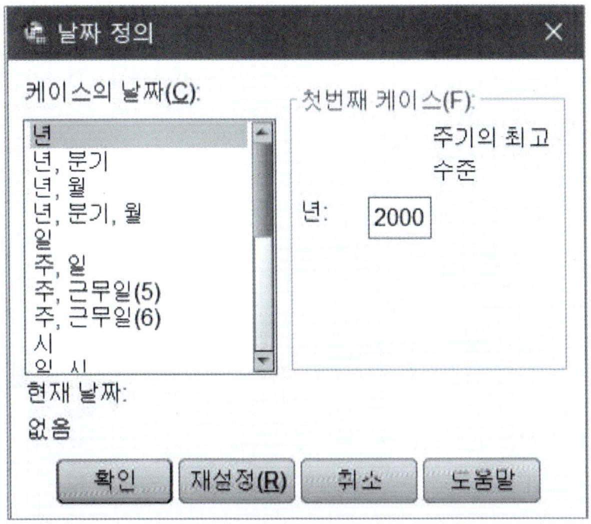

날짜가 정의된 결과는 다음과 같다.

경남	제주	YEAR_	DATE_	변수	변수
49	7	2000	2000		
47	7	2001	2001		
36	6	2002	2002		
38	5	2003	2003		
37	7	2004	2004		
40	7	2005	2005		
36	6	2006	2006		
38	6	2007	2007		
35	5	2008	2008		
49	5	2009	2009		
45	5	2010	2010		
36	5	2011	2011		
31	5	2012	2012		
35	6	2013	2013		
43	7	2014	2014		
46	7	2015	2015		
59	8	2016	2016		
52	7	2017	2017		
54	7	2018	2018		
69	8	2019	2019		
72	10	2020	2020		

② 순차도표(시퀀스 차트)

- 분석 → 시계열 분석 → 시퀀스 차트
  - 변수 : 전국
  - 확인

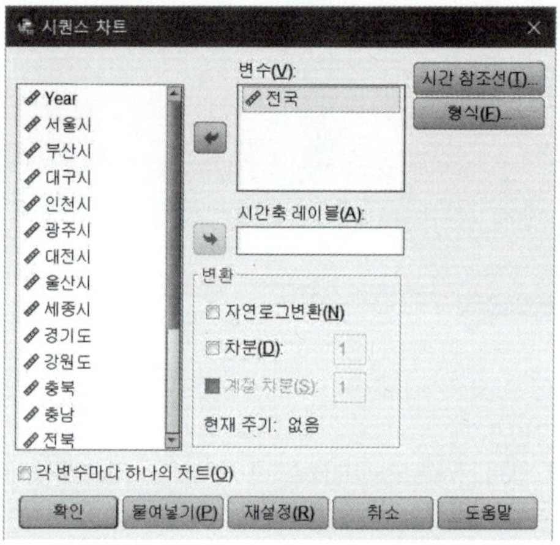

순차도표 결과가 제시된다.

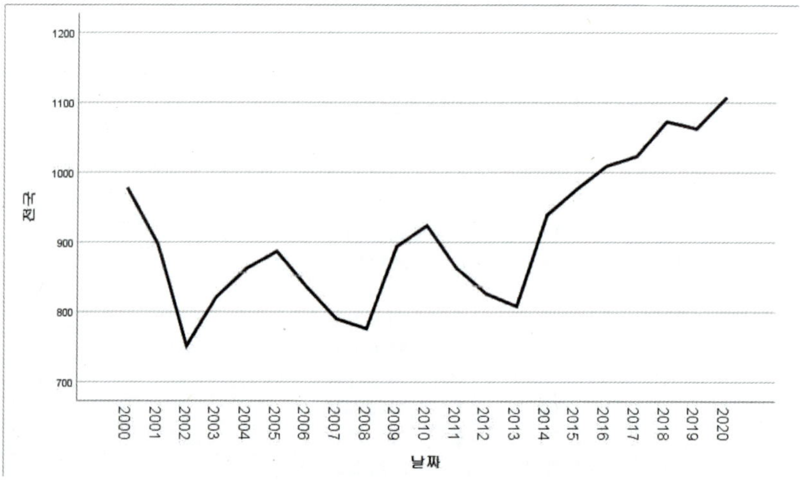

③ 자기상관 분석 실행

- 분석 → 시계열 분석 → 자기상관
  - 변수 : 전국
  - 표시 : 자기상관/편자기상관
  - 옵션 : 독립성 모형
  - 계속 → 확인

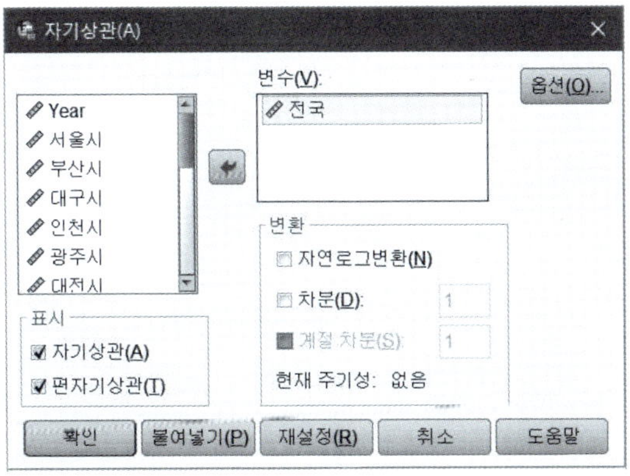

④ 자기상관 분석 결과

Box-Ljung 통계량의 유의확률이 유의수준 0.05보다 작기 때문에 '시계열 관측값 사이에 자기상관이 존재하지 않는다(또는 자기상관이 0이다)'라는 귀무가설을 채택하지 못함으로써 관측값 사이의 자기상관이 존재하기 때문에 과거의 관측값을 통해 미래의 값을 예측하기 곤란하다.

자기상관

계열: 전국

시차	자기상관	표준화 오차[a]	Box-Ljung 통계량		
			값	자유도	유의확률[b]
1	.702	.203	11.885	1	.001
2	.405	.198	16.053	2	.000
3	.249	.193	17.721	3	.001
4	.257	.188	19.604	4	.001
5	.209	.182	20.923	5	.001
6	.025	.176	20.943	6	.002
7	-.216	.170	22.558	7	.002
8	-.219	.164	24.347	8	.002
9	-.110	.158	24.836	9	.003
10	-.099	.151	25.266	10	.005
11	-.211	.144	27.424	11	.004
12	-.367	.137	34.671	12	.001
13	-.328	.129	41.172	13	.000
14	-.234	.120	44.954	14	.000
15	-.190	.111	47.855	15	.000
16	-.202	.102	51.792	16	.000

a. 가정된 기본 공정은 독립적입니다(백색잡음).

b. 점근 카이제곱 근사값을 기준으로 합니다.

자기상관함수(ACF) 플롯(그래프) 시차 1(주기1)에서 신뢰한계를 벗어난 Peak가 보여 '차분 1'이 요구된다.

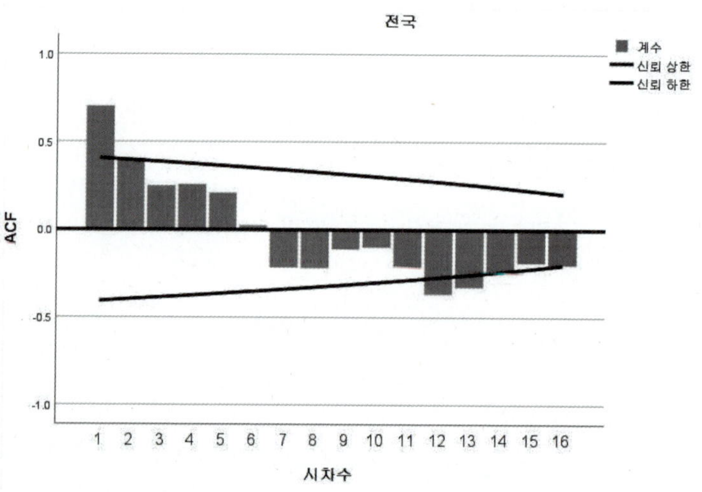

편자기함수에서도 시차 1에서 신뢰한계를 벗어난다.

편자기상관

계열: 전국

시차	편자기상관	표준화 오차
1	.702	.218
2	-.172	.218
3	.075	.218
4	.186	.218
5	-.112	.218
6	-.231	.218
7	-.239	.218
8	.193	.218
9	.048	.218
10	-.155	.218
11	-.087	.218
12	-.200	.218
13	.077	.218
14	-.142	.218
15	-.009	.218
16	.112	.218

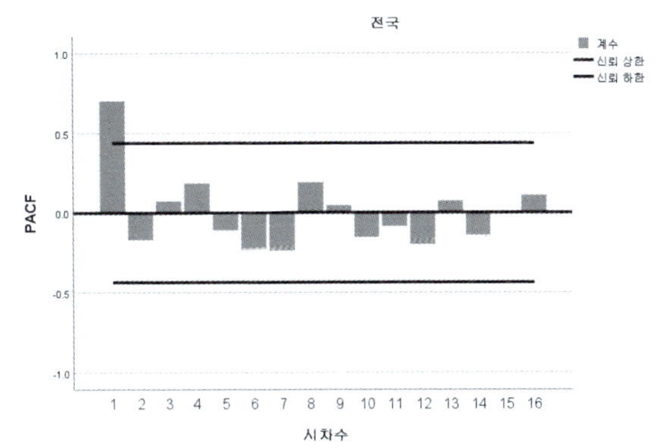

'차분 1'로 자기상관을 분석한다.

자기상관

계열: 전국

시차	자기상관	표준화 오차[a]	Box-Ljung 통계량 값	자유도	유의확률[b]
1	.153	.208	.544	1	.461
2	-.292	.202	2.634	2	.268
3	-.377	.197	6.305	3	.098
4	.132	.191	6.783	4	.148
5	.396	.185	11.374	5	.044
6	.267	.178	13.609	6	.034
7	-.271	.172	16.097	7	.024
8	-.328	.165	20.030	8	.010
9	.067	.158	20.207	9	.017
10	.144	.151	21.118	10	.020
11	.225	.143	23.592	11	.015
12	-.196	.135	25.697	12	.012
13	-.164	.126	27.389	13	.011
14	-.086	.117	27.936	14	.015
15	-.008	.107	27.939	15	.022
16	-.084	.095	28.714	16	.026

a. 가정된 기본 공정은 독립적입니다(백색잡음).

b. 점근 카이제곱 근사값을 기준으로 합니다.

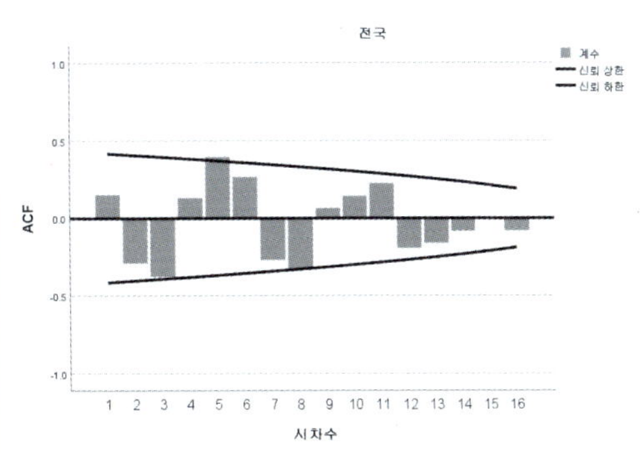

편자기상관함수(PACF) 플롯에서 신뢰한계의 범위를 벗어나지 않는다.

편자기상관

계열: 전국

시차	편자기상관	표준화 오차
1	.153	.224
2	-.324	.224
3	-.306	.224
4	.178	.224
5	.224	.224
6	.195	.224
7	-.145	.224
8	-.078	.224
9	.113	.224
10	-.244	.224
11	.157	.224
12	-.161	.224
13	.091	.224
14	-.065	.224
15	-.324	.224
16	-.094	.224

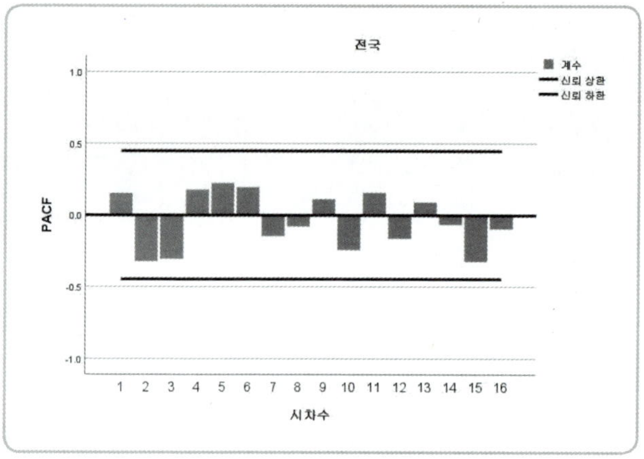

⑤ '차분 1'로 설정한 새로운 변수의 생성

- 변환 → 시계열 변수 생성
  - 변수 → 새이름 : 전국
  - 확인

YEAR_	DATE_	전국_1	변수
2000	2000	.	
2001	2001	-80	
2002	2002	-147	
2003	2003	70	
2004	2004	41	
2005	2005	25	
2006	2006	-51	
2007	2007	-46	
2008	2008	-14	
2009	2009	118	
2010	2010	30	
2011	2011	-61	
2012	2012	-37	
2013	2013	-18	
2014	2014	131	
2015	2015	37	
2016	2016	33	
2017	2017	14	
2018	2018	50	
2019	2019	-10	
2020	2020	45	

(4) 분석 사례 4

국가통계포털(https://kosis.kr)의 2차자료인 1인당지역총소득 데이터를 통해 자연로그를 통한 안정화 변환 과정을 살펴본다(1인당지역총소득.sav).

정리 **국가통계포털에서 2차자료의 획득방법**

국가통계포털 접속 > 국내통계 > e-지방통계(통계표) > 주세별 > 소득과 소비 > 1인당 지역총소득(시도) > 설정(성별 : 계) > 시점/년(20003~2019) > 적용 > 우측 [통계표 조회] > 다운로드

① 날짜 정의

- 데이터 → 날짜 및 시간 정의
  - 케이스의 날짜 : 년
  - 첫 번째 케이스 : 2000
  - 확인

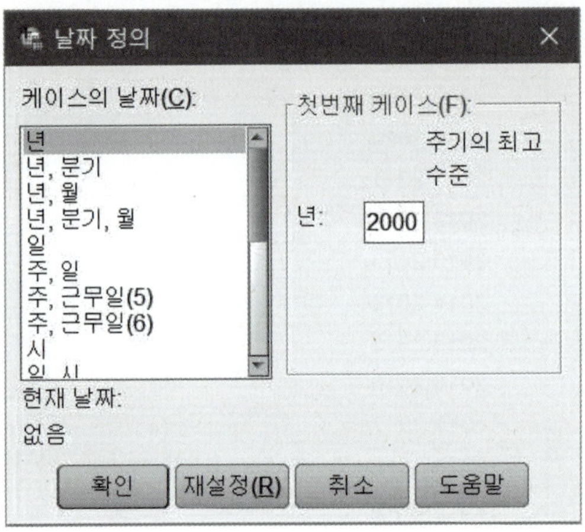

날짜 정의가 생성된다.

충남	전북	전남	경북	경남	제주도	YEAR_	DATE_	변수
13203	10609	13171	13527	12784	11154	2000	2000	
14139	11439	14088	14067	13991	12163	2001	2001	
15557	11951	15473	15272	14997	12969	2002	2002	
17564	12760	16577	17019	15989	13580	2003	2003	
19695	13523	18415	19585	17087	14859	2004	2004	
20372	14401	19110	21513	18193	14762	2005	2005	
21450	15344	20080	21536	19258	15659	2006	2006	
22905	16168	21970	22157	20968	16350	2007	2007	
24028	17346	22745	25656	23121	17358	2008	2008	
26683	18578	24109	25287	23429	18437	2009	2009	
28765	19226	26168	26953	24250	19613	2010	2010	
30628	20200	26437	29076	25747	22372	2011	2011	

② 순차도표

순차도표를 통해 시각적으로 시계열 데이터가 안정적인지 파악한다.

- 분석 → 시계열 분석 → 시퀀스 차트
  - 왼쪽 '전국'을 오른쪽 변수로 이동
  - 시간축 레이블 : 날짜로 정의하여 생성된 Date 변수 선택
  - 시간참조선 : 참조선 없음
  - 형식 : 계열 평균에 참조선
  - 계속 → 확인

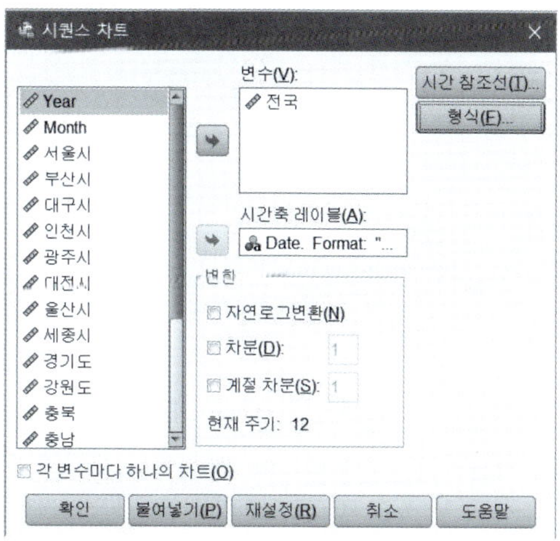

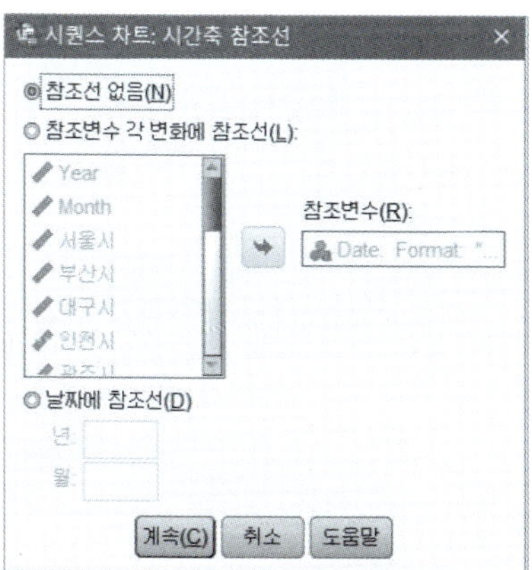

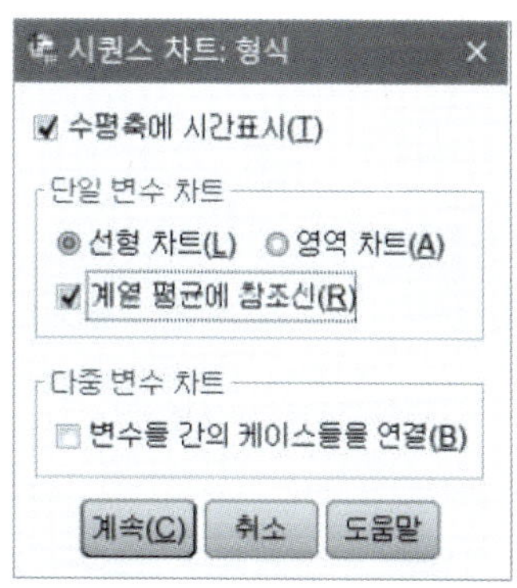

순차도표 결과 장기적으로 상승하는 '추세'를 보이고 있다.

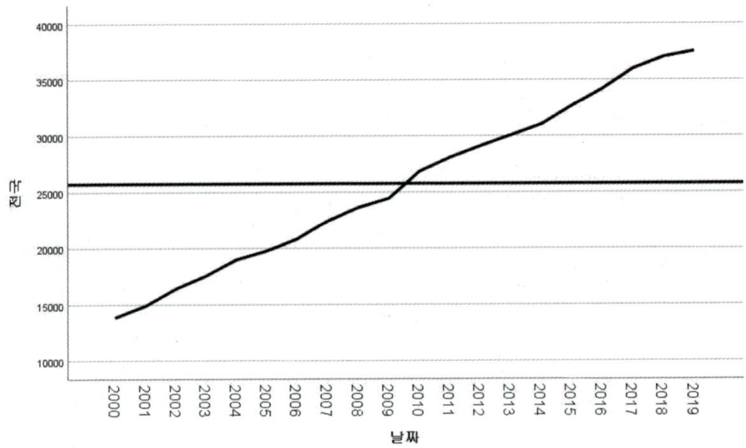

③ 자기상관 분석

- 분석 → 시계열 분석 → 자기상관
  - 변수 : 전국
  - 표시 : 자기상관/편자기상관
  - 옵션 : 최대 시차수/16, 표준오차법/독립성 모형
  - 계속 → 확인

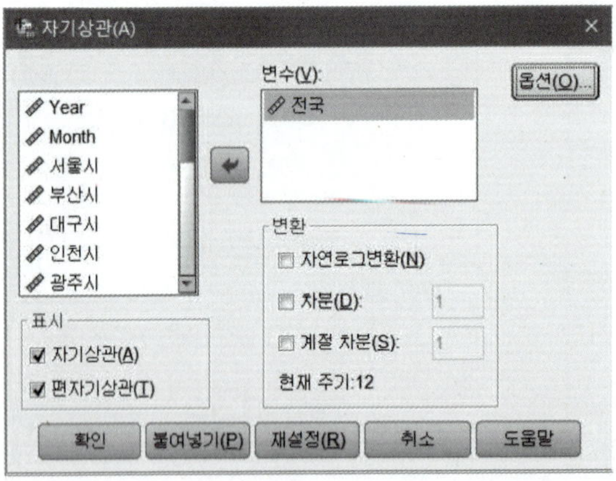

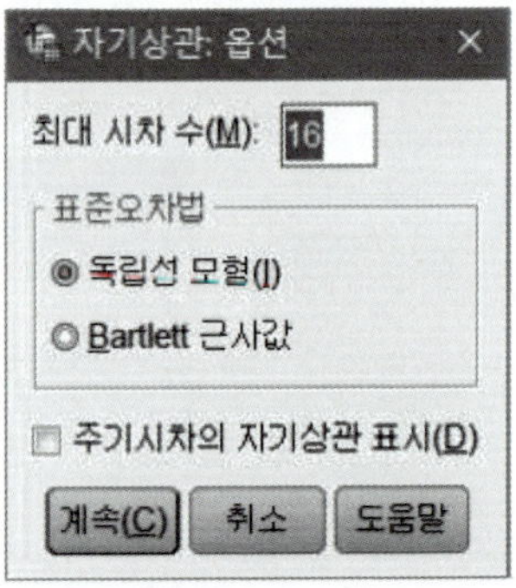

자기상관 분석 결과, Box-Ljung 통계량의 유의확률이 유의수준 0.05보다 작다. '시계열의 시차 간 관측값이 독립적이다'라는 귀무가설을 기각하기 때문에 시차 간 관측값들이 상호 중복된다(자기상관이 존재한다). 또한 이 의미는 과거의 관측값으로 미래값을 설명하기 어렵다. 자기상관함수(ACF)의 플롯(도표)에서도 신뢰한계를 벗어난 Peak(Spike)가 여러 시차에서 존재한다.

자기상관

계열: 전국

시차	자기상관	표준화 오차[a]	Box-Ljung 통계량 값	자유도	유의확률[b]
1	.856	.208	16.978	1	.000
2	.703	.202	29.062	2	.000
3	.554	.197	36.992	3	.000
4	.413	.191	41.677	4	.000
5	.283	.185	44.031	5	.000
6	.160	.178	44.836	6	.000
7	.039	.172	44.887	7	.000
8	-.072	.165	45.079	8	.000
9	-.176	.158	46.318	9	.000
10	-.272	.151	49.570	10	.000
11	-.328	.143	54.829	11	.000
12	-.372	.135	62.442	12	.000
13	-.401	.126	72.524	13	.000
14	-.410	.117	84.850	14	.000
15	-.405	.107	99.264	15	.000
16	-.379	.095	115.053	16	.000

a. 가정된 기본 공정은 독립적입니다(백색잡음).

b. 점근 카이제곱 근사값을 기준으로 합니다.

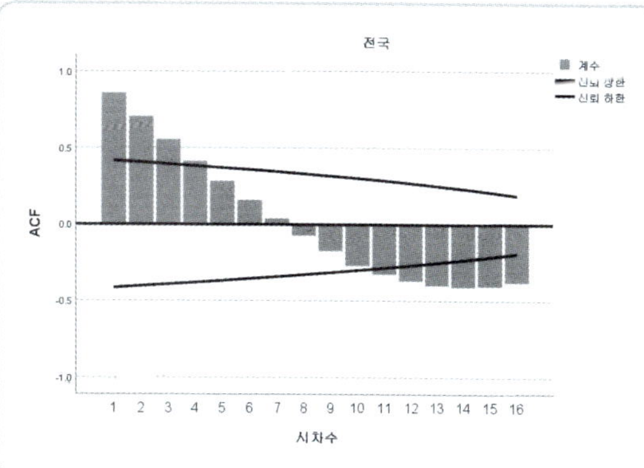

편자기상관함수(PACF) 플롯(도표)에서 '시차 1'에서 신뢰한계를 벗어난 Peak(Spike)가 보인다.

편자기상관

계열: 전국

시차	편자기상관	표준화 오차
1	.856	.224
2	-.113	.224
3	-.075	.224
4	-.064	.224
5	-.058	.224
6	-.080	.224
7	-.098	.224
8	-.080	.224
9	-.093	.224
10	-.102	.224
11	.018	.224
12	-.076	.224
13	-.054	.224
14	-.033	.224
15	-.038	.224
16	-.007	.224

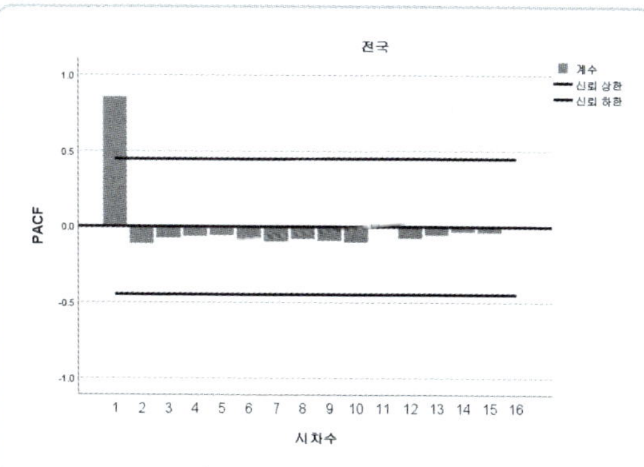

④ '차분 1'을 통한 자기상관 분석

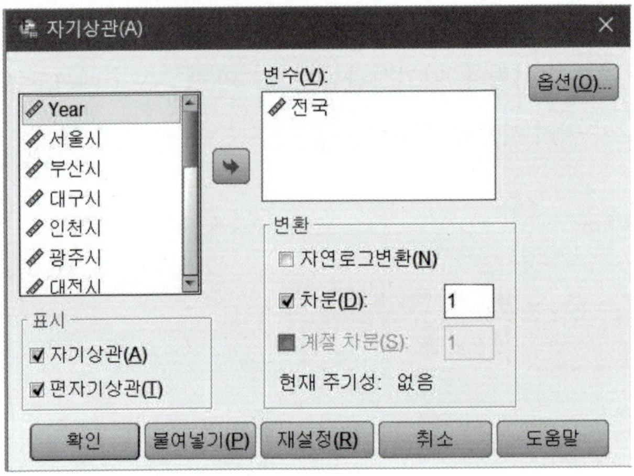

'차분 1'을 통한 자기상관 분석결과, Box-Ljung 통계량의 유의확률이 유의수준 0.05보다 크기 때문에 '시차 간 관측값이 독립적이다'라는 귀무가설을 채택함으로써 자기상관이 존재하지 않는다. 자기상관함수(ACF)의 플롯(도표)에서도 신뢰한계를 벗어난 Peak(Spike)가 보이지 않는다.

자기상관

계열: 전국

시차	자기상관	표준화 오차[a]	Box-Ljung 통계량 값	자유도	유의확률[b]
1	-.106	.212	.247	1	.619
2	-.243	.206	1.639	2	.441
3	-.138	.200	2.112	3	.550
4	-.196	.194	3.134	4	.536
5	.042	.187	3.183	5	.672
6	.164	.181	4.013	6	.675
7	.141	.173	4.676	7	.699
8	.065	.166	4.828	8	.776
9	-.250	.158	7.325	9	.603
10	.055	.150	7.460	10	.681
11	-.067	.142	7.684	11	.741
12	-.149	.132	8.942	12	.708
13	.145	.123	10.331	13	.667
14	.067	.112	10.686	14	.711
15	-.002	.100	10.686	15	.775
16	-.020	.087	10.742	16	.825

a. 가정된 기본 공정은 독립적입니다(백색잡음).

b. 점근 카이제곱 근사값을 기준으로 합니다.

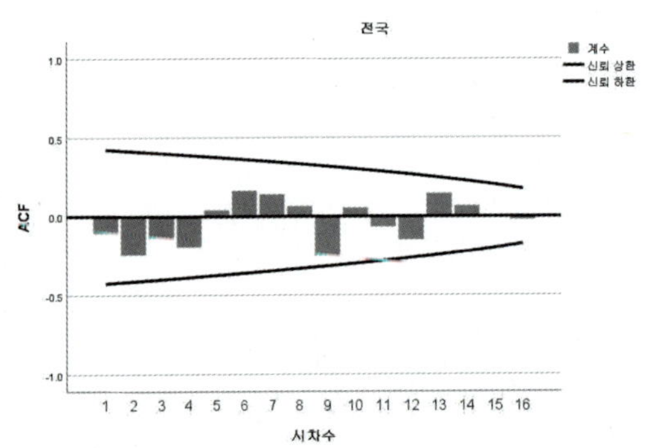

편자기상관함수(PACF)의 플롯(도표)에서도 신뢰한계를 벗어난 Peak(Spike)가 보이지 않는다.

편자기상관

계열: 전국

시차	편자기상관	표준화 오차
1	-.106	.229
2	-.258	.229
3	-.214	.229
4	-.356	.229
5	-.221	.229
6	-.115	.229
7	.004	.229
8	.085	.229
9	-.157	.229
10	.143	.229
11	-.049	.229
12	-.204	.229
13	-.103	.229
14	-.124	.229
15	-.123	.229
16	-.158	.229

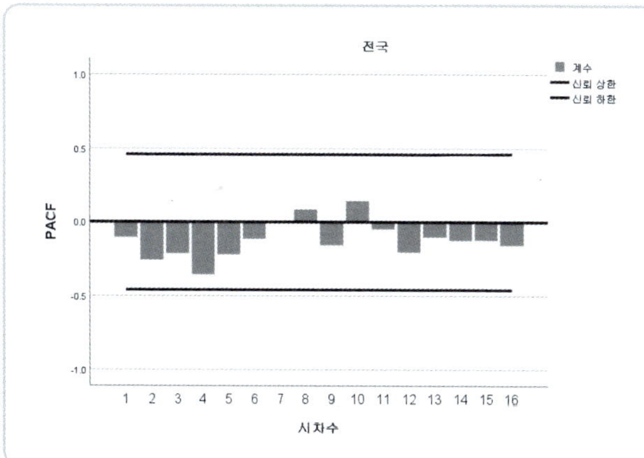

5) 차분 2

시계열 데이터의 안정화를 위하여 '차분 2'를 하여야 하는 경우가 있다. 자기상관을 실시하여 자기상관함수(ACF)가 아래와 같이 '시차 2'에 걸쳐 신뢰한계를 벗어난 극대치가 있으면 '차분 2'를 실시한다.

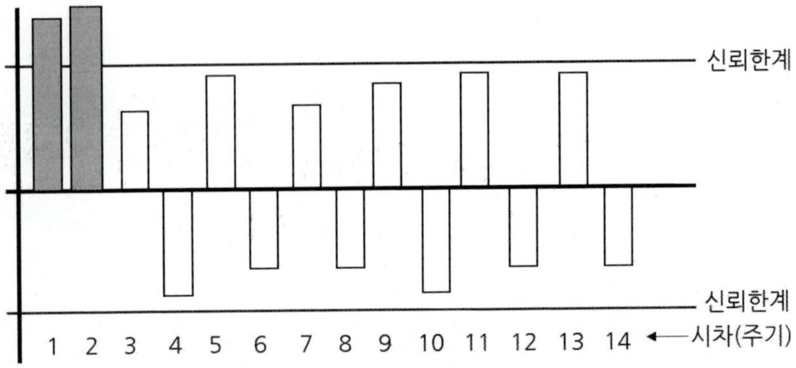

다음 파일(🖫 안정화1.sav)을 통해 '차분 2'를 통한 새로운 시계열 변수로 생성해보자.

- 변환 → 시계열 변수 생성
  - – 재설정
  - – 왼쪽 '전국'을 [변수 → 새이름]으로 이동
  - – 이름 : '전국_1' [변경] 클릭
  - – 함수 : 차분
  - – 순서 : 2
  - – 확인

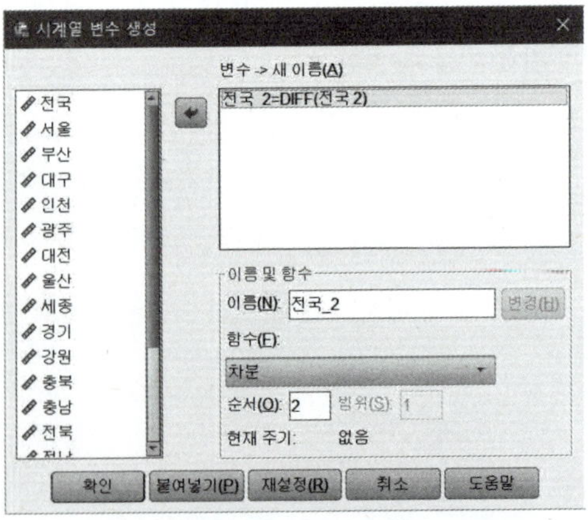

'차분 2'를 한 결과로 새로운 변수(전국_2)가 생성된다. '차분 2'의 결과는 '차분 1'의 현 년도에서 전 년도의 값의 차이이다.

- −80,580 = 208,405 − 288,985
- −51,530 = 156,875 − 208,405

YEAR_	DATE_	전국_1	전국_2	변수
2000	2000	.	.	
2001	2001	288985	.	
2002	2002	208405	-80580	
2003	2003	156875	-51530	
2004	2004	196982	40107	
2005	2005	198469	1487	
2006	2006	209505	11036	
2007	2007	277149	67644	
2008	2008	271439	-5710	
2009	2009	232778	-38661	
2010	2010	742521	509743	
2011	2011	218618	-523903	
2012	2012	213988	-4630	
2013	2013	193191	-20797	
2014	2014	186453	-6738	
2015	2015	201422	14969	
2016	2016	166878	-34544	
2017	2017	82328	-84550	
2018	2018	47515	-34813	
2019	2019	23802	-23713	
2020	2020	-20838	-44640	

6) 계절차분

시계열 데이터의 안정화를 위하여 '계절차분'을 하여야 하는 경우가 있다. 다음과 같이 자기상관을 실시해서 자기상관함수(ACF)의 플롯(도표)에서 시차 1, 2, 3 등과 시차 14(14주기)에서 동시에 신뢰한계를 벗어난 Peak(Spike)가 있는 경우 '계절차분'을 한다.

계절차분을 위해서는 맨 먼저 '날짜 정의'를 정확히 하여야 한다. 날짜 정의가 되어 있지 않으면 '계절차분'이 활성화되지 않는다.

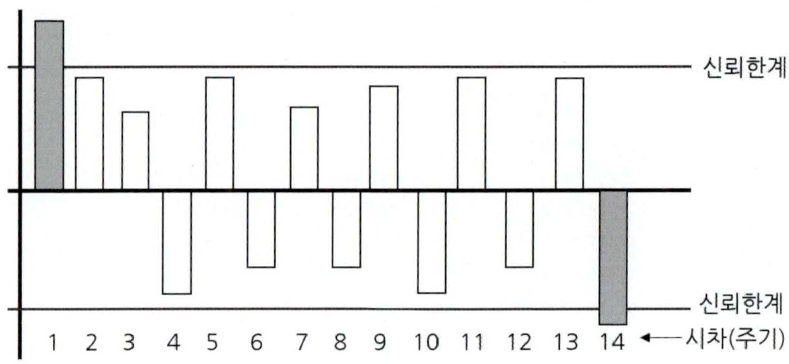

다음 시도의 월별 실업자수의 시계열 데이터를 통해 안정화 과정을 살펴본다(🖫 실업자수_월별.sav).

Year	Month	전국	서울시	부산시	대구시	인천시	광주시	대전시	울산시	세종시
2018	10	973	222	59	50	62	25	32	28	3
2018	11	909	202	51	37	61	22	34	26	3
2018	12	944	223	54	36	62	26	33	27	3
2019	1	1224	268	74	47	73	38	46	31	4
2019	2	1303	278	84	54	88	41	43	31	6
2019	3	1197	293	90	55	80	32	38	31	3
2019	4	1245	277	81	59	82	35	42	31	3
2019	5	1145	261	68	56	69	32	37	27	5
2019	6	1137	234	71	53	79	27	37	24	5
2019	7	1097	236	62	54	81	26	30	23	5
2019	8	858	205	37	42	63	25	22	19	4
2019	9	884	194	57	39	58	27	24	22	4
2019	10	864	192	52	38	63	21	26	19	5
2019	11	866	182	55	34	64	22	29	22	6
2019	12	942	177	54	33	63	22	34	21	6

① 날짜 정의

- 데이터 → 날짜 정의
  - 케이스의 날짜 : 년, 월
  - 첫 번째 케이스 : 년/2018, 월/1
  - 확인

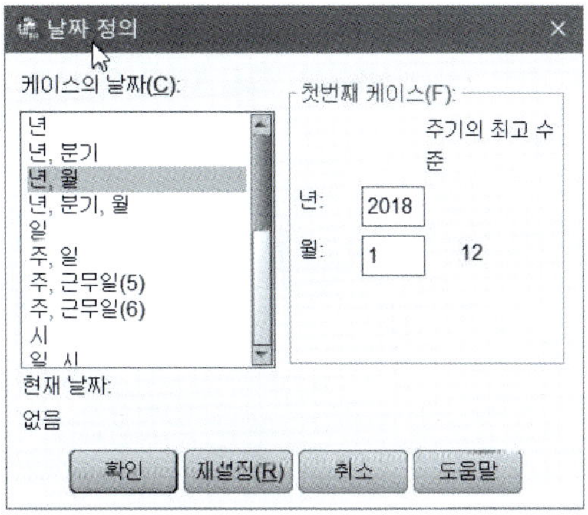

날짜가 정의된 결과는 다음과 같다.

전남	경북	경남	제주	YEAR_	MONTH_	DATE_
30	58	46	8	2018	1	JAN 2018
47	73	67	13	2018	2	FEB 2018
44	80	67	8	2018	3	MAR 2018
32	57	65	6	2018	4	APR 2018
29	67	51	5	2018	5	MAY 2018
26	54	53	5	2018	6	JUN 2018
25	55	42	7	2018	7	JUL 2018
28	75	55	6	2018	8	AUG 2018
20	63	52	5	2018	9	SEP 2018
14	51	52	11	2018	10	OCT 2018
19	52	52	8	2018	11	NOV 2018
16	54	50	9	2018	12	DEC 2018
22	82	75	11	2019	1	JAN 2019

② 순차도표 확인

- 분석 → 시계열 분석 → 시퀀스 차트
  - 변수 : 전국
  - 확인

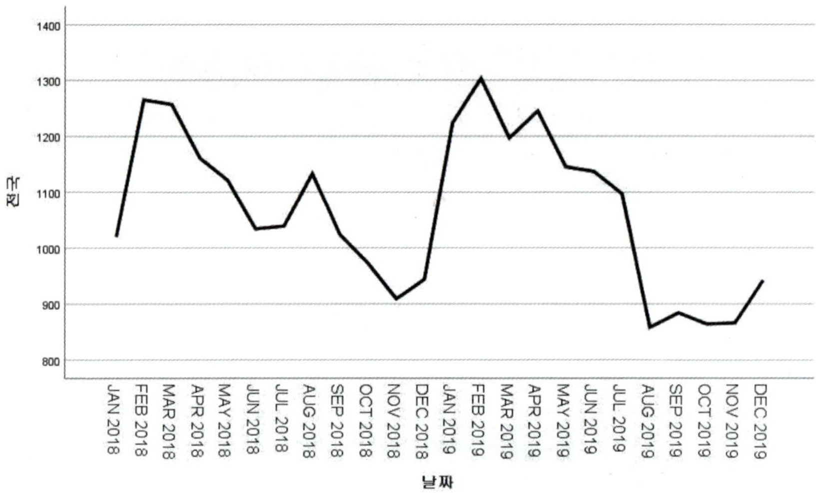

③ 자기상관 분석

- 분석 → 시계열 분석 → 자기상관
  - 변수 : 전국
  - 표시 : 자기상관/편자기상관
  - 확인

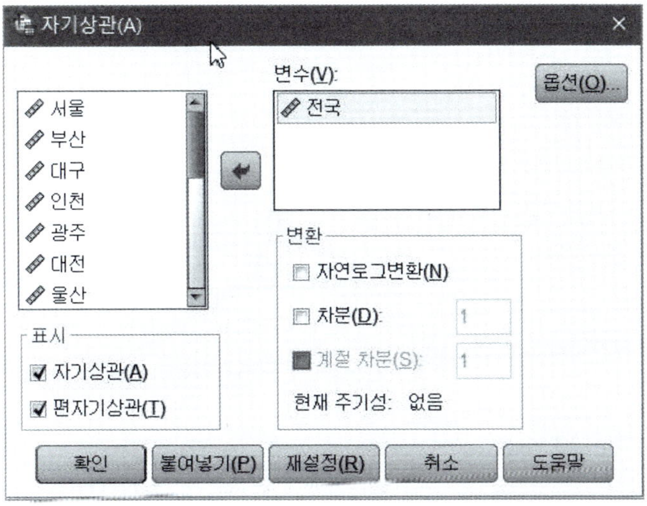

④ 자기상관 분석 결과

Box-Ljung 통계량의 유의확률이 유의수준 0.05보다 작다. 유의확률이 0.05보다 작으면 '시계열 관측값 사이에 자기상관이 존재하지 않는다(자기상관이 0이다 또는 관측값들이 독립적이다)'라는 귀무가설을 채택하지 못함으로써 자기상관이 존재한다. 시계열 관측값이 독립적이지 못하면, 과거의 관측값으로부터 미래의 값을 설명하지 못한다. 만약 유의확률이 0.05보다 크면 귀무가설을 채택하기 때문에 자기상관이 존재하지 않고 시계열 관측값들이 독립적이라고 판단한다. 자가상관함수(ACF)의 플롯(도표)에서도 신뢰한계를 벗어난 Peak(Spike)가 여러 시차에 걸쳐 보인다.

자기상관

계열: 전국

시차	자기상관	표준화 오차[a]	Box-Ljung 통계량 값	자유도	유의확률[b]
1	.676	.192	12.387	1	.000
2	.312	.188	15.157	2	.001
3	.048	.183	15.224	3	.002
4	-.208	.179	16.570	4	.002
5	-.255	.174	18.705	5	.002
6	-.366	.170	23.344	6	.001
7	-.504	.165	32.659	7	.000
8	-.355	.160	37.572	8	.000
9	-.158	.155	38.612	9	.000
10	.108	.150	39.128	10	.000
11	.356	.144	45.212	11	.000
12	.308	.139	50.143	12	.000
13	.216	.133	52.795	13	.000
14	.155	.127	54.285	14	.000
15	.035	.120	54.367	15	.000
16	-.020	.113	54.398	16	.000

a. 가정된 기본 공정은 독립적입니다(백색잡음).

b. 점근 카이제곱 근사값을 기준으로 합니다.

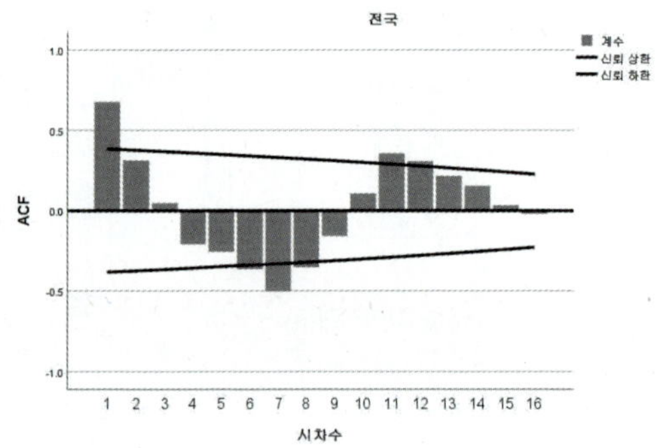

편자기상관

계열: 전국

시차	편자기상관	표준화 오차
1	.676	.204
2	-.265	.204
3	-.080	.204
4	-.263	.204
5	.128	.204
6	-.403	.204
7	-.215	.204
8	.216	.204
9	.008	.204
10	.181	.204
11	.057	.204
12	-.153	.204
13	-.075	.204
14	.001	.204
15	.002	.204
16	-.017	.204

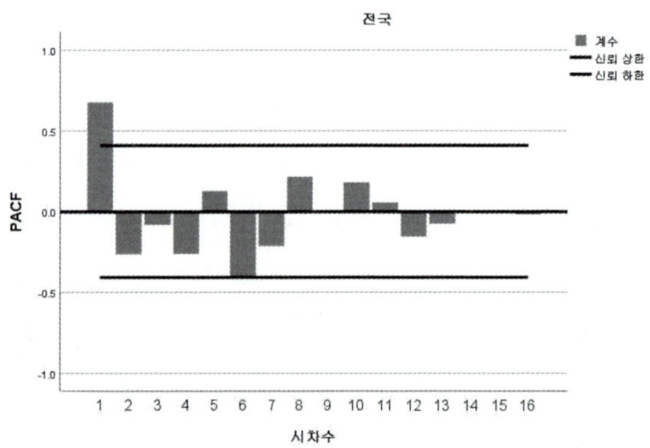

⑤ 계절차분 실시

- 분석 → 시계열 분석 → 자기상관
  - 변수 : 전국
  - 표시 : 자기상관/편자기상관
  - 변환 : 계절차분 1
  - 확인

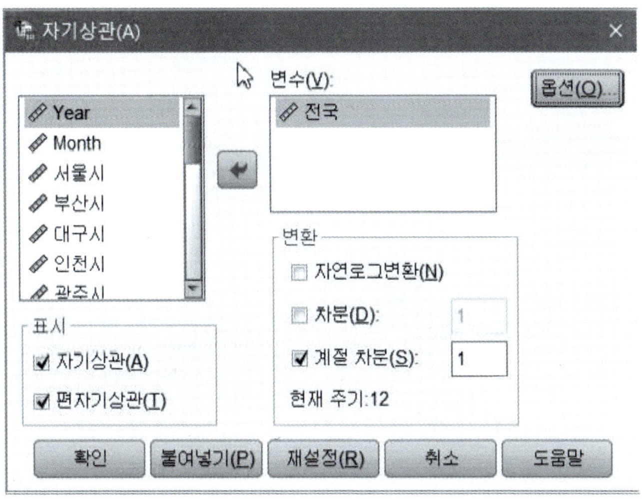

⑥ '계절차분 1'로 자기상관 분석 결과

Box-Ljung 통계량의 유의확률이 유의수준 0.05보다 크다. 유의확률이 0.05보다 크면 '시계열 관측값 사이에 자기상관이 존재하지 않는다(자기상관이 0이다 또는 관측값들이 독립적이다)'라는 귀무가설을 채택함으로써(기각하지 못함으로써) 자기상관이 존재하지 않고, 시계열 관측값이 독립적이다. 자기상관함수(ACF)의 플롯(노표)에서도 신뢰한계를 벗어난 Peak(Spike)가 존재하지 않는다.

자기상관

계열: 전국

시차	자기상관	표준화 오차[a]	Box-Ljung 통계량 값	자유도	유의확률[b]
1	.285	.256	1.243	1	.265
2	-.023	.244	1.252	2	.535
3	-.001	.231	1.252	3	.741
4	-.202	.218	2.109	4	.716
5	.124	.204	2.480	5	.779
6	-.007	.189	2.482	6	.871
7	-.345	.173	6.488	7	.484
8	-.171	.154	7.722	8	.461
9	-.132	.134	8.693	9	.466
10	-.038	.109	8.816	10	.550

a. 가정된 기본 공정은 독립적입니다(백색잡음).

b. 점근 카이제곱 근사값을 기준으로 합니다.

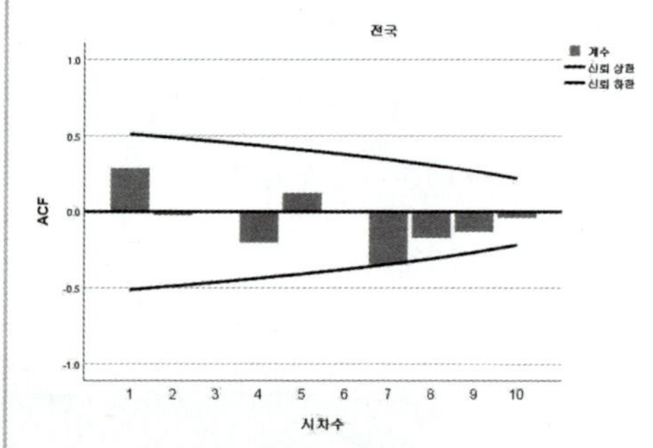

편자기상관함수(PACF)의 플롯(도표)에서도 신뢰한계를 벗어난 Peak(Spike)가 존재하지 않는다.

편자기상관

계열: 전국

시차	편자기상관	표준화 오차
1	.285	.289
2	-.113	.289
3	.042	.289
4	-.239	.289
5	.307	.289
6	-.248	.289
7	-.256	.289
8	-.057	.289
9	.001	.289
10	-.067	.289

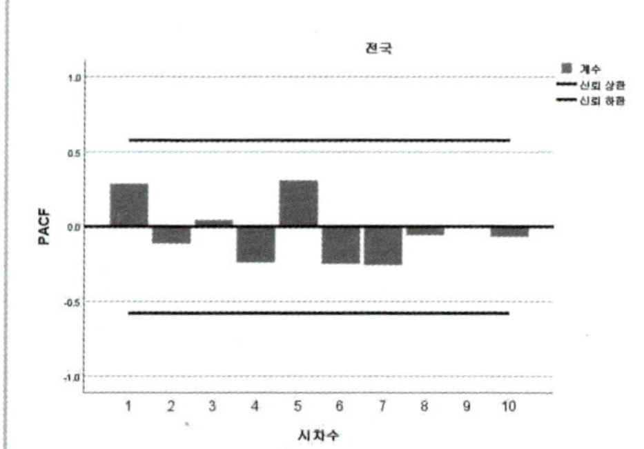

자기상관을 재실시(차분 또는 계절차분)하여 자기상관함수(ACF)가 −0.5에 근접하거나 이하인 Peak가 있는 경우 과대차분이 되기 때문에 더 이상 차분은 필요 없다. 자기상관함수가 −0.5에 근접한 경우 그 시차에서의 유의확률값도 0.05보다 작게 된다.

⑦ '계절차분 1'로 새로운 변수의 생성

계절차분으로 시계열 데이터가 안정화되었다면 분석을 위하여 계절차분한 데이터를 새로운 변수로 생성하여야 한다.

- 변환 → 시계열 변수 생성
  - 변수 → 새이름 : 전국
  - 이름 : 전국_계절차분 → [변경] 클릭
  - 함수 : 계절차분
  - 순서 : 1
  - 확인

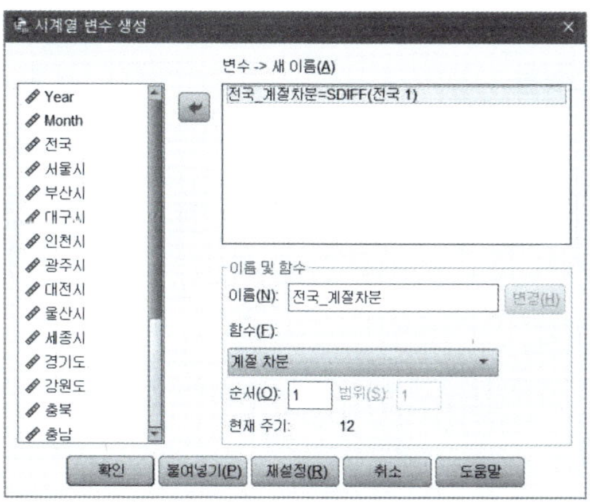

'전국_계절차분'의 새로운 변수가 생성된다.

204(2019년 1월) = (2019년 1월 관측값) − (2018년 1월 관측값)

= 1224 − 1020

38(2019년 2월) = (2019년 2월 관측값) − (2018년 2월 관측값)

= 1303 − 1265

−2(2019년 12월) = (2019년 12월 관측값) − (2018년 12월 관측값)

= 942 − 944

YEAR_	MONTH_	DATE_	전국_계절차분	변수
2018	1	JAN 2018	.	
2018	2	FEB 2018	.	
2018	3	MAR 2018	.	
2018	4	APR 2018	.	
2018	5	MAY 2018	.	
2018	6	JUN 2018	.	
2018	7	JUL 2018	.	
2018	8	AUG 2018	.	
2018	9	SEP 2018	.	
2018	10	OCT 2018	.	
2018	11	NOV 2018	.	
2018	12	DEC 2018	.	
2019	1	JAN 2019	204	
2019	2	FEB 2019	38	
2019	3	MAR 2019	-60	
2019	4	APR 2019	84	
2019	5	MAY 2019	24	
2019	6	JUN 2019	103	
2019	7	JUL 2019	58	
2019	8	AUG 2019	-275	
2019	9	SEP 2019	-140	
2019	10	OCT 2019	-109	
2019	11	NOV 2019	-43	
2019	12	DEC 2019	-2	

7) 자연로그 변환

(1) 개요

최초 획득한 데이터에 로그함수를 취하는 것은 데이터 편차를 줄여 정규분포(정규성)의 가정을 충족시키기 위해서이다. 예를 들어 소득의 편차가 큰 경우(저소득과 고소득) 분포의 비대칭성을 나타내는 왜도(skewness)와 분포의 뾰족한 정도를 나타내는 첨도(kurtosis)가 크기 때문에 회귀분석에서 요구하는 정규분포의 가정을 충족시키지 못할 가능성이 매우 높으며, 데이터 간 단위(원, 백원, 천원, 만원, 백만원, 천만원, 억 등)가 달라지면 결과값이 이상해질 수 있다. 이처럼 로그변환은 변수의 분포가 비대칭성(skewness)일 때 정규분포에 가깝게 만들기 위한 목적이다. 즉 로그변환을 취하는 이유는 정규분포를 만들고 회귀분석에서 정확한 값을 얻기 위함이다.

예를 들어, 연령의 경우 100 이상의 관측값은 쉽게 볼 수 없으나 소득의 경우 사례에 따라 만원, 백만원, 천만원, 억원 등의 관측값을 볼 수 있다. 관측값의 편차가 크게 되면 정확한 통계값을 얻기가 어렵게 때문에 비슷하게 맞추어야 한다. 로그(log)는 큰 수를 같은 비율의 작은 수로 바꿔 줌으로써 정규성의 가정을 충족시키는 역할을 한다. 대체로 화폐단위(금액)의 관측값을 로그변환으로 취한다.

(2) 자연로그 변환

다음은 가상적인 임의 소득 사례 데이터를 통해 자연로그 변환을 살펴본다(소득.sav).

	연도	소득	YEAR_	DATE_
1	2007	4173.80	2007	2007
2	2008	863.00	2008	2008
3	2009	4291.40	2009	2009
4	2010	8618.00	2010	2010
5	2011	4889.30	2011	2011
6	2012	5167.50	2012	2012
7	2013	951.00	2013	2013
8	2014	841.00	2014	2014
9	2015	5797.60	2015	2015
10	2016	1157.00	2016	2016
11	2017	6074.40	2017	2017
12	2018	7958.00	2018	2018

① 자연로그로 계산하여 새로운 변수로 생성하기

- 변환 → 변수계산
  - 목표변수 : 자연로그
  - 함수집단 : 산술
  - 함수 및 특수변수 : 'Ln'을 더블클릭
  - 숫자표현식 : Ln(?)으로 표시
  - 위 물음표(?)를 선택하고 자연로그로 변경할 변수를 클릭
  - 확인

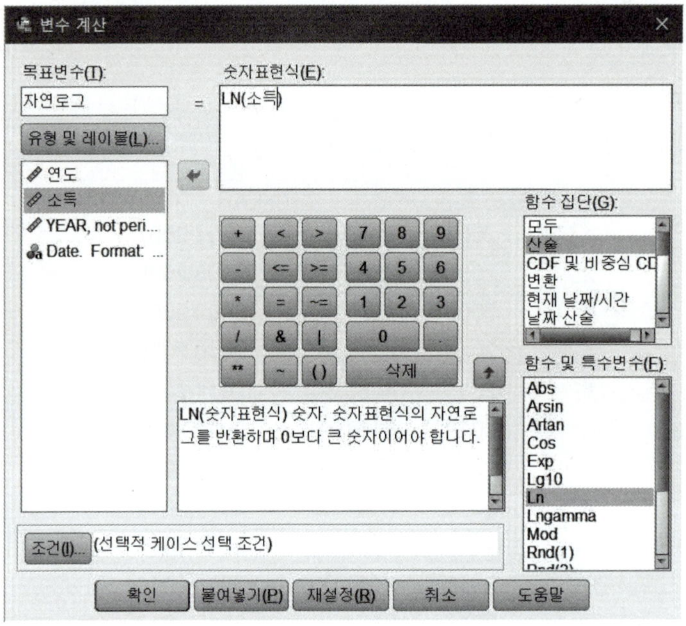

자연로그로 변환되어 생성된 변수는 다음과 같다.

	연도	소득	YEAR_	DATE_	자연로그	변수
1	2007	4173.80	2007	2007	8.34	
2	2008	863.00	2008	2008	6.76	
3	2009	4291.40	2009	2009	8.36	
4	2010	8618.00	2010	2010	9.06	
5	2011	4889.30	2011	2011	8.49	
6	2012	5167.50	2012	2012	8.55	
7	2013	951.00	2013	2013	6.86	
8	2014	841.00	2014	2014	6.73	
9	2015	5797.60	2015	2015	8.67	
10	2016	1157.00	2016	2016	7.05	
11	2017	6074.40	2017	2017	8.71	
12	2018	7958.00	2018	2018	8.98	

② 자연로그로 변환된 값을 원래값으로 환원

- 변환 → 변수계산
  - 목표변수 : 원래값환원
  - 함수집단 : 산술
  - 함수 및 특수변수 : 'EXP'을 더블클릭
  - 숫자표현식 : EXP(?)으로 표시
  - 위 물음표(?)를 선택하고 '자연로그'를 변수 선택하고 우측 화살표 클릭
  - 확인

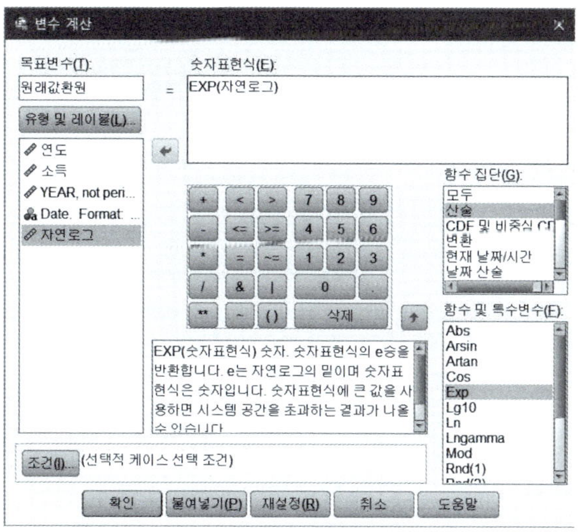

원래값으로 환원된 결과를 보여준다.

	연도	소득	YEAR_	DATE_	자연로그	원래값환원	변수
1	2007	4173.80	2007	2007	8.34	4173.80	
2	2008	863.00	2008	2008	6.76	863.00	
3	2009	4291.40	2009	2009	8.36	4291.40	
4	2010	8618.00	2010	2010	9.06	8618.00	
5	2011	4889.30	2011	2011	8.49	4889.30	
6	2012	5167.50	2012	2012	8.55	5167.50	
7	2013	951.00	2013	2013	6.86	951.00	
8	2014	841.00	2014	2014	6.73	841.00	
9	2015	5797.60	2015	2015	8.67	5797.60	
10	2016	1157.00	2016	2016	7.05	1157.00	
11	2017	6074.40	2017	2017	8.71	6074.40	
12	2018	7958.00	2018	2018	8.98	7958.00	

③ 자연로그로 변환된 값으로 자기상관 분석

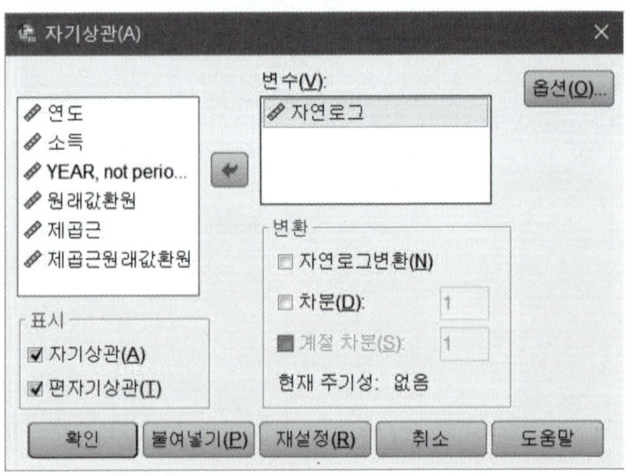

Box-Ljung 통계량의 유의확률이 유의수준 0.05보다 크다. 유의확률이 0.05보다 크면 '시계열 관측값 사이에 자기상관이 존재하지 않는다(자기상관이 0이다 또는 관측값들

이 독립적이다)'라는 귀무가설을 채택함으로써(기각하지 못함으로써) 자기상관이 존재하지 않고, 시계열 관측값이 독립적이다. 자기상관함수(ACF)의 플롯(도표)에서도 신뢰한계를 벗어난 Peak(Spike)가 존재하지 않는다.

자기상관

계열: 자연로그

			Box-Ljung 통계량		
시차	자기상관	표준화 오차[a]	값	자유도	유의확률[b]
1	-.031	.256	.014	1	.905
2	-.186	.244	.597	2	.742
3	-.079	.231	.712	3	.870
4	-.488	.218	5.721	4	.221
5	.073	.204	5.848	5	.321
6	.142	.189	6.414	6	.378
7	-.044	.173	6.478	7	.485
8	.286	.154	9.913	8	.271
9	-.093	.134	10.393	9	.320
10	-.111	.109	11.419	10	.326

a. 가정된 기본 공정은 독립적입니다(백색잡음).

b. 점근 카이제곱 근사값을 기준으로 합니다.

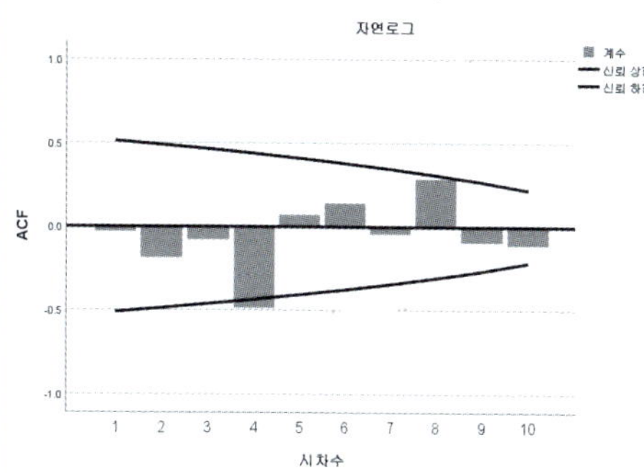

편자기상관함수(PACF)의 플롯(도표)에서도 신뢰한계를 벗어난 Peak(Spike)가 존재하지 않는다.

편자기상관

계열: 자연로그

시차	편자기상관	표준화 오차
1	-.031	.289
2	-.187	.289
3	-.095	.289
4	-.556	.289
5	-.065	.289
6	-.174	.289
7	-.228	.289
8	-.032	.289
9	-.191	.289
10	-.115	.289

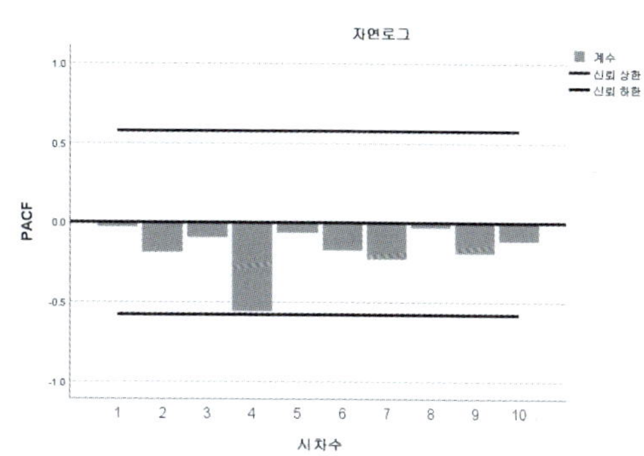

8) 제곱근 계산

화폐단위로 수집된 원데이터(관측값)는 자연로그와 제곱근으로 변환해서 사용하는 경우가 많다. 다음은 가상적인 임의 소득 사례 데이터를 통해 제곱근 변환을 살펴본다(소득.sav).

① 제곱근 변환

- 변환 → 변수계산
  - 목표변수 : 제곱근
  - 함수집단 : 산술
  - 함수 및 특수변수 : 'Sqrt'을 더블클릭
  - 숫자표현식 : SQRT(?)으로 표시
  - 위 물음표(?)를 선택하고 왼쪽 '소득' 변수를 더블 클릭
  - 확인

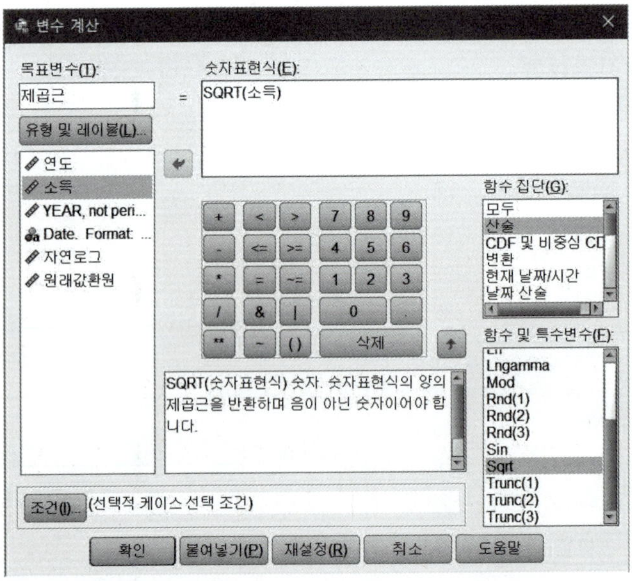

제곱근으로 변환된 새로운 변수가 생성된다.

연도	소득	YEAR_	DATE_	자연로그	원래값환원	제곱근	변수
2007	4173.80	2007	2007	8.34	4173.80	64.60	
2008	863.00	2008	2008	6.76	863.00	29.38	
2009	4291.40	2009	2009	8.36	4291.40	65.51	
2010	8618.00	2010	2010	9.06	8618.00	92.83	
2011	4889.30	2011	2011	8.49	4889.30	69.92	
2012	5167.50	2012	2012	8.55	5167.50	71.89	
2013	951.00	2013	2013	6.86	951.00	30.84	
2014	841.00	2014	2014	6.73	841.00	29.00	
2015	5797.60	2015	2015	8.67	5797.60	76.14	
2016	1157.00	2016	2016	7.05	1157.00	34.01	
2017	6074.40	2017	2017	8.71	6074.40	77.94	
2018	7958.00	2018	2018	8.98	7958.00	89.21	

② 변환된 제곱근값을 원래값으로 환원

- 변환 → 변수계산
  - 목표변수 : 제곱근원래값환원
  - 숫자표현식 : '제곱근*제곱근' 또는 '제곱근**2'
  - 확인

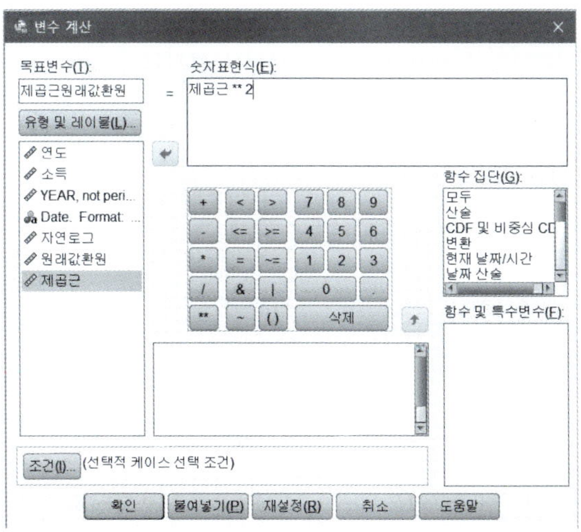

제곱근값이 원래값으로 환원된 결과이다.

연도	소득	YEAR_	DATE_	자연로그	원래값환원	제곱근	제곱근원래값환원
2007	4173.80	2007	2007	8.34	4173.80	64.60	4173.80
2008	863.00	2008	2008	6.76	863.00	29.38	863.00
2009	4291.40	2009	2009	8.36	4291.40	65.51	4291.40
2010	8618.00	2010	2010	9.06	8618.00	92.83	8618.00
2011	4889.30	2011	2011	8.49	4889.30	69.92	4889.30
2012	5167.50	2012	2012	8.55	5167.50	71.89	5167.50
2013	951.00	2013	2013	6.86	951.00	30.84	951.00
2014	841.00	2014	2014	6.73	841.00	29.00	841.00
2015	5797.60	2015	2015	8.67	5797.60	76.14	5797.60
2016	1157.00	2016	2016	7.05	1157.00	34.01	1157.00
2017	6074.40	2017	2017	8.71	6074.40	77.94	6074.40
2018	7958.00	2018	2018	8.98	7958.00	89.21	7958.00

③ 제곱근으로 변환된 값으로 자기상관 분석

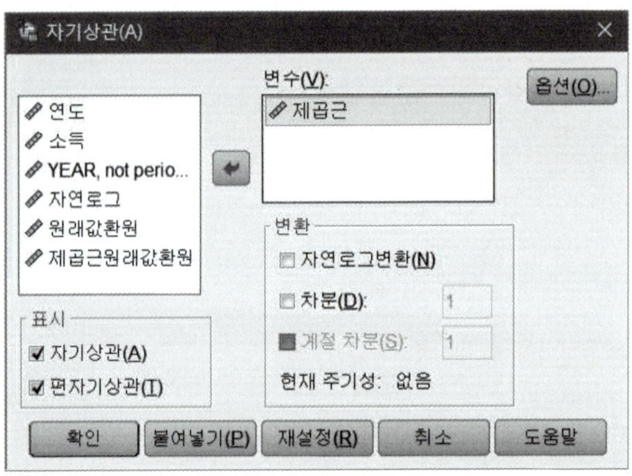

Box-Ljung 통계량의 유의확률이 유의수준 0.05보다 크고, 자기상관함수(ACF)의 플롯(도표)에서도 신뢰한계를 벗어난 Peak(Spike)가 존재하지 않기 때문에 시계열 관측값들은 독립적으로 자기상관이 존재하지 않는다.

자기상관

계열: 제곱근

시차	자기상관	표준화 오차[a]	Box-Ljung 통계량 값	자유도	유의확률[b]
1	.005	.256	.000	1	.985
2	-.212	.244	.757	2	.685
3	-.080	.231	.878	3	.831
4	-.489	.218	5.902	4	.207
5	.068	.204	6.012	5	.305
6	.092	.189	6.248	6	.396
7	.012	.173	6.253	7	.511
8	.303	.154	10.111	8	.257
9	-.081	.134	10.482	9	.313
10	-.133	.109	11.978	10	.287

a. 가정된 기본 공정은 독립적입니다(백색잡음).

b. 점근 카이제곱 근사값을 기준으로 합니다.

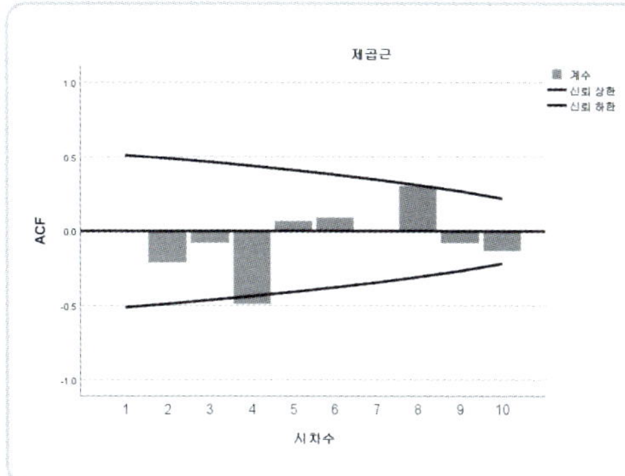

편자기상관함수(PACF)의 플롯(도표)에서도 신뢰한계를 벗어난 Peak(Spike)가 존재하지 않는다.

편자기상관

계열: 제곱근

시차	편자기상관	표준화 오차
1	.005	.289
2	-.212	.289
3	-.082	.289
4	-.564	.289
5	-.004	.289
6	-.299	.289
7	-.105	.289
8	-.064	.289
9	-.123	.289
10	-.182	.289

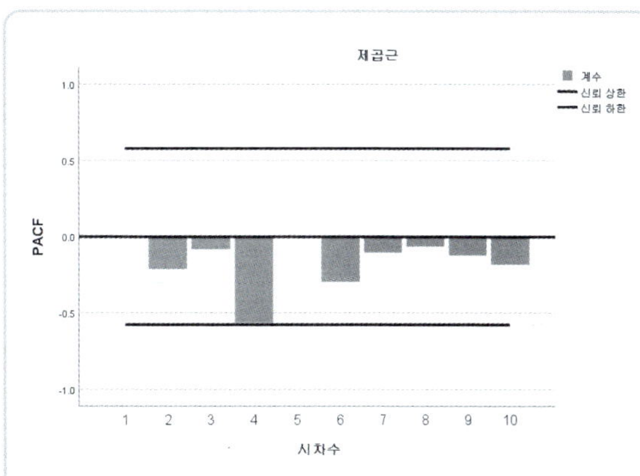

Chapter 3

시계열 데이터의 평활화

1. 평활화의 의의
2. 이동평균법
3. 지수평활법

1. 평활화의 의의

평활화(smoothing)는 불규칙한 형태의 변동을 가진 시계열 데이터에 포함된 오차들을 단순이동평균 또는 가중이동평균 등의 방법을 통해 부드럽게/고르게 하여 오차들의 분산을 축소시킴으로써 시계열 데이터의 움직임을 표현하는 방법이다(김현철, 2005: 65). 즉 불규칙변동이나 급격한 파동을 제거한 후 기본적인 계열 변동만을 식별하기 위함이다(이덕기, 2002: 21). 적절한 평활을 통해 얻어진 데이터는 원래의 시계열 데이터에서 볼 수 없었던 특성을 발견할 수 있고 이를 바탕으로 미래의 값을 예측할 수 있으나(김현철, 2005: 65), 결과는 정확하지 않으며 대략적인 큰 흐름을 제시할 뿐이므로 예측의 정확도를 중요시하는 경우에는 주의하여야 하며 데이터가 많을수록 더 정확도가 높은 결과를 제시한다(이덕기, 2002: 21).

평활화에는 시계열 데이터에 어떤 방법으로 가중치를 부여하여 예측하느냐에 따라 이동평균법과 지수평활법이 있다. 이동평균법은 과거 관측치에 대해서 동일한 가중치를 부여하고, 지수평활법은 가까운 시점에 가장 많은 가중치를 주며 과거에서 멀어질수록 낮은 가중치를 부여하게 된다(한광종, 2017: 145).

2. 이동평균법

1) 개요

이동평균법(moving average method)은 예측하고자 하는 특정 시점에 대해 과거의 관측치를 평균값으로 예측하는 방법으로 각 시계열 데이터(관측값)에 동일한 가중치를 부여한다. 이동평균법은 이동하여 평균을 낸 값으로 과거 시계열 데이터(관측값)에 대해 산술평균하여 예측하는 방법이다. 즉 가장 최근 관측값들의 평균을 통해 다음 기간의 예측값으로 추정하는 방법이다.

많은 경제 및 사회 현상 관련 시계열 데이터들은 변동폭이 큰 계절성분을 포함하거나 설명하기 힘든 불규칙변동을 포함하고 있기 때문에 추세를 정확히 파악하기 힘들다. 따라서 이동평균법은 예측의 목적보다는 이를 사용하여 시계열 데이터를 평활하여 계절변동 및 불규칙변동을 제거하여 전반적인 추세를 파악하는 데 주로 사용한다(이종협, 2007: 11).

이동평균법에서는 시계열 데이터에 추세, 순환, 계절적 변동이나 급격한 변화가 없고 시차에 관계없이 거의 변하지 않고 단지 우연변동만 존재하는 경우에 적용하며, 시계열 데이터의 평균값으로 예측하기 때문에 데이터의 수가 많을수록 안정적인 평균값이 얻어지기 때문에 평균을 이용할 경우 좋은 예측값이 될 수 있다(한광종, 2017: 145; 이원우 외, 2018: 13). 이동평균법에서 주기를 크게 하면 할수록 그 기간 동안의 크고 작은 값들이 상쇄되기 때문에 시계열 데이터를 부드럽게(완만하게) 하는 효과가 있다(이원우 외, 2018: 14).

단순이동평균법은 가장 최근에 얻어진 *N*개의 관측값의 단순평균으로 다음 시점의 관측값을 예측하는 방법이다. 이때 *N*의 값은 시계열 데이터의 형태나 분석자의 경험을 바탕으로 주관적 판단에 의해서 결정하게 되는데, *N*의 값이 커지면 평활효과가 커지게 된다(김현철, 2005: 66-67). 즉 주기를 크게 하면 할수록 시계열 데이터를 부드럽게 하는 효과가 있다. 그 이유는 많은 데이터들의 평균을 통해 예측값으로 사용한다는 것은 그 기간 동안의 크고 작은 값들이 상쇄되기 때문이다(이원우 외, 2018: 14).

연도	2015년	2016년	2017년	2018년	2019년	2020년	2021년	2022년 (예측)
관측값 (I)					25	35	30	90/3 =30
관측값 (II)	30	40	27	38	25	35	30	225/7 =32.1

2) 단순이동평균법

(1) 분석 사례 1

다음은 행정안전부의 공공데이터 개방건수와 이용건수에 대한 시계열 데이터(2013년~2019년)를 통해 단순이동평균법을 적용해보자(공공데이터.sav).

Year	데이터개방	데이터이용	YEAR_	DATE_
2013	5272	13923	2013	2013
2014	13157	153320	2014	2014
2015	15912	783773	2015	2015
2016	21358	1884250	2016	2016
2017	24588	3871984	2017	2017
2018	28400	7549179	2018	2018
2019	33600	13141413	2019	2019

자료: 행정안전부. 2020 행정안전통계연보(2019.12. 31. 기준)

① 분석 수행

- 변환 → 시계열 변수 생성
  - 변수 → 새이름 : 데이터개방/데이터이용
  - 함수 : 사전 이동평균
  - 범위(계산너비) : 2(과거 관측값의 2개의 평균)
  - 변경 : 클릭 → 확인

※ 범위는 과거의 몇 개의 관측값으로부터 평균을 산출한 것인지를 의미한다.

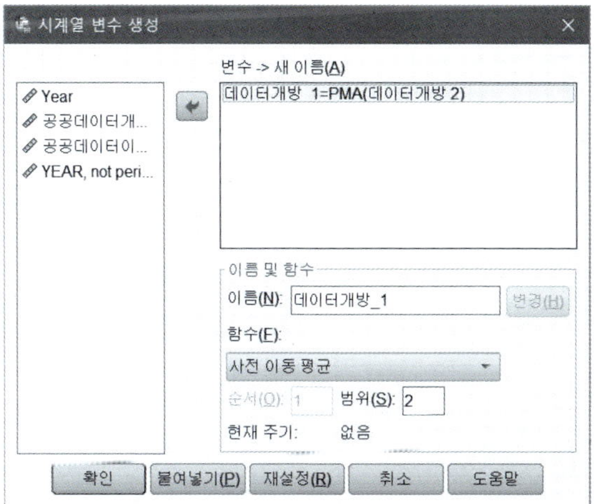

② 결과

데이터개방 : 9214.5 = (5272 + 13157) / 2

145345 = (13157 + 15912) / 2

데이터이용 : 83621.5 = (13923 + 153320) / 2

468546.5 = (153320 + 783773) / 2

즉, 데이터개방의 경우 2013년과 2014년의 관측값의 평균이 2015년의 예측값이 된다.

Year	데이터개방	데이터이용	YEAR_	DATE_	데이터개방_1	데이터이용_1
2013	5272	13923	2013	2013	.	.
2014	13157	153320	2014	2014	.	.
2015	15912	783773	2015	2015	9214.5	83621.5
2016	21358	1884250	2016	2016	14534.5	468546.5
2017	24588	3871984	2017	2017	18635.0	1334011.5
2018	28400	7549179	2018	2018	22973.0	2878117.0
2019	33600	13141413	2019	2019	26494.0	5710581.5

(2) 분석 사례 2

다음은 1997년부터 2020년까지 우리나라 산불발생건수 통계이다(산불건수.sav).[1] 범위를 3과 6으로 하여 단순이동평균을 구해본다.

	연도	산불건수	YEAR_	DATE_
1	1997	524	1997	1997
2	1998	265	1998	1998
3	1999	315	1999	1999
4	2000	729	2000	2000
5	2001	785	2001	2001
6	2002	599	2002	2002
7	2003	271	2003	2003
8	2004	544	2004	2004
9	2005	516	2005	2005
10	2006	405	2006	2006
11	2007	418	2007	2007
12	2008	389	2008	2008
13	2009	570	2009	2009
14	2010	282	2010	2010

① 분석 수행

- 변환 → 시계열 변수 생성
  - 변수 → 새이름 : 산불건수
  - 이름 : 산불건수_3 → [변경] 클릭
  - 함수 : 사전 이동평균
  - 범위(계산너비) : 3(과거 관측값의 3개의 평균)
  - 확인

1) 데이터의 출처 : 국가통계포털 > 국내통계 > 주제별 통계 > 범죄·안전 > 산불통계 > 산불발생현황(총괄)

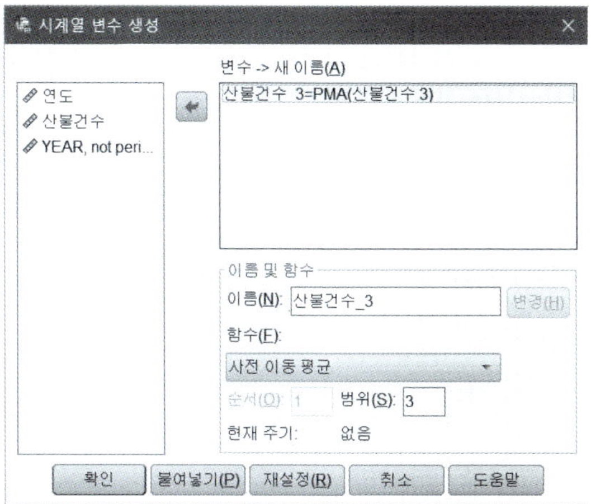

② 오차 계산

- 변환 → 변수 계산
  - 목표변수 : 오차_3
  - 숫자표현식 : 산불건수 – 산불건수_3(이동평균값)
  - 확인

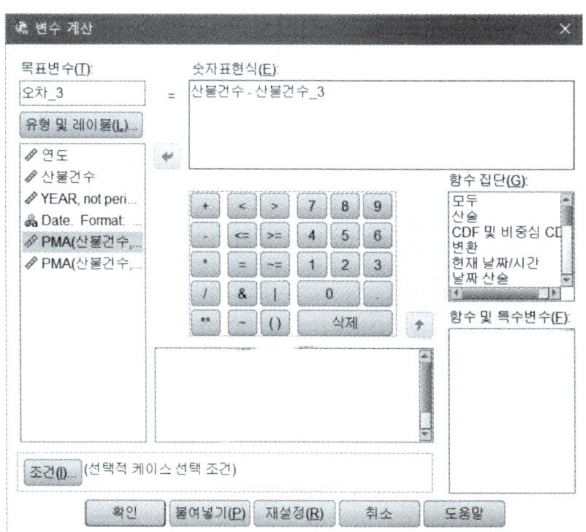

위 ①과 ②의 순서대로 '산불건수_6'과 '오차_6'을 생성한다.

예측값(산불건수_3, 산불건수_6)과 오차가 제시된다.

연도	산불건수	YEAR_	DATE_	산불건수_3	산불건수_6	오차_3	오차_6
1997	524	1997	1997	.	.	.	.
1998	265	1998	1998	.	.	.	.
1999	315	1999	1999	.	.	.	.
2000	729	2000	2000	368.0	.	361.00	.
2001	785	2001	2001	436.3	.	348.67	.
2002	599	2002	2002	609.7	.	-10.67	.
2003	271	2003	2003	704.3	536.2	-433.33	-265.17
2004	544	2004	2004	551.7	494.0	-7.67	50.00
2005	516	2005	2005	471.3	540.5	44.67	-24.50
2006	405	2006	2006	443.7	574.0	-38.67	-169.00
2014	492	2014	2014	256.7	335.2	235.33	156.83
2015	623	2015	2015	328.3	352.3	294.67	270.67
2016	391	2016	2016	470.3	361.2	-79.33	29.83
2017	692	2017	2017	502.0	379.3	190.00	312.67
2018	496	2018	2018	568.7	448.5	-72.67	47.50
2019	653	2019	2019	526.3	498.3	126.67	154.67
2020	620	2020	2020	613.7	557.8	6.33	62.17

(3) 잔차 검정

잔차(오차)의 검정을 위하여 산점도와 자기상관 분석 결과를 살펴본다.

① 산점도

- 그래프 → 레거시 대화 상자 → 산점도/점도표 → 단순산점도 → 정의
  - Y축 : 오차_6
  - X축 : 연도
  - 확인

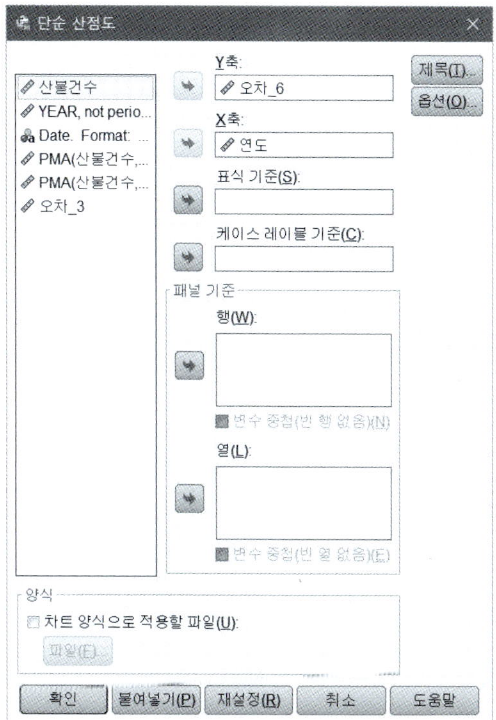

산점도 결과 0을 중심으로 랜덤으로 분포되어 있어 오차항 간 자기상관이 존재하지 않는다.

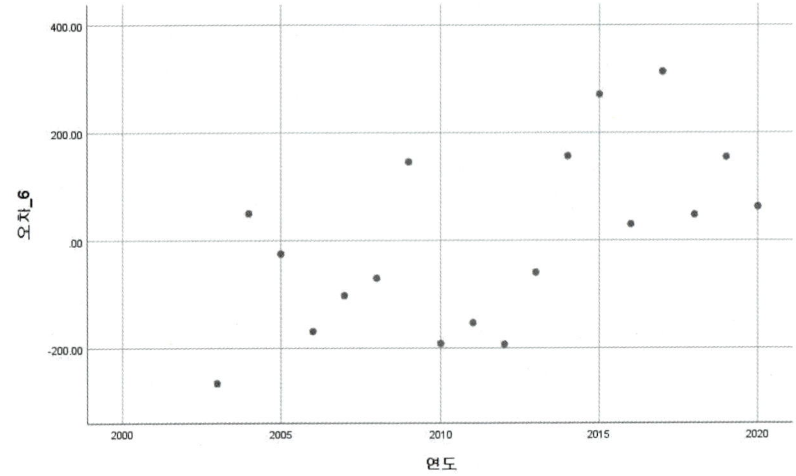

② 잔차(오차항)의 자기상관함수

- 분석 → 시계열 분석 → 자기상관
  - 변수 : 오차_6
  - 확인

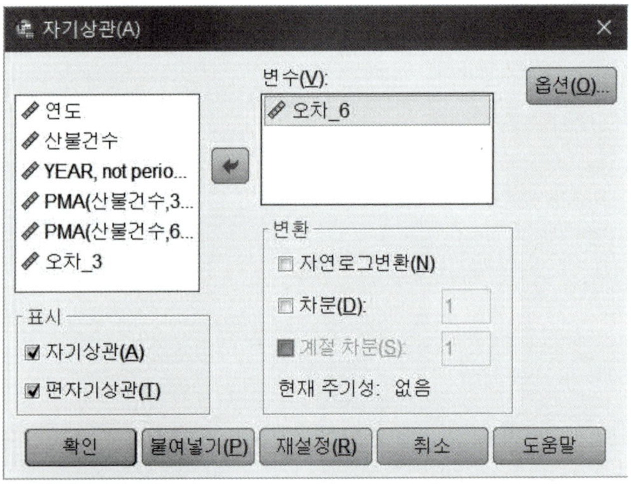

자기상관함수(ACF)와 편자기상관함수(PACF) 결과가 제시된다. 자기상관함수의 통계량 유의확률이 유의수준 0.05보다 크기 때문에 '잔차의 자기상관함수는 0이다'라는 귀무가설을 채택하게 된다. 즉 잔차(오차항) 간 독립적이다. 자기상관함수 플롯(plot)에서도 신뢰한계를 벗어나지 않아 오차항들은 상호 관련되어 있지 않고 독립적이다.

자기상관

계열: 오차_6

시차	자기상관	표준화 오차[a]	Box-Ljung 통계량 값	자유도	유의확률[b]
1	.276	.217	1.608	1	.205
2	.279	.211	3.364	2	.186
3	.082	.204	3.524	3	.318
4	.060	.197	3.617	4	.460
5	.053	.190	3.694	5	.594
6	-.085	.183	3.909	6	.689
7	-.157	.175	4.717	7	.694
8	-.049	.167	4.804	8	.778
9	-.125	.158	5.432	9	.795
10	-.027	.149	5.465	10	.858
11	-.189	.139	7.309	11	.774
12	-.228	.129	10.419	12	.579
13	-.056	.118	10.642	13	.641
14	-.203	.105	14.368	14	.423
15	-.014	.091	14.390	15	.496
16	-.081	.075	15.581	16	.483

a. 가정된 기본 공정은 독립적입니다(백색잡음).

b. 점근 카이제곱 근사값을 기준으로 합니다.

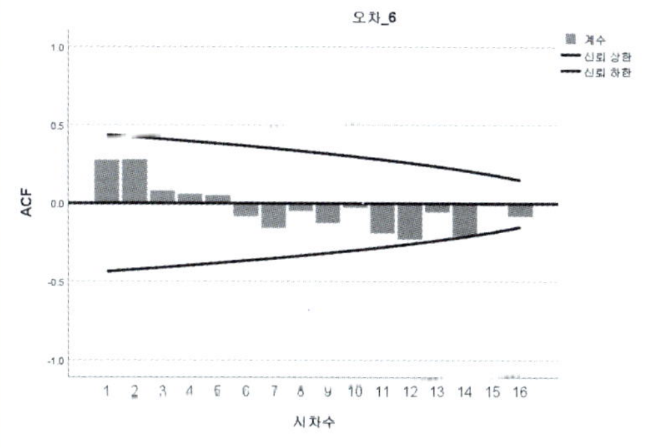

편자기상관

계열: 오차_6

시차	편자기상관	표준화 오차
1	.276	.236
2	.220	.236
3	-.045	.236
4	-.011	.236
5	.040	.236
6	-.128	.236
7	-.152	.236
8	.079	.236
9	-.063	.236
10	.009	.236
11	-.147	.236
12	-.179	.236
13	.098	.236
14	-.159	.236
15	.054	.236
16	-.001	.236

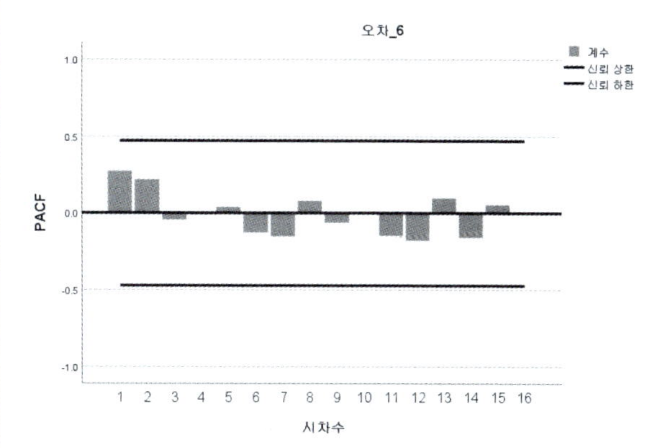

3) 중심화 이동평균법

단순이동평균법이 어떤 시점의 예측값은 과거 관측값의 평균값으로 제시한다면, 중심화 이동평균법은 이동평균이 중심에 위치하여 제시하게 되는데 계절변동인 경우에 적용한다. 예를 들어, 주기가 2인 이동평균을 하면 시점 1, 2의 이동평균값이 시점 3의 예측값이 된다. 중심화 이동평균법은 시점 1, 2의 중심에 위치하게 된다. 중심화 이동평균법은 주기 *N*의 이동평균값의 위치를 *N* 기간의 가운데로 하는 것이다. 만약 주기 *N*이 짝수인 경우 주기 *N*의 이동평균값을 연속적으로 구하여 2개의 이동평균값들은 (*N*/2)+1번째 위치하게 된다(한광종, 2017: 147). 예를 들어 주기가 2인 경우 (2/2)+1=2로 시점 2에 위치한다.

다음 공공데이터 개방 건수를 통해 중심화 이동평균법의 산출과정을 살펴본다(🖫 공공데이터.sav)

- 변환 → 시계열 변수 생성
  - 변수 → 새이름 : 데이터개방
  - 이름 : 데이터개방_중심화 → [변경] 클릭
  - 함수 : 중심화 이동 평균
  - 범위(계산너비) : 2
  - 확인

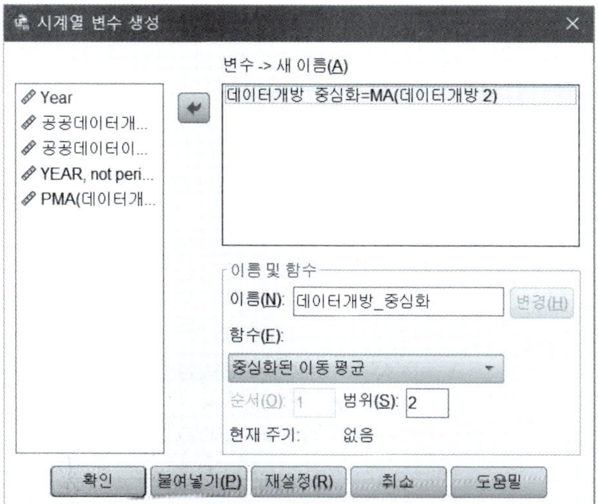

중심화 이동평균법에 의한 '데이터개방_중심화' 변수가 생성된다.

Year	데이터개방	데이터이용	YEAR_	DATE_	데이터개방_1	데이터개방_중심화
2013	5272	13923	2013	2013	.	.
2014	13157	153320	2014	2014	.	11874.5
2015	15912	783773	2015	2015	9214.5	16584.8
2016	21358	1884250	2016	2016	14534.5	20804.0
2017	24588	3871984	2017	2017	18635.0	24733.5
2018	28400	7549179	2018	2018	22973.0	28747.0
2019	33600	13141413	2019	2019	26494.0	.

$$11874.5 = (9214.5 + 14534.5) / 2$$

$$16584.8 = (14534.5 + 18636.0) / 2$$

다음은 2019년 1월부터 2021년 5월까지의 월별 실업자 데이터이다(🖫 월별실업자수.sav).[2)]

year	mounth	월별실업자수
2019	1	1224
2019	2	1303
2019	3	1197
2019	4	1245
2019	5	1145
2019	6	1137
2019	7	1097
2019	8	858
2019	9	884
2019	10	864
2019	11	866
2019	12	942
2020	1	1153
2020	2	1153
2020	3	1180
2020	4	1172
2020	5	1278
2020	6	1228
2020	7	1138
2020	8	864
2020	9	1000
2020	10	1028
2020	11	967
2020	12	1135
2021	1	1570
2021	2	1353
2021	3	1215
2021	4	1147
2021	5	1148

- 변환 → 시계열 변수 생성
  - 변수 → 새이름 : 월별실업자수
  - 이름 : 월별실업자수_1 → [변경] 클릭
  - 함수 : 사전 이동평균
  - 범위(계산너비) : 4(과거 관측값의 4개의 평균)
  - 확인

2) 월별실업자수 단위는 천명이다.

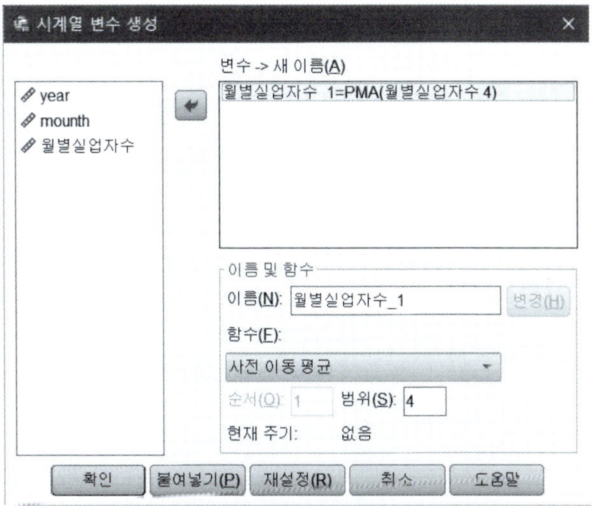

사전이동평균의 결과 2019년 5월의 값(1242.3)은 2019년 1월~4월의 산술평균을 통해 예측된 값이다.

year	mounth	월별실업자수	월별실업자수_1
2019	1	1224	.
2019	2	1303	.
2019	3	1197	.
2019	4	1245	.
2019	5	1145	1242.3
2019	6	1137	1222.5
2019	7	1097	1181.0
2019	8	858	1156.0
2019	9	884	1059.3
2019	10	864	994.0
2019	11	866	925.8
2019	12	942	868.0
2020	1	1153	889.0
2020	2	1153	956.3
2020	3	1180	1028.5
2020	4	1172	1107.0
2020	5	1278	1164.5
2020	6	1228	1195.8
2020	7	1138	1214.5
2020	8	864	1204.0
2020	9	1000	1127.0
2020	10	1028	1057.5
2020	11	967	1007.5
2020	12	1135	964.8
2021	1	1570	1032.5
2021	2	1353	1175.0
2021	3	1215	1256.3
2021	4	1147	1318.3
2021	5	1148	1321.3

다음은 중심화 이동평균법을 수행한다.

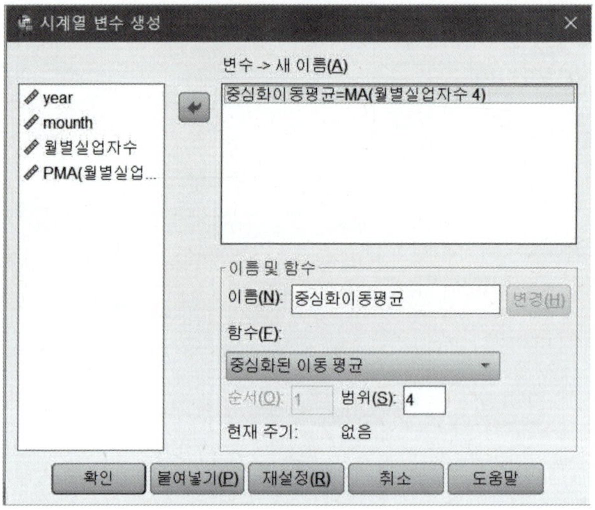

중심화 이동평균법의 결과를 보면, $(N/2)+1$에 의하여 시점 3에 위치하며 결과값은 다음과 같다.

$1232.4 = (1242.3 + 1222.5) / 2$

$1201.8 = (1222.5 + 1181.0) / 2$

$1168.5 = (1181.0 + 1156.0) / 2$

year	mounth	월별실업자수	월별실업자수_1	중심화이동평균
2019	1	1224	.	.
2019	2	1303	.	.
2019	3	1197	.	1232.4
2019	4	1245	.	1201.8
2019	5	1145	1242.3	1168.5
2019	6	1137	1222.5	1107.6
2019	7	1097	1181.0	1026.6
2019	8	858	1156.0	959.9
2019	9	884	1059.3	896.9
2019	10	864	994.0	878.5
2019	11	866	925.8	922.6
2019	12	942	868.0	992.4
2020	1	1153	889.0	1067.8
2020	2	1153	956.3	1135.8
2020	3	1180	1028.5	1180.1
2020	4	1172	1107.0	1205.1
2020	5	1278	1164.5	1209.3
2020	6	1228	1195.8	1165.5
2020	7	1138	1214.5	1092.3
2020	8	864	1204.0	1032.5
2020	9	1000	1127.0	986.1
2020	10	1028	1057.5	998.6
2020	11	967	1007.5	1103.8
2020	12	1135	964.8	1215.6
2021	1	1570	1032.5	1287.3
2021	2	1353	1175.0	1319.8
2021	3	1215	1256.3	1268.5
2021	4	1147	1318.3	.
2021	5	1148	1321.3	.

4) 선형이동평균법

단순이동평균법은 시계열 데이터가 어떤 추세를 보이고 있을 경우에는 적합하지 않다. 추세가 있는 경우 단순이동평균법을 적용하면 체계적 오차(systematic error)가 발생되기 때문에 이런 경우 선형이동평균법을 사용하는 것이 바람직하다. 선형이동평균법은 이동평균값들을 다시 이동평균하여 얻어진 값들로 예측하는 방법으로 반복 또는 이중이동평균방법이라고도 한다(이원우 외, 2018: 24).

2019년 1월부터 2021년 5월까지의 월별실업자수를 통해 2021년 6월과 7월의 실업자 예측을 선형이동평균법으로 적용해보자(월별실업자수.sav).

	year	mounth	월별실업자수	YEAR_	MONTH_	DATE_
1	2019	1	1224	2019	1	JAN 2019
2	2019	2	1303	2019	2	FEB 2019
3	2019	3	1197	2019	3	MAR 2019
4	2019	4	1245	2019	4	APR 2019
5	2019	5	1145	2019	5	MAY 2019
25	2021	1	1570	2021	1	JAN 2021
26	2021	2	1353	2021	2	FEB 2021
27	2021	3	1215	2021	3	MAR 2021
28	2021	4	1147	2021	4	APR 2021
29	2021	5	1148	2021	5	MAY 2021

① 단순이동평균 수행

- 변환 → 시계열 변수 생성
  - 변수 → 새 이름 : 월별실업자수
  - 함수 : 사전이동평균
  - 범위 : 4(과거 관측값의 4개의 평균)
  - 확인

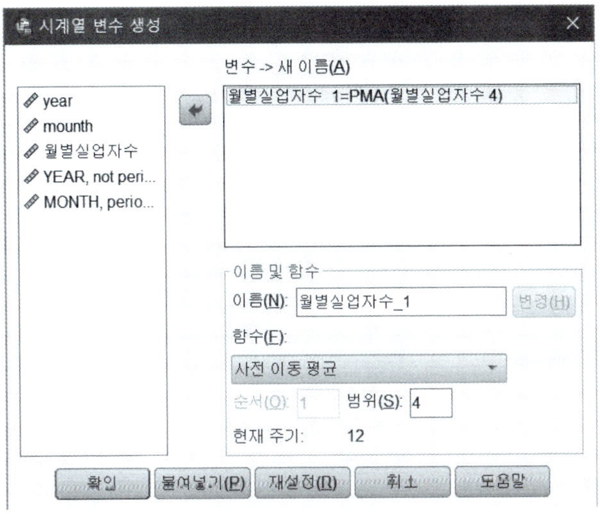

4주기 단위로 단순이동평균값이 제시된다.

	year	mounth	월별실업자수	YEAR_	MONTH_	DATE_	월별실업자수_1
1	2019	1	1224	2019	1	JAN 2019	.
2	2019	2	1303	2019	2	FEB 2019	.
3	2019	3	1197	2019	3	MAR 2019	.
4	2019	4	1245	2019	4	APR 2019	.
5	2019	5	1145	2019	5	MAY 2019	1242.3
25	2021	1	1570	2021	1	JAN 2021	1032.5
26	2021	2	1353	2021	2	FEB 2021	1175.0
27	2021	3	1215	2021	3	MAR 2021	1256.3
28	2021	4	1147	2021	4	APR 2021	1318.3
29	2021	5	1148	2021	5	MAY 2021	1321.3

② 반복이동평균 수행

- 변환 → 시계열 변수 생성
  - 변수 → 새이름 : 월별실업자수_1(앞에서 생성한 변수)

– 이름 : '월별실업자수_1_1' 입력 → 〈변경〉 클릭

– 함수 : 사전 이동평균

– 범위(계산너비) : 4(과거 관측값의 4개의 평균)

– 확인

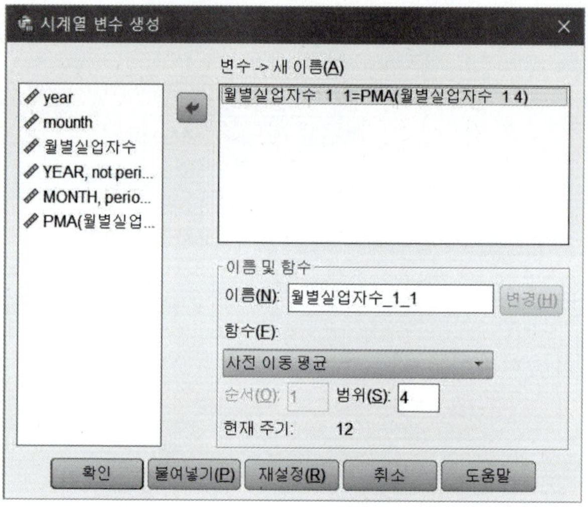

반복이동평균값이 제시된다.

	year	mounth	월별실업자수	YEAR_	MONTH_	DATE_	월별실업자수_1	월별실업자수_1_1
25	2021	1	1570	2021	1	JAN 2021	1032.5	1039.2
26	2021	2	1353	2021	2	FEB 2021	1175.0	1015.6
27	2021	3	1215	2021	3	MAR 2021	1256.3	1044.9
28	2021	4	1147	2021	4	APR 2021	1318.3	1107.1
29	2021	5	1148	2021	5	MAY 2021	1321.3	1195.5

③ 예측오차(관측값-예측값) 산출

- 변환 → 변수계산

– 목표변수 : 예측오차

– 숫자표현식 : 월별실업자수 – 월별실업자수_1_1(반복이동평균값)

– 확인

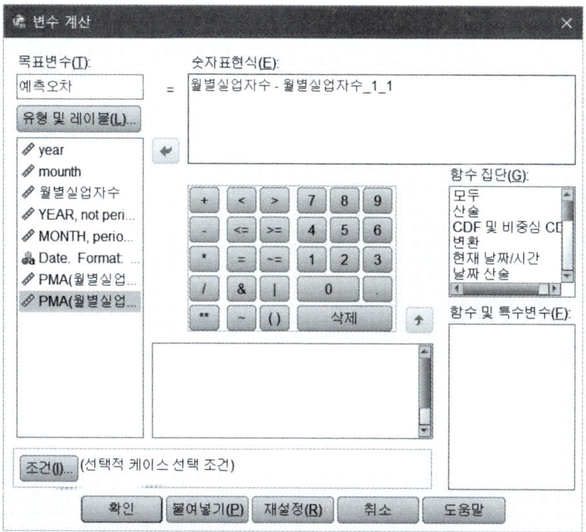

반복이동평균값과 그에 따라 예측오차가 제시된다.

	year	mounth	월별실업자수	YEAR_	MONTH_	DATE_	월별실업자수_1	월별실업자수_1_1	예측오차
25	2021	1	1570	2021	1	JAN 2021	1032.5	1039.2	530.81
26	2021	2	1353	2021	2	FEB 2021	1175.0	1015.6	337.44
27	2021	3	1215	2021	3	MAR 2021	1256.3	1044.9	170.06
28	2021	4	1147	2021	4	APR 2021	1318.3	1107.1	39.88
29	2021	5	1148	2021	5	MAY 2021	1321.3	1195.5	-47.50

④ 2021년 6월, 7월의 예측값은 다음과 같다.

– 6월 : 1195.5 + (–47.50) × 1 = 1148

– 7월 : 1195.5 + (–47.50) × 2 = 1100.5

3. 지수평활법

1) 단순지수평활법

일반적으로 과거의 값을 통해 미래의 값을 예측하고자 하는 경우 시간적으로 가까운(최근) 관측값은 먼 관측값보다 더 많은 영향을 미치게 된다. 이동평균에서는 과거의 모든 관측값에 대한 가중치를 동일하게 부여하기 때문에 미래 예측값을 사용하는 정보의 효과적인 활용이라고 볼 수 없다(김현철, 2005: 67). 이 경우 최근의 관측값에 가중치를 두고 미래 시계열 데이터를 예측하는 방법이 지수평활법이다.

이동평균법이 시계열 데이터의 장기 추세를 파악하는 데 유용하나 해당 변수의 처음 시점과 마지막 시점을 계산할 수 없는 한계가 있다. 이 한계를 해소하기 위한 방법이 지수평활법(exponential smoothing method)으로 단기예측에 적합하다.

지수평활법은 시간의 흐름에 따라 최근 시계열에 더 많은 가중치를 부여하여 미래를 예측하는 방법으로 현재 시점의 시계열 데이터(관측값)에 큰 가중치를 주고 과거로 갈수록 작은 가중치를 주게 된다. 그러나 적정한 지수평활계수(α)를 어떻게 결정하느냐가 문제이다. α값이 달라질 경우, 어느 결과로 판단하고 예측할 것인지가 문제이다. SPSS 25 버전에서는 자동적으로 가장 적합한 α값에 대응하는 예측값을 제공한다(이원우 외, 2018: 35-36).

다음은 2000년부터 2020년까지 전국 순이동인구[3] 중 경기도의 시계열 데이터를 통해 단순지수평활법을 살펴본다(🖫 순이동인구_경기도.sav).

3) 순이동인구는 전입인구와 전출인구의 차이로 그 값이 (+)이면 인구의 순유입을 의미하고, (−)이면 인구의 순유출을 의미한다.

연도	경기도	YEAR_	DATE_	변수
2000	184026	2000	2000	
2001	248947	2001	2001	
2002	315782	2002	2002	
2003	222043	2003	2003	
2004	188875	2004	2004	
2005	168851	2005	2005	
2006	138633	2006	2006	
2007	113100	2007	2007	
2008	100597	2008	2008	
2009	94153	2009	2009	
2010	142437	2010	2010	
2011	75799	2011	2011	
2012	82753	2012	2012	
2013	74131	2013	2013	
2014	57396	2014	2014	
2015	94768	2015	2015	
2016	133617	2016	2016	
2017	116162	2017	2017	
2018	170094	2018	2018	
2019	134666	2019	2019	
2020	168373	2020	2020	

- 분석 → 시계열 분석 → 기존 모형 작성(C)

  – 종속변수 : 산불건수

  – 방법 : 지수평활(선택) → [기준] 클릭

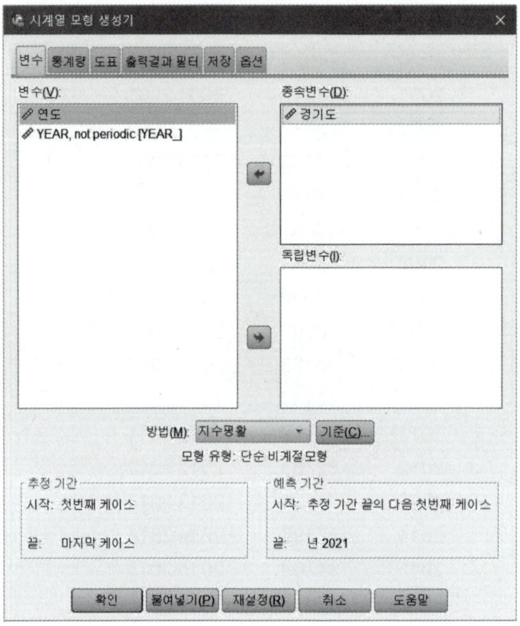

- 지수 평활 기준
  - 모형 유형(비계절) : 단순(S)
  - 계속

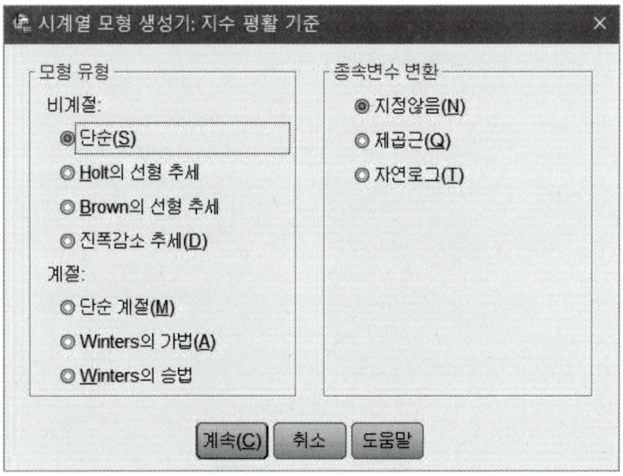

- 시계열 모형 생성기 : [통계량] 선택
  - [모형별 적합도, Ljung-Box 통계 및 이상치 수 표시(D)] 선택
  - 적합도 : 정상R제곱
  - 비교 모형의 통계 : 적합도
  - 개별 모형의 통계 : 모수 추정값
  - 예측 표시 : 선택

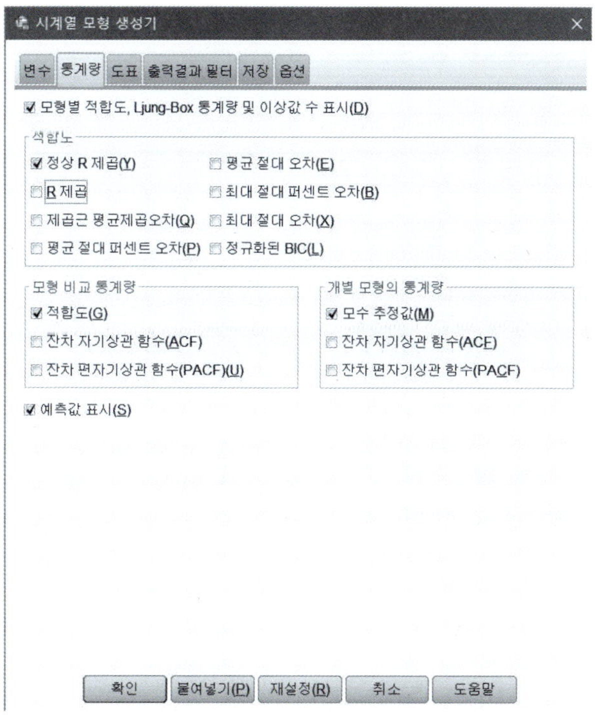

- 시계열 모형 생성기 : [도표] 선택
  - 개별 모형의 도표 : 계열
  - 각 도표 표시 : 관측값/예측값/적합값

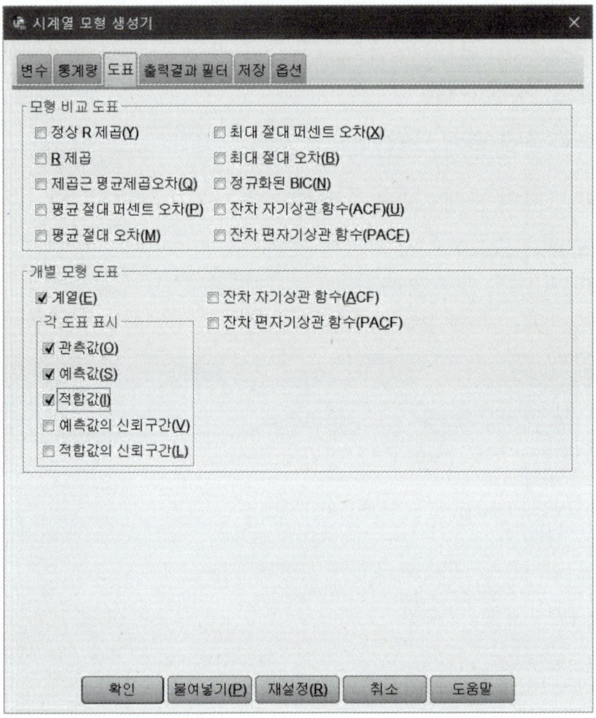

• 시계열 모형 생성기 : 상단의 [저장] 클릭

– 변수저장(변수) : 예측값

– 확인 : 클릭

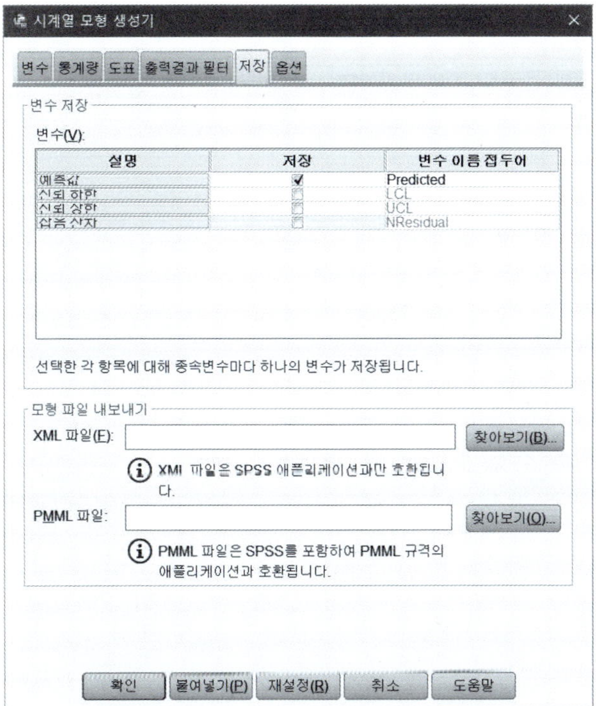

- 시계열 모형 생성기 : 상단의 [옵션] 클릭
  - 예측기간 : 추정 기간 끝의 다음 첫 번째 케이스에서 지정한 날짜까지(C)
  - 날짜 : 2021년 입력(예측연도)
  - 확인

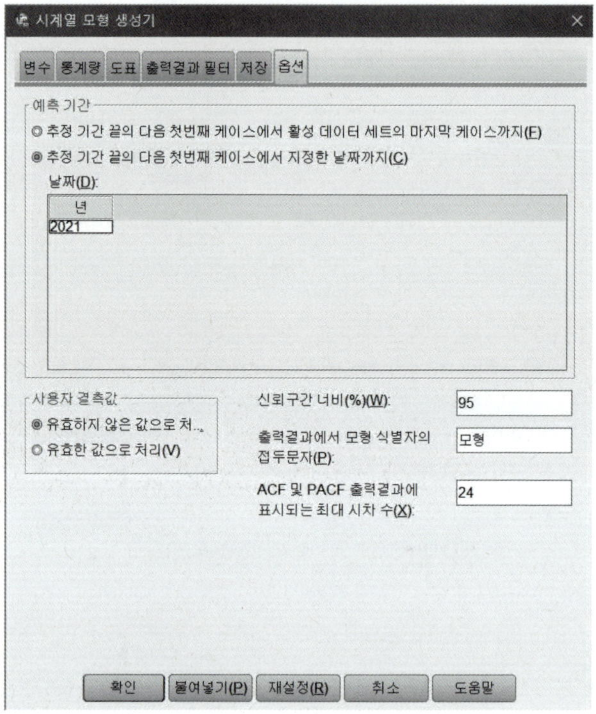
시계열 모형 생성기
변수
통계량
도표
출력결과 필터
저장
옵션
예측 기간
추정 기간 끝의 다음 첫번째 케이스에서 활성 데이터 세트의 마지막 케이스까지(E)
추정 기간 끝의 다음 첫번째 케이스에서 지정한 날짜까지(C)
날짜(D):
년
2021
사용자 결측값
유효하지 않은 값으로 처...
유효한 값으로 처리(V)
신뢰구간 너비(%)(W):
95
출력결과에서 모형 식별자의 접두문자(P):
모형
ACF 및 PACF 출력결과에 표시되는 최대 시차 수(X):
24
확인
붙여넣기(P)
재설정(R)
취소
도움말

저장된 예측값이 제시된다.

연도	경기도	YEAR_	DATE_	Predicted_경기도_모형_1	변수
2000	184026	2000	2000	194959	
2001	248947	2001	2001	185670	
2002	315782	2002	2002	239434	
2003	222043	2003	2003	304304	
2004	188875	2004	2004	234410	
2005	168851	2005	2005	195720	
2006	138633	2006	2006	172890	
2007	113100	2007	2007	143783	
2008	100597	2008	2008	117713	
2009	94153	2009	2009	103170	
2010	142437	2010	2010	95509	
2011	75799	2011	2011	135382	
2012	82753	2012	2012	84756	
2013	74131	2013	2013	83054	
2014	57396	2014	2014	75472	
2015	94768	2015	2015	60114	
2016	133617	2016	2016	89558	
2017	116162	2017	2017	126993	
2018	170091	2018	2018	117790	
2019	134666	2019	2019	162231	
2020	168373	2020	2020	138810	
.	.	2021	2021	163929	

• 모형 통계량 제시

Ljung-Box Q 통계량은 12.894이고 유의확률이 0.743으로 유의수준 0.05보다 크므로 모형은 적합하다. 지수평활 모형의 모수의 *t*값은 4.123이고 유의확률은 0.001로 유의수준 0.05보다 적으므로 유의한 영향을 미친 것으로 판단한다.

모형 통계량

모형	예측자 수	모형 적합 통계량	Ljung-Box Q(18)			이상값 수
		정상 R-제곱	통계량	자유도	유의확률	
경기도-모형_1	0	.020	12.894	17	.743	0

지수평활 모형 모수

모형			추정값	SE	t	유의확률
경기도-모형_1	변환 안 함	알파(수준)	.850	.206	4.123	.001

2021년의 예측값과 신뢰한계의 상한(UCL)과 하한(LCL)이 제시되며, 도표에서 관측값, 적합값, 예측값이 표시된다.

예측값

모형		2021
경기도-모형_1	예측값	163929
	UCL	252177
	LCL	75680

각 모형에서 예측은 요청한 추정 주기의 범위에서 결측이 없는 마지막 값 다음에 시작하고 모든 예측자의 결측이 없는 값의 마지막 주기 또는 요청한 예측 주기의 끝 날짜 중 먼저 나온 시점에서 끝납니다.

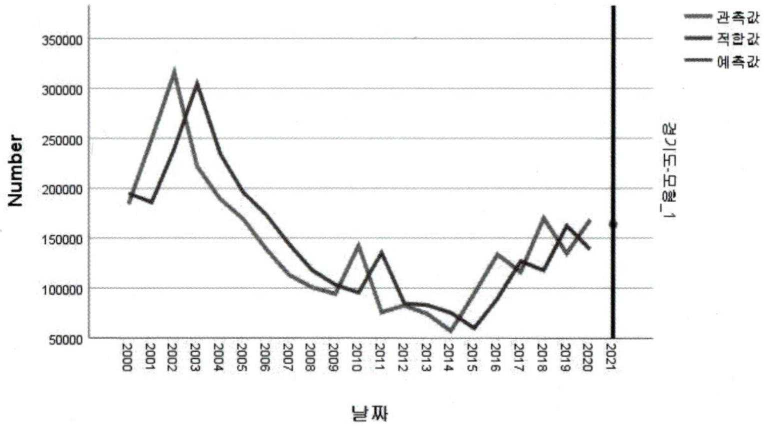

다음은 똑같은 방법으로 2019년 1월부터 2021년 5월까지의 월별 실업자수의 시계열 데이터를 통해 단순지수평활법을 살펴보자(월별실업자수.sav).

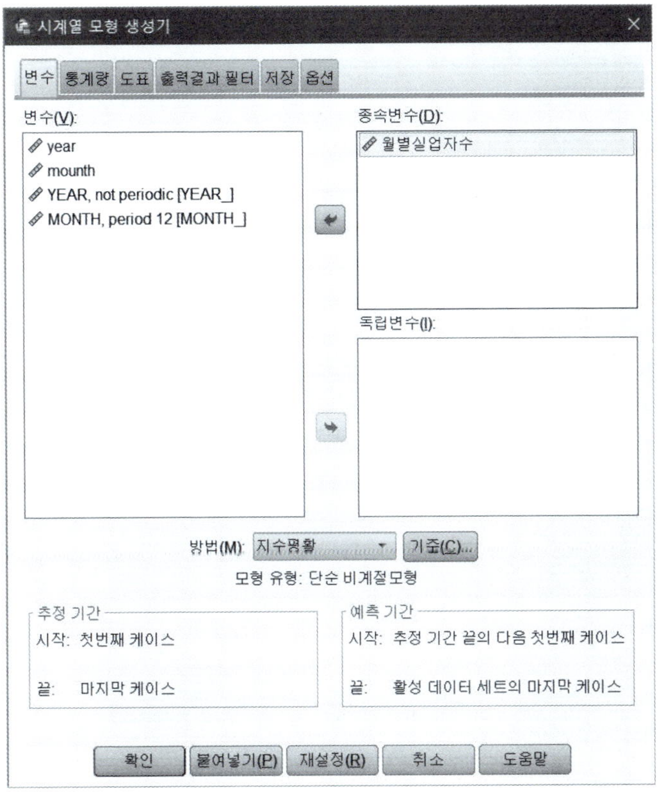

예측 날짜는 2021년 6월로 입력한다.

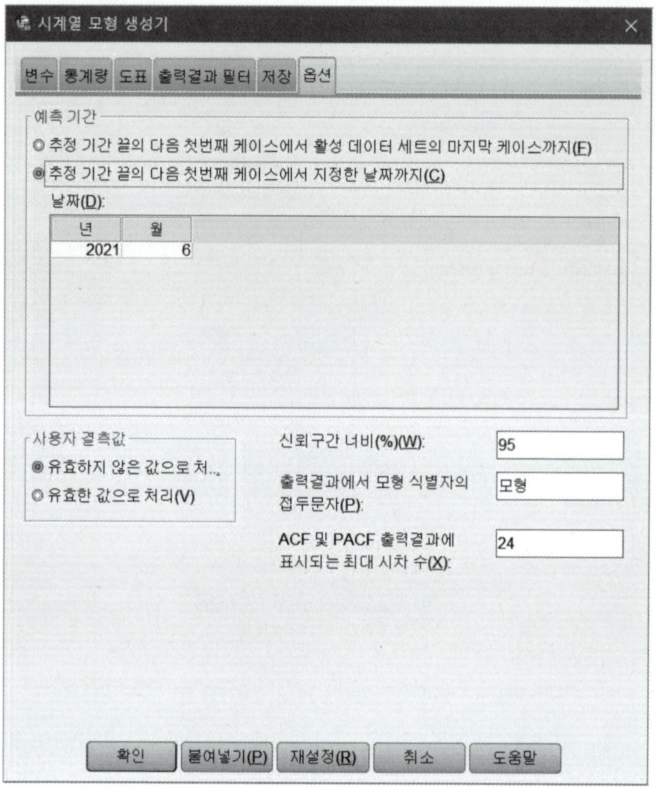

분석결과, 모형 통계량에서 Ljung-Box Q 통계량은 16.159이고 유의확률이 0.513으로 유의수준 0.05보다 크기 때문에 모형은 적합하며, 또한 지수평활 모형에서 *t*값이 5.273이고 유의확률이 0.000으로 유의수준 0.05보다 작기 때문에 모형이 적합하다.

모형 통계량

모형	예측자 수	모형 적합 통계량	Ljung-Box Q(18)			이상값 수
		정상 R-제곱	통계량	자유도	유의확률	
월별실업자수-모형_1	0	.000	16.159	17	.513	0

지수평활 모형 모수

모형			추정값	SE	t	유의확률
월별실업자수-모형_1	변환 안 함	알파(수준)	.991	.188	5.273	.000

예측값

모형		6월 2021
월별실업자수-모형_1	예측값	1148
	UCL	1435
	LCL	861

각 모형에서 예측은 요청한 추정 주기의 범위에서 결측이 없는 마지막 값 다음에 시작하고 모든 예측자의 결측이 없는 값의 마지막 주기 또는 요청한 예측 주기의 끝 날짜 중 먼저 나온 시점에서 끝납니다.

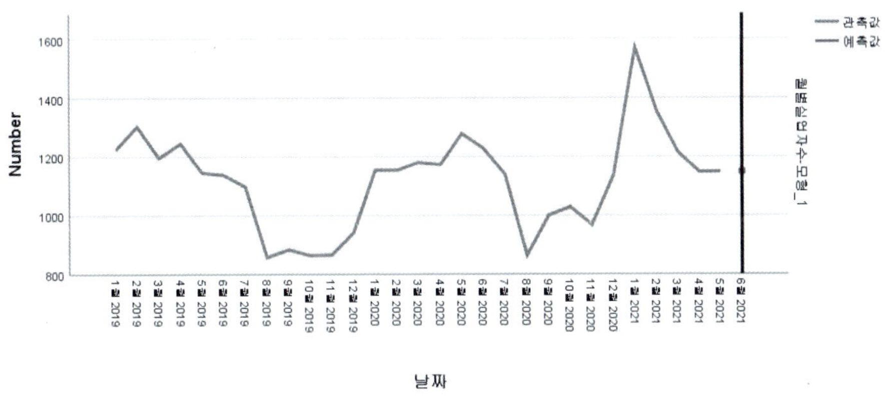

저장된 예측값이 표시된다.

year	mounth	월별실업자수	YEAR_	MONTH_	DATE_	Predicted_월별실업자수_모형_1
2019	1	1224	2019	1	JAN 2019	1225
2019	2	1303	2019	2	FEB 2019	1224
2019	3	1197	2019	3	MAR 2019	1302
2019	4	1245	2019	4	APR 2019	1198
2019	5	1145	2019	5	MAY 2019	1245
2019	6	1137	2019	6	JUN 2019	1146
2019	7	1097	2019	7	JUL 2019	1137
2019	8	858	2019	8	AUG 2019	1097
2019	9	884	2019	9	SEP 2019	860
2019	10	864	2019	10	OCT 2019	884
2019	11	866	2019	11	NOV 2019	864
2019	12	942	2019	12	DEC 2019	866
2020	1	1153	2020	1	JAN 2020	941
2020	2	1153	2020	2	FEB 2020	1151
2020	3	1180	2020	3	MAR 2020	1153
2020	4	1172	2020	4	APR 2020	1180
2020	5	1278	2020	5	MAY 2020	1172
2020	6	1228	2020	6	JUN 2020	1277
2020	7	1138	2020	7	JUL 2020	1228
2020	8	864	2020	8	AUG 2020	1139
2020	9	1000	2020	9	SEP 2020	866
2020	10	1028	2020	10	OCT 2020	999
2020	11	967	2020	11	NOV 2020	1028
2020	12	1135	2020	12	DEC 2020	968
2021	1	1570	2021	1	JAN 2021	1134
2021	2	1353	2021	2	FEB 2021	1566
2021	3	1215	2021	3	MAR 2021	1355
2021	4	1147	2021	4	APR 2021	1216
2021	5	1148	2021	5	MAY 2021	1148
.	.	.	2021	6	JUN 2021	1148

2) Brown 지수평활법

Brown 지수평활법은 단순지수평활된 값들과 반복지수평활된 값들 모두 실제 관측값과 시차(lag)를 갖기 때문에 단순지수평활된 값과 반복지수평활된 값의 차이를 단순지수평활된 값에 더하고, 추세를 조정해 주는 방법이다(이원우 외, 2018: 43).

다음 2019년 1월부터 2021년 5월까지의 월별 실업자수의 시계열 데이터를 통해 2021년 6월까지의 실업자수를 예측하기로 한다(월별실업자수.sav).

- 분석 → 시계열 분석 → 기존 모형 작성(C)
  - 종속변수 : 공공데이터개방건수
  - 방법 : 지수평활(선택) → [기준] 클릭

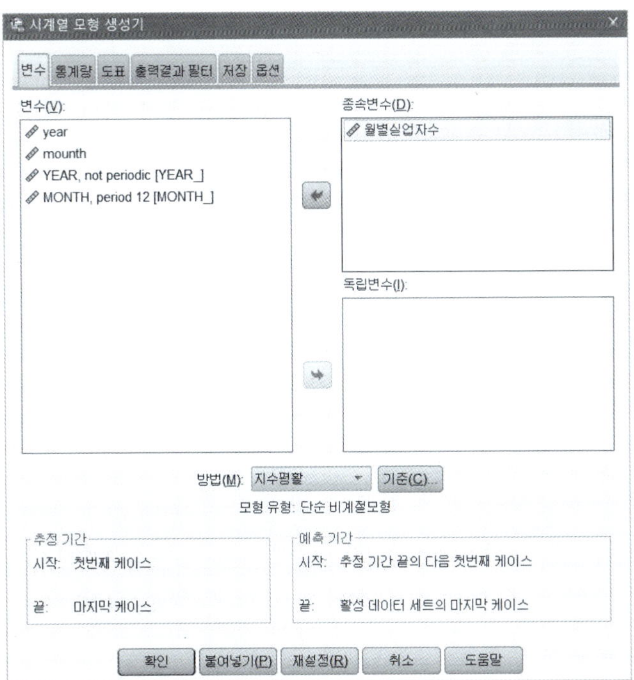

- 시계열 모형 생성기 : 지수 평활 기준
  - 모형유형(비계절) : [Brown의 선형 추세] 선택
  - 계속 : 클릭

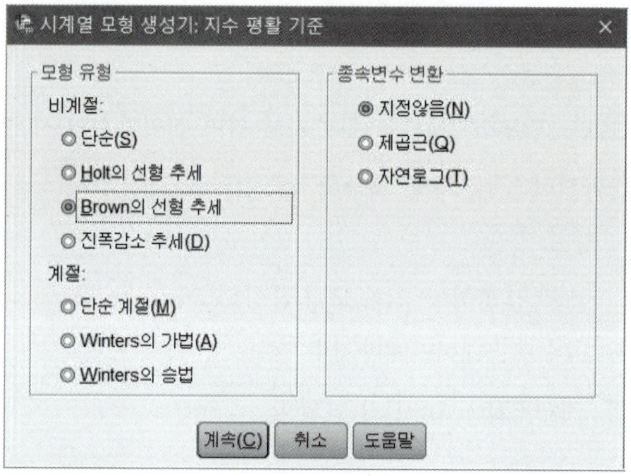

- 시계열 모형 생성기 : [통계량] 선택
  - [모형별 적합도, Ljung-Box 통계 및 이상치 수 표시(D)] 선택
  - 적합도 : [정상R제곱] 선택
  - 비교 모형의 통계 : [적합도] 선택
  - 개별 모형의 통계 : [모수 추정값] 선택
  - 예측 표시 : 선택

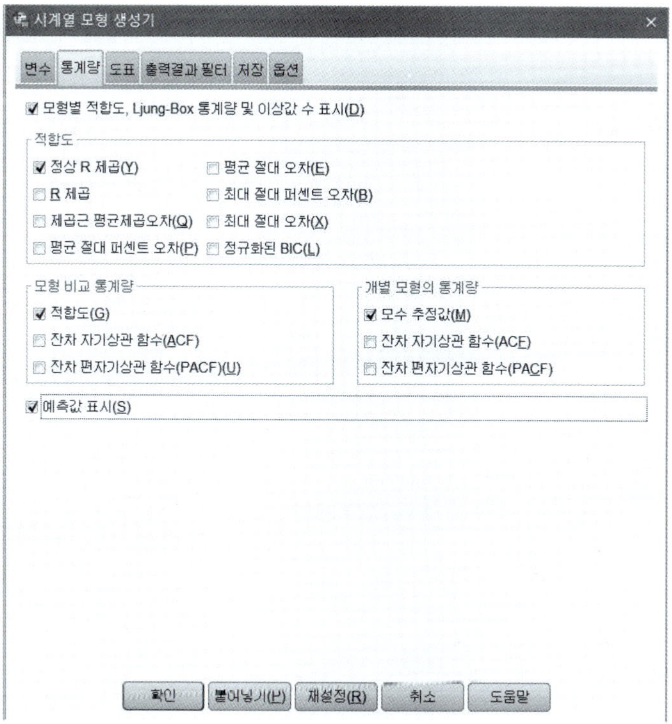

- 시계열 모형 생성기 : [도표] 선택
  - 개별 모형의 도표 : [계열] 선택
  - 각 도표 표시 : [관측값] [예측값] : 선택

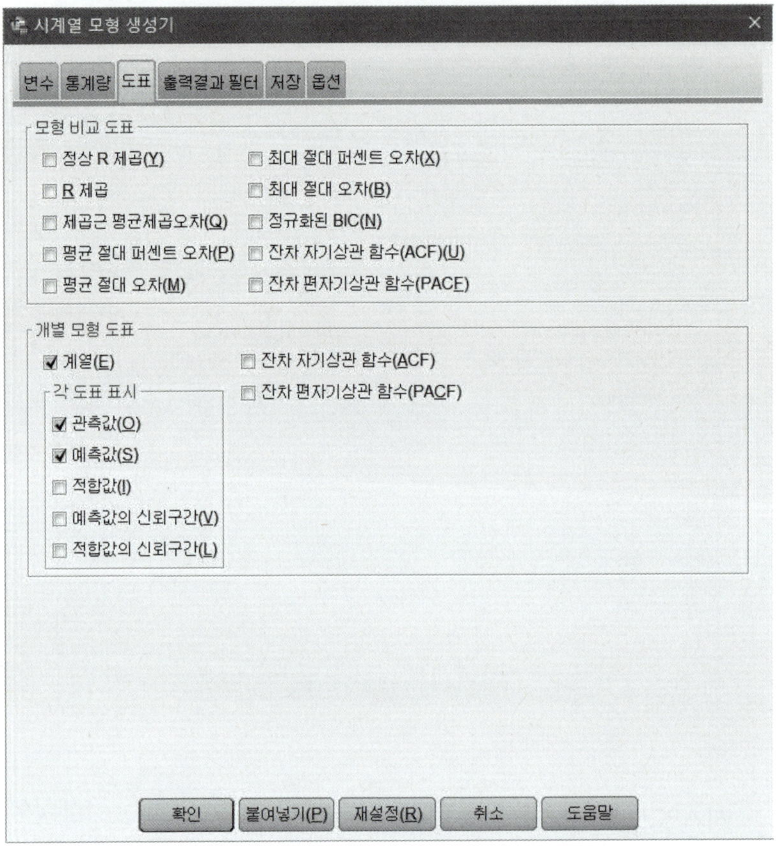

- 시계열 모형 생성기 : 상단의 [저장] 클릭
  – 변수저장(변수) : [예측값] 선택

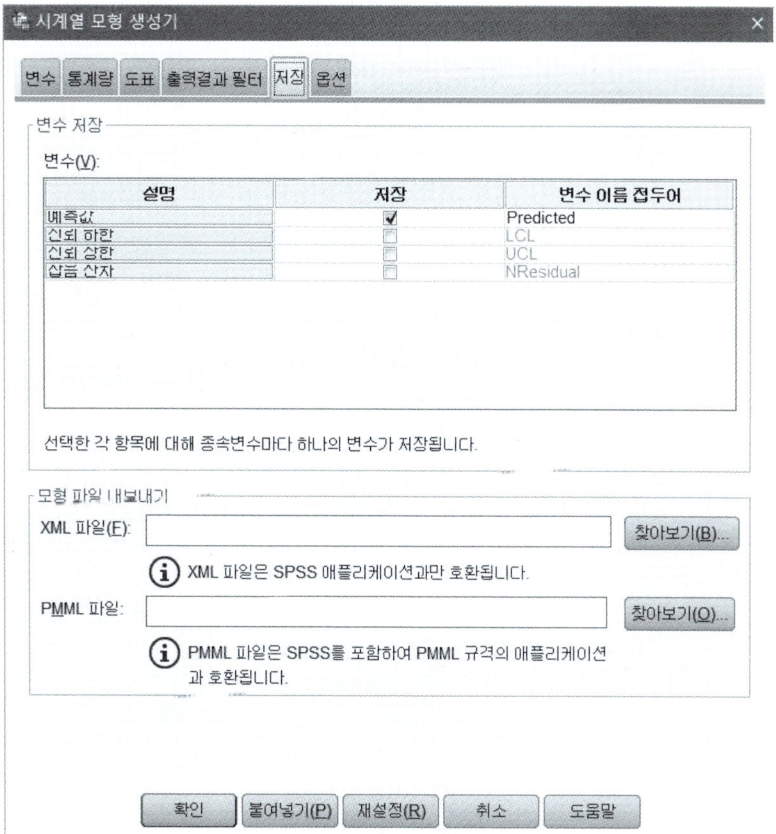
시계열 모형 생성기
변수
통계량
도표
출력결과 필터
저장
옵션
변수 저장
변수(V):
설명
저장
변수 이름 접두어
예측값
Predicted
신뢰 하한
LCL
신뢰 상한
UCL
잡음 잔차
NResidual
선택한 각 항목에 대해 종속변수마다 하나의 변수가 저장됩니다.
모형 파일 내보내기
XML 파일(F):
찾아보기(B)...
XML 파일은 SPSS 애플리케이션과만 호환됩니다.
PMML 파일:
찾아보기(O)...
PMML 파일은 SPSS를 포함하여 PMML 규격의 애플리케이션
과 호환됩니다.
확인
붙여넣기(P)
재설정(R)
취소
도움말

- 시계열 모형 생성기 : 상단의 [옵션] 클릭
  - 예측기간 : 추정 기간 끝의 다음 첫 번째 케이스에서 지정한 날짜까지(C)
  - 날짜 : 2021년 6월 입력(예측연도)
  - 확인 : 클릭

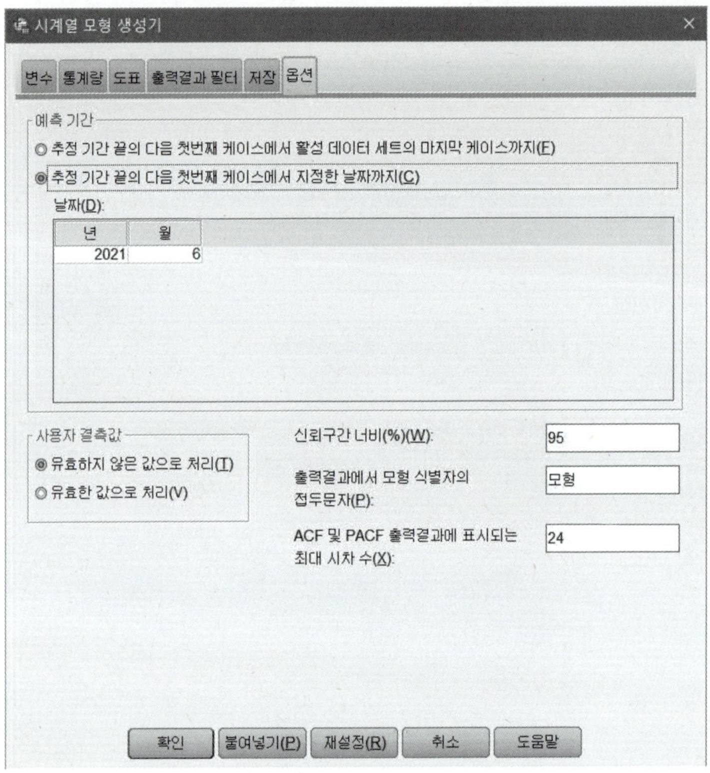

분석결과, 모형 통계량에서 Ljung-Box Q 통계량은 21.047이고 유의확률이 0.224로 유의수준 0.05보다 크기 때문에 모형은 적합하며, 또한 지수평활 모형에서 t값이 6.309이고 유의확률이 0.000으로 유의수준 0.05보다 작기 때문에 모형이 적합하다. 알파값(α)의 추정값은 0.526이다.

모형	예측자 수	모형 적합 통계량 정상 R-제곱	Ljung-Box Q(18) 통계량	자유도	유의확률	이상값 수
월별실업자수-모형_1	0	.352	21.047	17	.224	0

지수평활 모형 모수

모형			추정값	SE	t	유의확률
월별실업자수-모형_1	변환 안 함	알파(수준 및 추세)	.526	.083	6.309	.000

예측값과 신뢰한계의 상한(UCL)과 하한(LCL)이 제시되며, 도표에서 관측값과 예측값이 표시된다.

예측값

모형		6월 2021
월별실업자수-모형_1	예측값	1114
	UCL	1442
	LCL	785

각 모형에서 예측은 요청한 추정 주기의 범위에서 결측이 없는 마지막 값 다음에 시작하고 모든 예측자의 결측이 없는 값의 마지막 주기 또는 요청한 예측 주기의 끝 날짜 중 먼저 나온 시점에서 끝납니다.

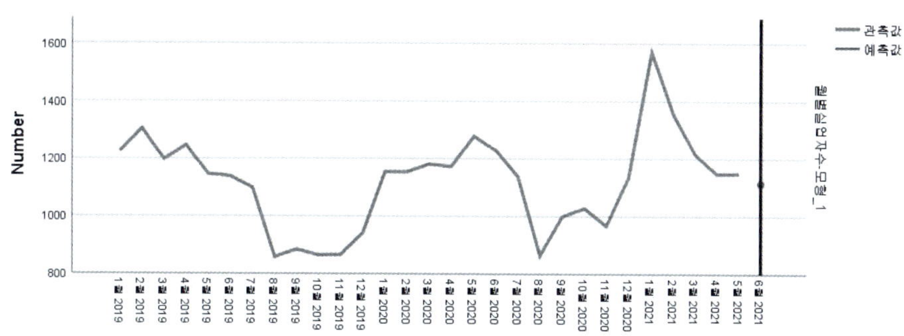

추정된 알파값에 대한 예측값들이 표시된다.

year	mounth	월별실업자수	YEAR_	MONTH_	DATE_	Predicted_월별실업자수_모형_1
2019	1	1224	2019	1	JAN 2019	1222
2019	2	1303	2019	2	FEB 2019	1208
2019	3	1197	2019	3	MAR 2019	1293
2019	4	1245	2019	4	APR 2019	1203
2019	5	1145	2019	5	MAY 2019	1232
2019	6	1137	2019	6	JUN 2019	1137
2019	7	1097	2019	7	JUL 2019	1109
2019	8	858	2019	8	AUG 2019	1069
2019	9	884	2019	9	SEP 2019	816
2019	10	864	2019	10	OCT 2019	798
2019	11	866	2019	11	NOV 2019	797
2019	12	942	2019	12	DEC 2019	817
2020	1	1153	2020	1	JAN 2020	915
2020	2	1153	2020	2	FEB 2020	1167
2020	3	1180	2020	3	MAR 2020	1219
2020	4	1172	2020	4	APR 2020	1241
2020	5	1278	2020	5	MAY 2020	1221
2020	6	1228	2020	6	JUN 2020	1314
2020	7	1138	2020	7	JUL 2020	1273
2020	8	864	2020	8	AUG 2020	1156
2020	9	1000	2020	9	SEP 2020	837
2020	10	1028	2020	10	OCT 2020	916
2020	11	967	2020	11	NOV 2020	986
2020	12	1135	2020	12	DEC 2020	949
2021	1	1570	2021	1	JAN 2021	1123
2021	2	1353	2021	2	FEB 2021	1623
2021	3	1215	2021	3	MAR 2021	1492
2021	4	1147	2021	4	APR 2021	1279
2021	5	1148	2021	5	MAY 2021	1142
.	.	.	2021	6	JUN 2021	1114

시계열 데이터의 관측값과 예측값을 통한 시퀀스 차트(순차도표)를 비교해보자.

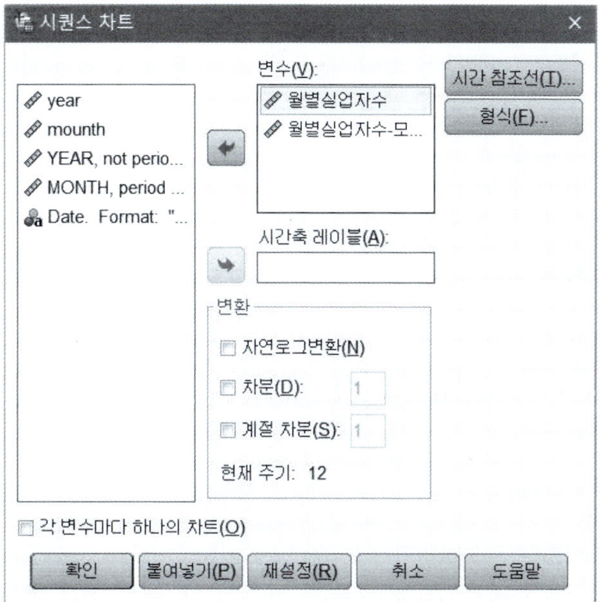

순차도표 결과를 보여주고 있다.

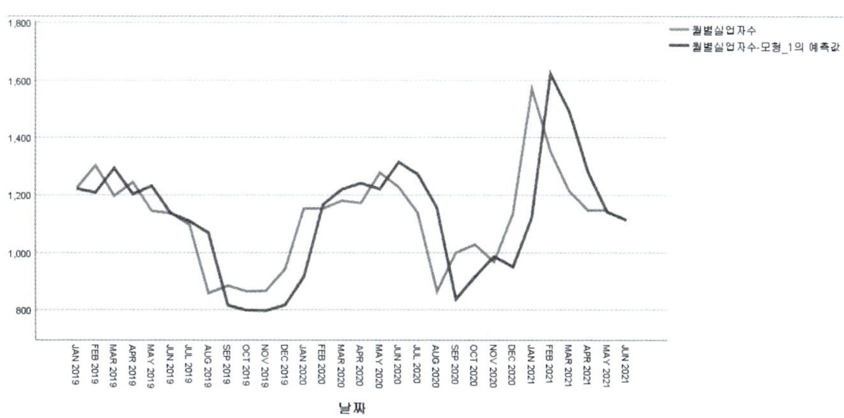

3) Holt 지수평활법

Holt 지수평활법은 Brown 방법과 유사하나 파라미터가 2개이다. Brown 방법에서는 파라미터를 α만으로 정의하였으나 Holt 방법에서는 추세를 나타내는 또 다른 파라미터 감마(γ)로 평활하는 것이다. 즉 추세를 평활하는 것이다. 추세가 있게 되면 과거 값보다 크거나 작아질 수 있기 때문에 가중치 γ를 곱하고 이전 시점의 추세에 $(1-\gamma)$을 곱하여 합하는 것이다(이원우 외, 2018: 51).

다음 2019년 1월부터 2021년 5월까지의 월별 실업자수의 시계열 데이터를 통해 2021년 6월까지의 실업자수를 예측하기로 한다(월별실업자수.sav).

- 분석 → 시계열 분석 → 기존 모형 작성(C)
  - 종속변수 : 공공데이터개방건수
  - 방법 : 지수평활(선택) → [기준] 클릭

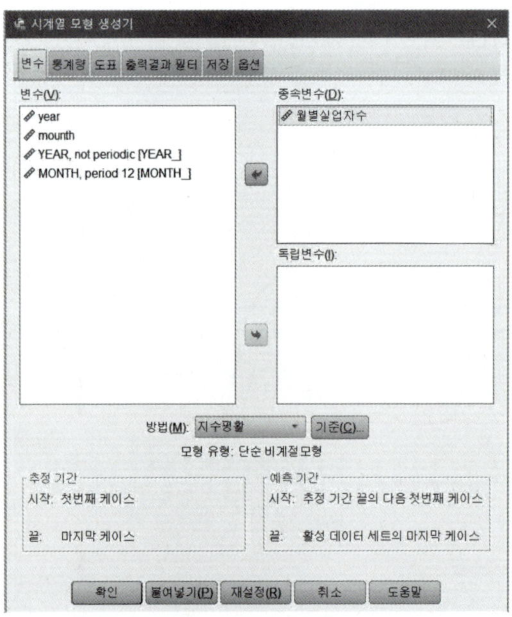

- 시계열 모형 생성기 : 지수 평활 기준
  - 모형유형(비계절) : [Holt의 선형 추세] 선택
  - 계속 : 클릭

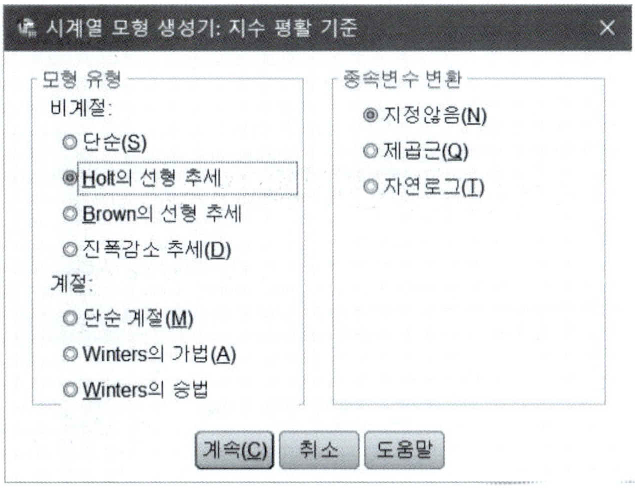

§ 나머지 [통계량], [도표], [저장], [옵션]은 Brown 방법과 동일하다.

분석결과 모형 통계량 값이 제시된다. Ljung-Box Q 통계량은 16.128이고 유의확률은 0.444로 유의수준 0.05보다 크기 때문에 모형이 적합하다. 지수평활 모형에서 t 값이 5.078이고 유의확률이 0.000으로 유의수준 0.05보다 작기 때문에 모형이 적합하다. 알파(α)의 추정값은 0.999이고, 감마(γ)의 추정값은 3.133E-5이다.

모형 통계량

모형	예측자 수	모형 적합 통계량	Ljung-Box Q(18)			이상값 수
		정상 R-제곱	통계량	자유도	유의확률	
월별실업자수-모형_1	0	.504	16.128	16	.444	0

지수평활 모형 모수

모형			추정값	SE	t	유의확률
월별실업자수-모형_1	변환 안 함	알파(수준)	.999	.197	5.078	.000
		감마(추세)	3.133E-5	.081	.000	1.000

예측값과 신뢰한계의 상한(UCL)과 하한(LCL)이 제시되며, 도표에서 관측값과 예측값이 표시된다.

예측값

모형		6월 2021
월별실업자수-모형_1	예측값	1151
	UCL	1443
	LCL	858

각 모형에서 예측은 요청한 추정 주기의 범위에서 결측이 없는 마지막 값 다음에 시작하고 모든 예측자의 결측이 없는 값의 마지막 주기 또는 요청한 예측 주기의 끝 날짜 중 먼저 나온 시점에서 끝납니다.

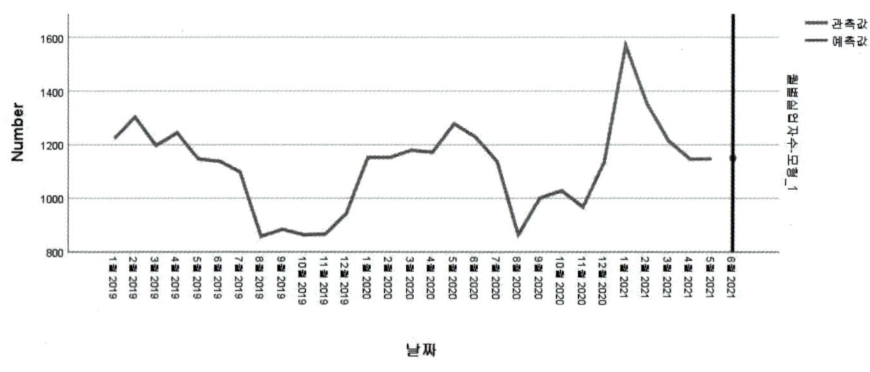

추정된 알파와 감마 값에 대한 예측값들이 표시된다.

year	mounth	월별실업자수	YEAR_	MONTH_	DATE_	Predicted_월별실업자수_모형_1
2019	1	1224	2019	1	JAN 2019	1224
2019	2	1303	2019	2	FEB 2019	1227
2019	3	1197	2019	3	MAR 2019	1306
2019	4	1245	2019	4	APR 2019	1200
2019	5	1145	2019	5	MAY 2019	1248
2019	6	1137	2019	6	JUN 2019	1148
2019	7	1097	2019	7	JUL 2019	1140
2019	8	858	2019	8	AUG 2019	1100
2019	9	884	2019	9	SEP 2019	861
2019	10	864	2019	10	OCT 2019	887
2019	11	866	2019	11	NOV 2019	867
2019	12	942	2019	12	DEC 2019	869
2020	1	1153	2020	1	JAN 2020	945
2020	2	1153	2020	2	FEB 2020	1156
2020	3	1180	2020	3	MAR 2020	1156
2020	4	1172	2020	4	APR 2020	1183
2020	5	1278	2020	5	MAY 2020	1175
2020	6	1228	2020	6	JUN 2020	1281
2020	7	1138	2020	7	JUL 2020	1231
2020	8	864	2020	8	AUG 2020	1141
2020	9	1000	2020	9	SEP 2020	867
2020	10	1028	2020	10	OCT 2020	1003
2020	11	967	2020	11	NOV 2020	1031
2020	12	1135	2020	12	DEC 2020	970
2021	1	1570	2021	1	JAN 2021	1138
2021	2	1353	2021	2	FEB 2021	1572
2021	3	1215	2021	3	MAR 2021	1356
2021	4	1147	2021	4	APR 2021	1218
2021	5	1148	2021	5	MAY 2021	1150
.	.	.	2021	6	JUN 2021	1151

시계열 데이터의 관측값과 예측값을 통한 시퀀스 차트(순차도표)를 비교해보자.

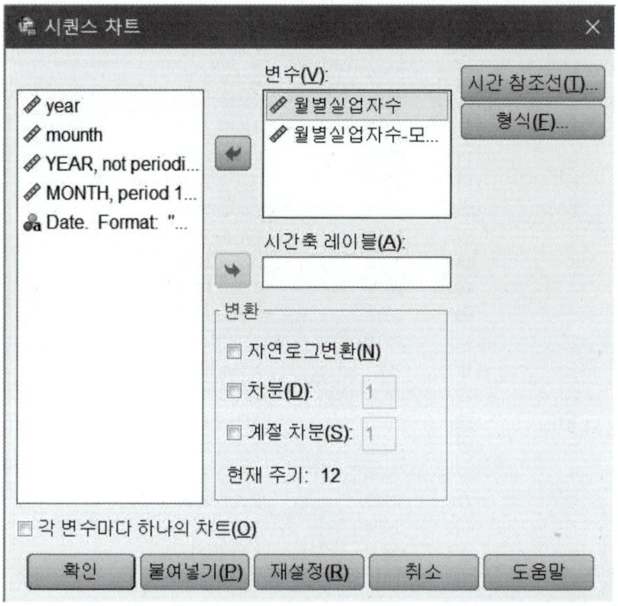

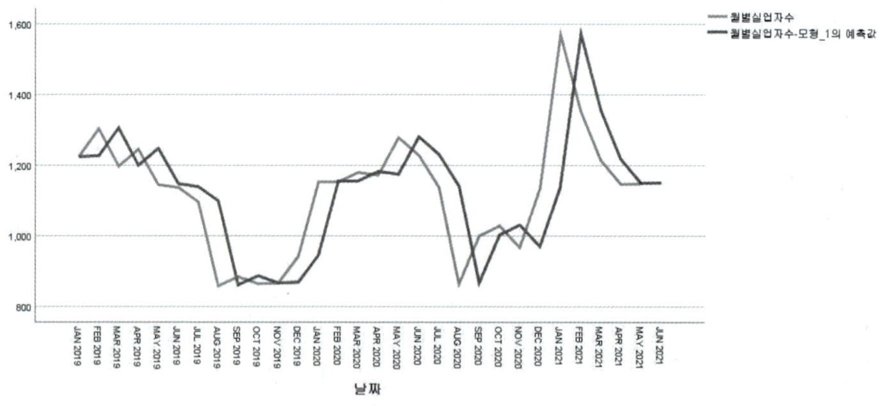

Chapter 4

잔차의 모형 검증

1. 잔차의 모형 검증 개요

시계열 분석의 주요 목적은 과거의 값을 통해 미래값을 예측하는 데 있다. 그렇다면 예측을 위한 모형이 얼마나 적합한지를 파악하는 것이 중요하다. 이 장에서는 시계열 분석 모형의 적합성을 검증하는 방법으로 잔차 검증에 대하여 살펴본다.

잔차(오차항)는 관측값과 예측값의 차이를 의미한다. 잔차를 검증하는 방법으로는 선형성, 등/동분산성, 정규성(정규분포), 자기상관함수(ACF) 및 편자기상관함수(PACF), 더빈왓슨(회귀분석의 자기상관 검증) 등이 있다(한광종, 2017: 287). 잔차의 검증은 곧 잔차 분석을 통해 잔차의 독립성을 검정하는 것이다. 잔차 분석(residual analysis) 또는 잔차(오차항) 검정은 회귀분석뿐만 아니라 시계열 분석에서 모형을 진단하는 대표적인 방법이다. 정상적 시계열인 경우 잔차(오차항)는 백색잡음의 성질(독립적, 평균=0, 분산의 동등성/동일성, 정규분포)을 만족한다. 정상적 시계열 여부를 확인하기 위해서는 잔차들의 시계열 플롯(plot)을 보고 잔차들의 평균이 0을 중심으로 임의적이며 특정 패턴을 보이지 않는지 또는 잔차들의 자기상관함수 결과를 보고 모든 시차에서 신뢰한계(상한-하한) 내에 존재한다면 "자기상관함수=0"이라는 귀무가설을 채택하게 되며, 잔차들은 통계적으로 자기상관이 없어 독립적이라고 판단한다(이덕기, 2002: 64). SPSS에서는 이외에도 잔차들의 독립성 여부를 판단하는 방법으로 Box-Ljung의 검정통계량이 있는데 Box-Ljung의 검정통계량의 귀무가설은 "잔차들의 자기상관함수는 모든 시차에서 0이다"이다.

만약 분석결과에서 통계량이 유의수준 0.05보다 크면 귀무가설을 채택하게 되어 잔차들은 독립적이며 적합한 모형이라고 할 수 있다(이덕기, 2002: 64-65).

2. 잔차의 검증 방법

1) 잔차의 산점도(산포도)

잔차 분석의 첫 단계는 잔차들의 시계열 산점도(시계열도표, 순차도표)를 보고 시계열 모형이 주어진 시계열 데이터에 적합한지를 직관적으로 판단하는 것이다. 시계열 모형이 타당하고 오차항이 등분산성/동분산성을 갖는다면 시계열 산점도에서 잔차들은 0을 중심으로 완전한 임의성, 즉 무작위(randomness)를 보인다. 그러나 시계열 산점도가 어떤 특정 유형을 보이면 시계열 모형은 주어진 시계열 데이터에 적합하지 않은 것이 된다(김현철, 2005: 48).

특히 회귀분석에서 잔차 검정 시 SPSS에서는 산점도를 통해 선형성과 등/동분산성을 확인하기 위해서는 다음과 같이 실행한다.

- 그래프 → 레거시 대화상자 → 산점도/점도표 → 단순 산점도 → 정의
  - *Y*축 : 표준화 잔차
  - *X*축 : 예측값(등분산성의 경우 표준화 예측값)

2) 정규성(정규분포)

잔차들의 분포가 정규분포에 근사한가를 확인하기 위해서는 정규분포확률도표(Q-Q plot)를 보고 잔차들이 45도 대각선에 일치하여 균등하게 분포되어 있는 경우를 보거나, Kolmogorov-Smirnov와 Shapiro-Wilk의 유의확률 중 하나라도 유의수준 0.05보다 크면 정규성을 만족한다. 또한 기술통계 분석을 통해 왜도(skewness, 비대칭도/한쪽으로 치우친 정도)와 첨도(kurtosis, 뾰족한 정도)의 절댓값이 2보다 적은 경우에 정규성을 만족한다. 만약 잔차들이 특정 패턴을 보이거나 45도 대각선을 따라 균등하게 분포되어 있지 않은 경우 대체로 시계열 데이터를 로그변환하여 분석하는 것이 일반적이다(이원우 외, 2018: 226).

- 분석 → 기술통계량 → 데이터 탐색
  - 종속변수 : 잔차
  - 옵션 : 상자도표/지정않음, 기술통계/히스토그램, 검정과 함께 정규성도표
  - 계속 → 확인

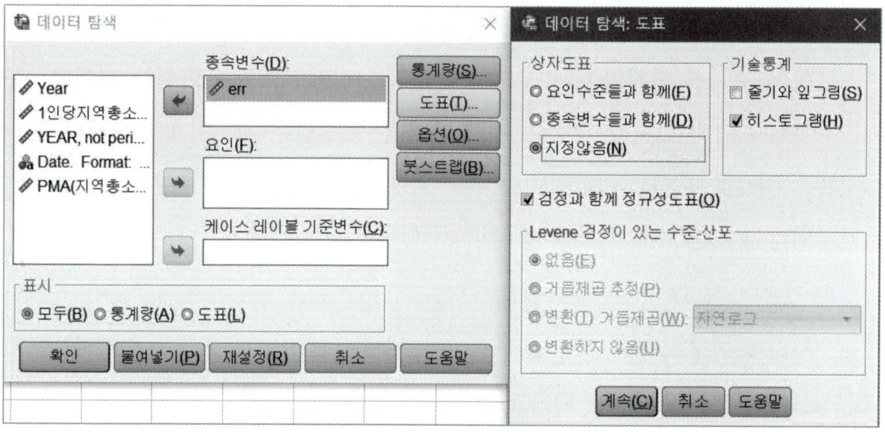

3) 독립성: 자기상관 존재 여부

잔차의 산점도 점검에서 잔차들이 0을 중심으로 무작위 분포되어 있지 않고 체계적인 상관관계가 존재할 경우에는 오차항 간의 상관관계에 대한 검토가 필요하다. 이때 상관관계 중에서 오차들 사이에 자기상관이 존재하는지 여부를 확인하는 방법이 Durbin-Watson 검정이다. 즉 오차항들의 독립성을 검정하는 것이다. D-통계량은 「$2 < D \leq 4$」의 값을 갖기 때문에 D는 0과 4 사이의 값을 갖는다. 만약 오차들이 양의 상관관계를 가지면 D-통계량은 0에 가깝고, 음의 상관관계를 가지면 4에 가까우며, 상관관계가 없다면 2에 가까운 값을 갖는다(김현철, 2005: 55-57).

4) 분석 사례

다음은 2000년부터 2019년까지의 1인당지역총소득에 관한 시계열 데이터이다. 이 데이터를 통해 자기상관 및 잔차(오차)의 독립성을 검정해보자(잔차검정.sav).

	Year	지역총소득	YEAR_	DATE_
1	2000	13860	2000	2000
2	2001	14908	2001	2001
3	2002	16444	2002	2002
4	2003	17548	2003	2003
5	2004	18995	2004	2004
6	2005	19762	2005	2005
7	2006	20817	2006	2006
8	2007	22399	2007	2007
9	2008	23643	2008	2008
10	2009	24455	2009	2009
11	2010	26828	2010	2010
12	2011	28074	2011	2011
13	2012	29093	2012	2012
14	2013	30038	2013	2013
15	2014	31010	2014	2014
16	2015	32658	2015	2015
17	2016	34167	2016	2016
18	2017	35977	2017	2017
19	2018	37014	2018	2018
20	2019	37530	2019	2019

① 순차도표 확인

- 분석 → 시계열 분석 → 시퀀스 차트
  - 변수 : 1인당지역총소득
  - 확인

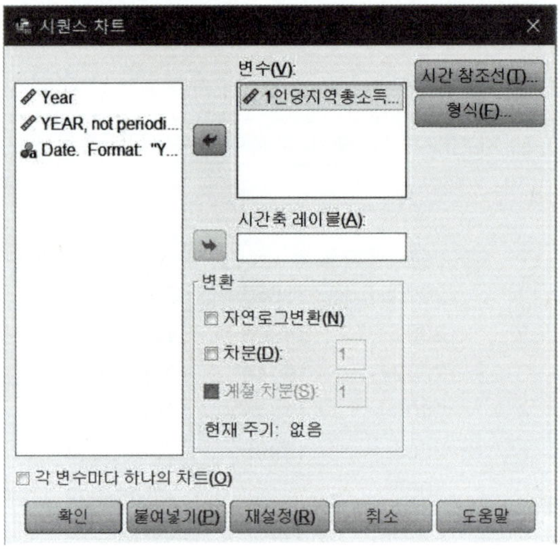

분석결과 장기적으로 증가하는 '추세' 변동을 보인다.

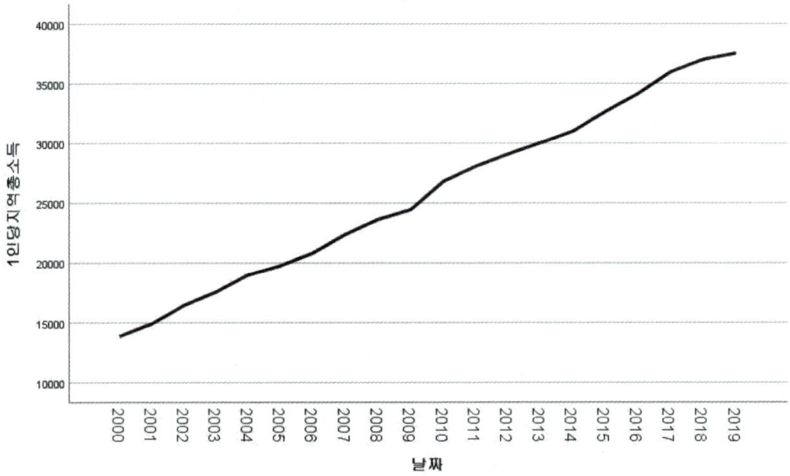

② 시계열 데이터의 자기상관 존재 여부

- 분석 → 시계열 분석 → 자기상관
  - 변수 : 1인당지역총소득
  - 확인

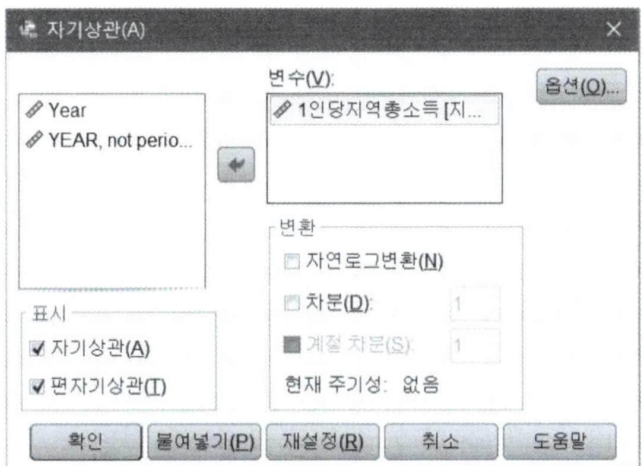

자기상관함수(ACF) 분석결과 유의확률이 유의수준 0.05보다 작아 '시차 간 독립적이다(또는 자기상관이 0이다)'라는 귀무가설을 채택하지 못하고, 신뢰한계를 벗어난 Peak(Spike)가 여러 시차에서 보이고 있어 시차 간 독립적이지 않다. 즉, 자기상관이 존재한다.

자기상관

계열: 1인당지역총소득

시차	자기상관	표준화 오차[a]	Box-Ljung 통계량 값	자유도	유의확률[b]
1	.856	.208	16.978	1	.000
2	.703	.202	29.062	2	.000
3	.554	.197	36.992	3	.000
4	.413	.191	41.677	4	.000
5	.283	.185	44.031	5	.000
6	.160	.178	44.836	6	.000
7	.039	.172	44.887	7	.000
8	-.077	.165	45.079	8	.000
9	-.176	.158	46.318	9	.000
10	-.272	.151	49.570	10	.000
11	-.328	.143	54.829	11	.000
12	-.372	.135	62.442	12	.000
13	-.401	.126	72.524	13	.000
14	-.410	.117	84.850	14	.000
15	-.405	.107	99.264	15	.000
16	-.379	.095	115.053	16	.000

a. 가정된 기본 공정은 독립적입니다(백색잡음).
b. 점근 카이제곱 근사값을 기준으로 합니다.

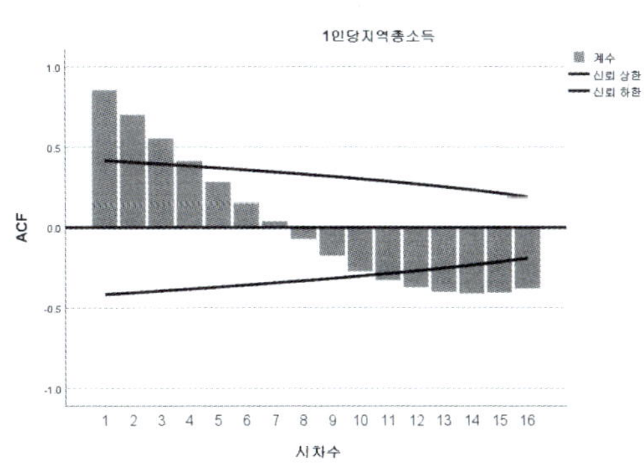

편자기상관함수(PACF) 분석결과 시차 1이 이전의 값에 영향을 크게 받고 있다.

편자기상관

계열: 1인당지역총소득

시차	편자기상관	표준화 오차
1	.856	.224
2	-.113	.224
3	-.075	.224
4	-.064	.224
5	-.058	.224
6	-.080	.224
7	-.098	.224
8	-.080	.224
9	-.093	.224
10	-.102	.224
11	.018	.224
12	-.076	.224
13	-.054	.224
14	-.033	.224
15	-.038	.224
16	-.007	.224

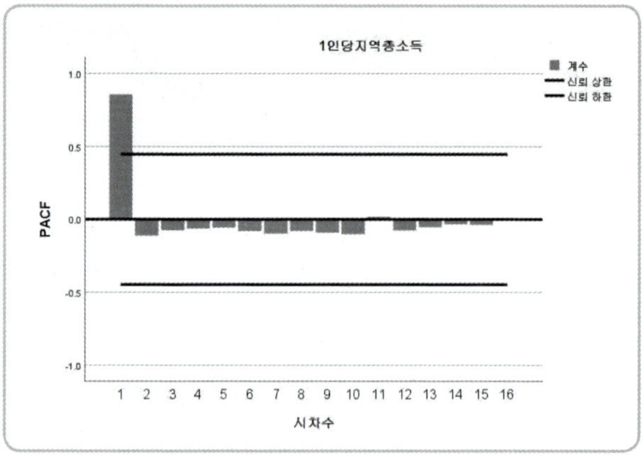

③ '차분'을 통한 정상성의 시계열 데이터로 변환

- 변환 → 시계열 변수 생성
  - 변수 → 새 이름 : 1인당지역총소득
  - 함수 : 차분
  - 순서 : 1
  - 확인

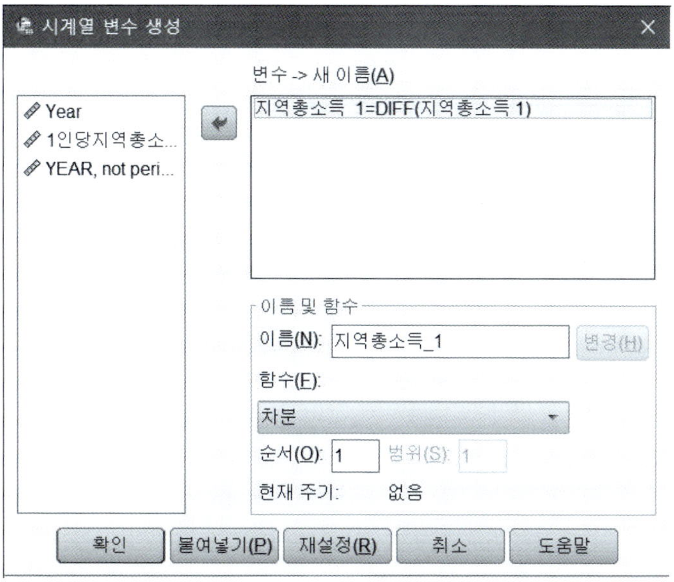

차분한 새로운 변수와 데이터가 생성된다.

	Year	지역총소득	YEAR_	DATE_	지역총소득_1
1	2000	13860	2000	2000	.
2	2001	14908	2001	2001	1048
3	2002	16444	2002	2002	1536
4	2003	17548	2003	2003	1104
5	2004	18995	2004	2004	1447
6	2005	19762	2005	2005	767
7	2006	20817	2006	2006	1055
8	2007	22399	2007	2007	1582
9	2008	23643	2008	2008	1244
10	2009	24455	2009	2009	812
11	2010	26828	2010	2010	2373
12	2011	28074	2011	2011	1246
13	2012	29093	2012	2012	1019
14	2013	30038	2013	2013	945
15	2014	31010	2014	2014	972
16	2015	32658	2015	2015	1648
17	2016	34167	2016	2016	1509
18	2017	35977	2017	2017	1810
19	2018	37014	2018	2018	1037
20	2019	37530	2019	2019	516

④ 차분하여 새로 생성된 데이터를 통해 자기상관 파악

- 분석 → 시계열 분석 → 자기상관
  - 변수 : 지역총소득_1
  - 확인

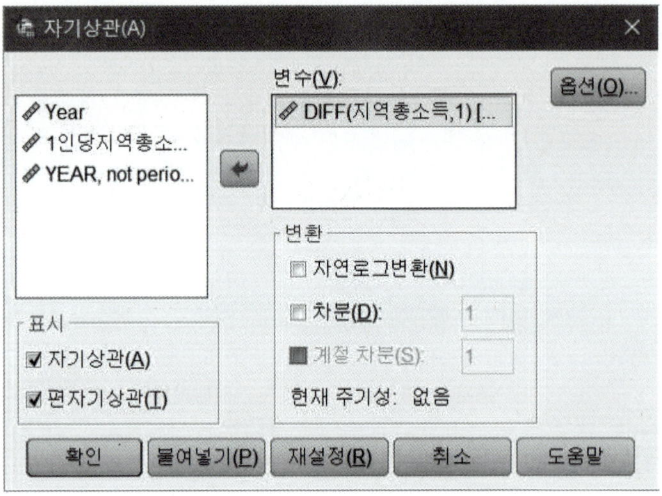

분석결과 자기상관함수 통계량의 유의확률이 유의수준 0.05보다 크기 때문에 '자기상관함수=0'이라는 귀무가설을 채택한다. 자기상관함수 플롯(plot)에서도 신뢰한계(상한-하한)를 벗어나지 않는다.

자기상관

계열: DIFF(지역총소득,1)

시차	자기상관	표준화 오차[a]	Box-Ljung 통계량 값	자유도	유의확률[b]
1	-.106	.212	.247	1	.619
2	-.243	.206	1.639	2	.441
3	-.138	.200	2.112	3	.550
4	-.196	.194	3.134	4	.536
5	.042	.187	3.183	5	.672
6	.164	.181	4.013	6	.675
7	.141	.173	4.676	7	.699
8	.065	.166	4.828	8	.776
9	-.250	.158	7.325	9	.603
10	.055	.150	7.460	10	.681
11	-.067	.142	7.684	11	.741
12	-.149	.132	8.942	12	.708
13	.145	.123	10.331	13	.667
14	.067	.112	10.686	14	.711
15	-.002	.100	10.686	15	.775
16	-.020	.087	10.742	16	.825

a. 가정된 기본 공정은 독립적입니다(백색잡음).

b. 점근 카이제곱 근사값을 기준으로 합니다.

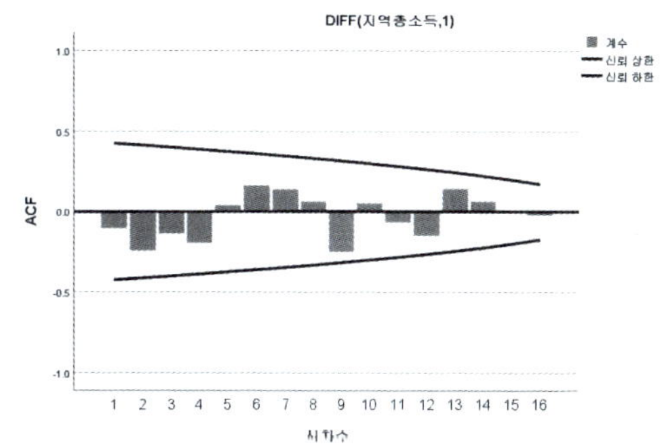

편자기상관

계열: DIFF(지역총소득,1)

시차	편자기상관	표준화 오차
1	-.106	.229
2	-.258	.229
3	-.214	.229
4	-.356	.229
5	-.221	.229
6	-.115	.229
7	.004	.229
8	.085	.229
9	-.157	.229
10	.143	.229
11	-.049	.229
12	-.204	.229
13	-.103	.229
14	-.124	.229
15	-.123	.229
16	-.158	.229

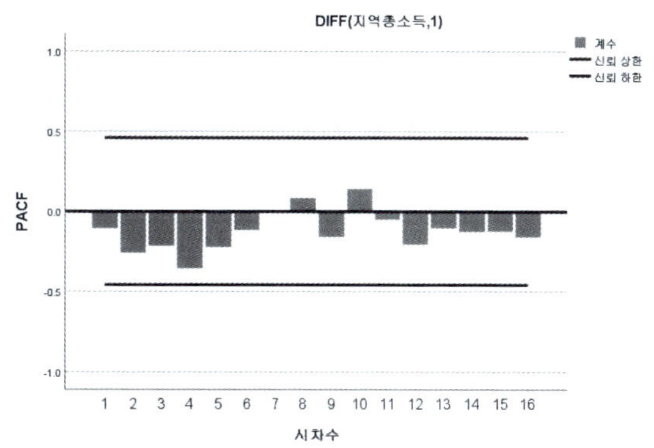

이상과 같이 자기상관함수(ACF) 및 편자기상관함수(PACF)를 보면 시계열 데이터가 정상성(안정성)을 가진 데이터로 변환되었다.

⑤ 단순이동평균을 통한 예측값 산출

- 변환 → 시계열 변수 생성
  - 변수 → 새 이름 : 1인당지역총소득
  - 함수 : 사전 이동평균
  - 범위 : 2
  - 변경 → 확인

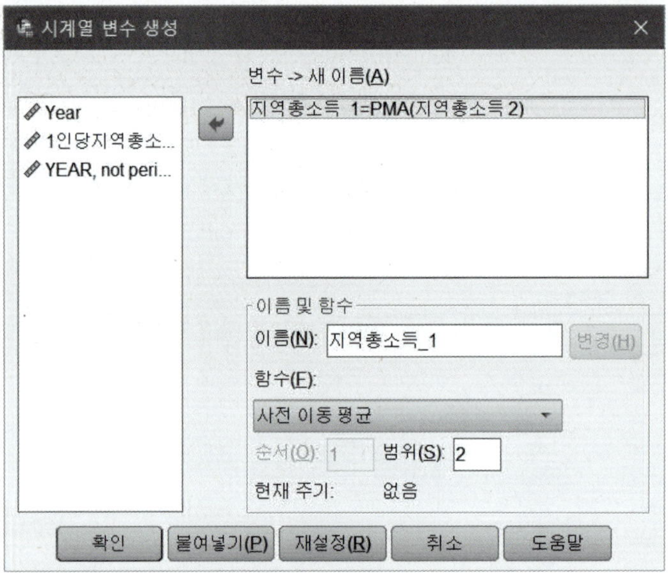

⑥ 잔차(관측값과 이동평균을 통한 예측값의 차이)

- 변환 → 변수 계산
  - 목표 변수 : err
  - 숫자표현식 : 지역총소득 – 지역총소득_1(예측값)
  - 확인

	Year	지역총소득	YEAR_	DATE_	지역총소득_1	err
1	2000	13860	2000	2000	.	.
2	2001	14908	2001	2001	.	.
3	2002	16444	2002	2002	14384.0	2060.00
4	2003	17548	2003	2003	15676.0	1872.00
5	2004	18995	2004	2004	16996.0	1999.00
6	2005	19762	2005	2005	18271.5	1490.50
7	2006	20817	2006	2006	19378.5	1438.50
8	2007	22399	2007	2007	20289.5	2109.50
9	2008	23643	2008	2008	21608.0	2035.00
10	2009	24455	2009	2009	23021.0	1434.00
11	2010	26828	2010	2010	24049.0	2779.00
12	2011	28074	2011	2011	25641.5	2432.50
13	2012	29093	2012	2012	27451.0	1642.00
14	2013	30038	2013	2013	28583.5	1454.50
15	2014	31010	2014	2014	29565.5	1444.50
16	2015	32658	2015	2015	30524.0	2134.00
17	2016	34167	2016	2016	31834.0	2333.00
18	2017	35977	2017	2017	33412.5	2564.50
19	2018	37014	2018	2018	35072.0	1942.00
20	2019	37530	2019	2019	36495.5	1034.50

⑦ 잔차(오차항)에 관한 자기상관함수 및 편자기상관함수

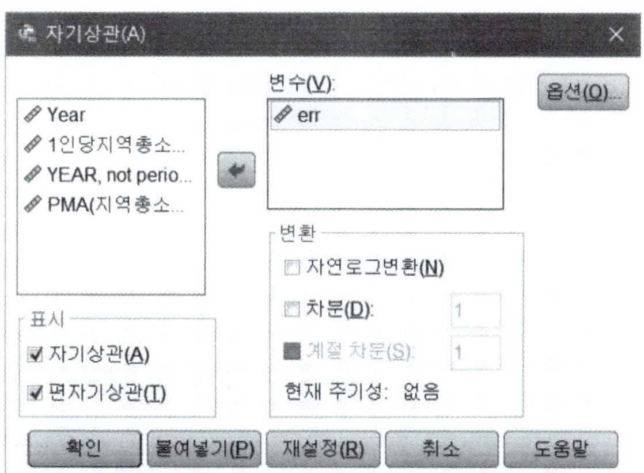

분석결과 잔차의 자기상관함수(ACF) 통계량의 유의확률이 유의수준 0.05보다 크기 때문에 '잔차들의 자기상관함수는 모든 시차에서 0이다'라는 귀무가설을 채택한다. 자기상관함수 플롯(plot)에서도 신뢰한계(상항-하한)를 벗어나지 않는다.

자기상관

계열: err

시차	자기상관	표준화 오차[a]	Box-Ljung 통계량		
			값	자유도	유의확률[b]
1	.143	.217	.432	1	.511
2	-.394	.211	3.931	2	.140
3	-.287	.204	5.910	3	.116
4	-.246	.197	7.472	4	.113
5	.032	.190	7.500	5	.186
6	.237	.183	9.188	6	.163
7	.227	.175	10.867	7	.145
8	-.036	.167	10.915	8	.207
9	-.129	.158	11.583	9	.238
10	.049	.149	11.690	10	.306
11	-.171	.139	13.202	11	.280
12	-.139	.129	14.365	12	.278
13	.129	.118	15.569	13	.273
14	.112	.105	16.695	14	.273
15	.005	.091	16.698	15	.337
16	.008	.075	16.711	16	.405

a. 가정된 기본 공정은 독립적입니다(백색잡음).

b. 점근 카이제곱 근사값을 기준으로 합니다.

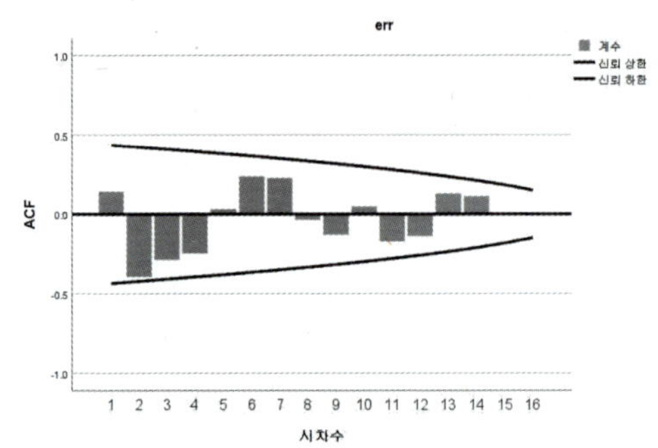

편자기상관

계열: err

시차	편자기상관	표준화 오차
1	.143	.236
2	-.423	.236
3	-.182	.236
4	-.433	.236
5	-.165	.236
6	-.180	.236
7	.006	.236
8	-.187	.236
9	-.004	.236
10	.153	.236
11	-.210	.236
12	-.086	.236
13	-.093	.236
14	-.075	.236
15	-.213	.236
16	-.110	.236

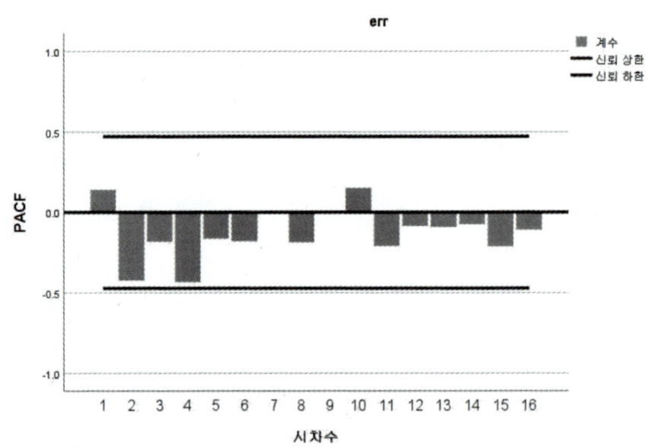

⑧ 잔차의 정규성

- 변환 → 기술통계량 → 데이터 탐색
  - 종속변수 : err
  - 도표 : 상자도표/지정하지 않음, 기술통계/히스토그램, 검정과 함께 정규성도표
  - 계속 → 확인

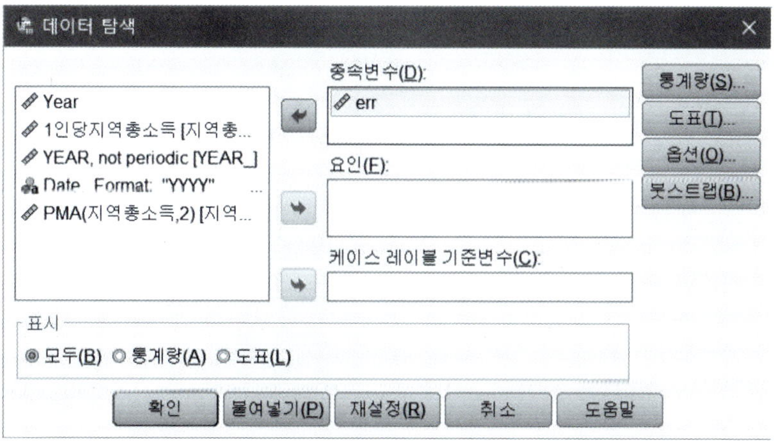

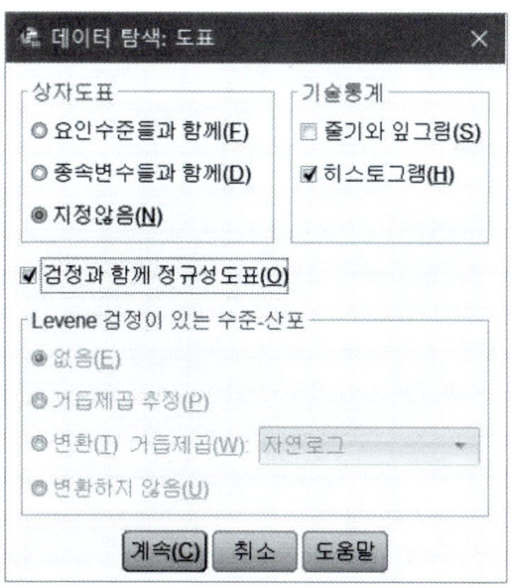

분석결과 Kolmogorov-Smirnov와 Shapiro-Wilk의 유의확률 중 하나라도 유의수준 0.05보다 크면 정규성을 만족한다. 여기에서는 두 개표 지표 모두에서 유의수준 0.05보다 크므로 정규성을 만족한다.

정규성 검정

	Kolmogorov-Smirnov[a]			Shapiro-Wilk		
	통계량	자유도	유의확률	통계량	자유도	유의확률
err	.145	18	.200*	.966	18	.712

*. 이것은 참 유의성의 하한입니다.

a. Lilliefors 유의확률 수정

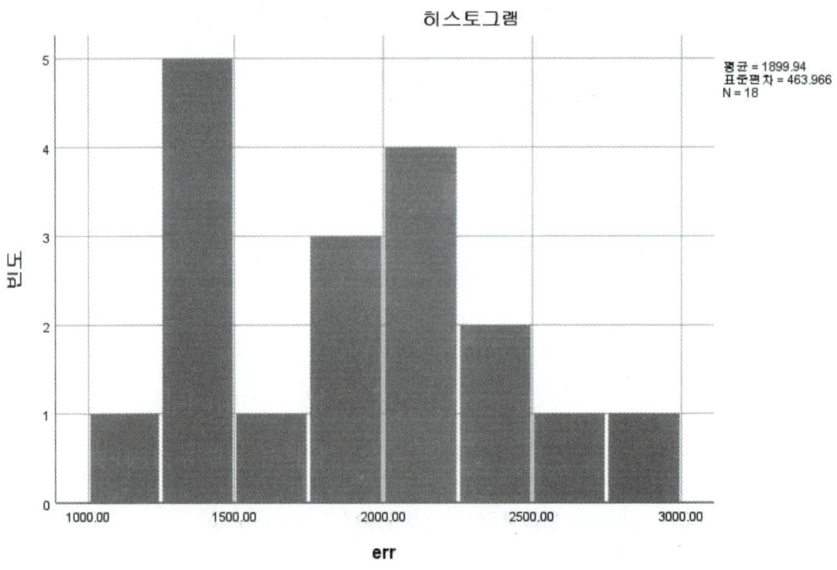

정규 Q-Q 도표에서 대각선을 중심으로 모여 있으면 정규성을 만족한다.

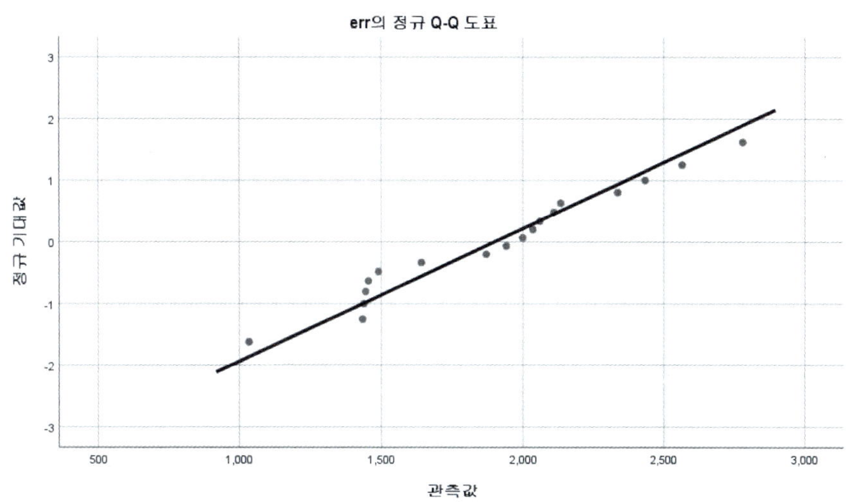

비추세화 정규 Q-Q도표에서 0을 중심으로 무작위적으로 분포하고 있어서 정규성을 만족한다.

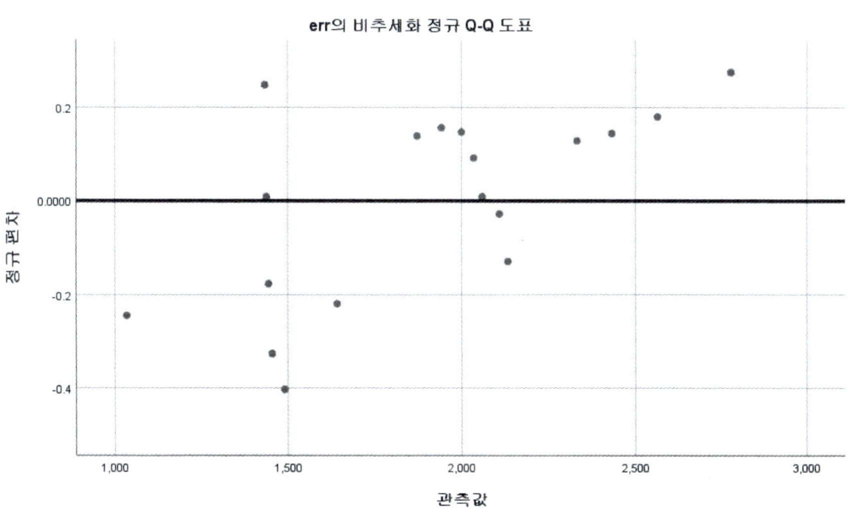

Chapter 5

교차상관 분석

1. 교차상관 분석 의의
2. 교차상관 분석 절차
3. 분석 사례

1. 교차상관 분석 의의

자기상관은 하나의 시계열 데이터가 시간에 따른 관측값들 간 상관이 있는지를 파악하는 것인 데 반하여, 교차상관은 두 개의 시계열 데이터를 두고 시차 0에서부터 차례로 교차하여 배열하면서 상관을 구하는 것이다. 자기상관은 시계열 변수 하나에 대하여 과거의 값(데이터)이 현재 및 미래의 값(데이터)에 영향을 미치는지, 즉 중첩되는지 아니면 독립적인지를 파악하기 위한 것이라면, 교차상관은 두 시계열 변수의 시차 간 관련성이 있는지를 파악하기 위한 것이다.

교차상관은 두 시계열 데이터 간 시간 영역에서의 유사성과 선형관계를 파악하기 위하여 사용하며, 교차상관함수는「−1∼+1」의 범위를 가진다(한광종, 2017: 129).

교차상관은 다음과 같은 다양한 예시 사례를 살펴보고자 하는 경우에 이용될 수 있다.

- 지역인구에 대한 지방공무원수의 관계
- 지역경제상황에 따른 인구이동의 관계
- 경제지수와 취업률의 관계
- 지역의 기후와 관광객수의 관계
- 관광객수와 지역경제지수의 관계
- 고령자수와 복지지출의 관계
- 인터넷이용자수(모바일인터넷)와 전자정부서비스이용자수의 관계
- 관광객수와 지역경제지수의 관계
- 모바일이용자수와 사회적 거리두기(코로나19 감염자수)의 관계
- 관광객수(사회적 거리두기)와 감염재생산지수(감염지수)의 관계
- 공무원수와 행정서비스품질지수의 관계
- 부패지수와 정부신뢰지수의 관계

- 출산장려금과 출산율의 관계
- 기초질서위반 신고포상금과 기초질서위반건수의 관계
- 취업장려금과 취업률의 관계
- 교통예방시설지출과 교통사고사망률의 관계
- R&D 지출과 국제표준 제안건수(김형아 외, 2019)
- 경찰인력과 범죄건수(기광도, 2007)
- 언론보도와 대통령 지지도의 관계(최영재, 2008)
- 제품의 언론보도와 매출액의 관계
- 지역경찰의 예방활동(순찰횟수)과 범죄발생건수의 관계(이수창, 2014)

2. 교차상관 분석 절차

교차상관 분석을 위한 절차는 다음과 같다.

첫째, 날짜를 정의한다.

둘째, 순차도표(시퀀스 차트)를 확인을 통해 시계열의 변동(추세 등)과 이상값을 파악한다.

셋째, 자기상관 분석을 통해 시계열의 데이터의 비정상성(불안정성) 여부를 확인한다. 자기상관함수(ACF)의 통계량이 유의수준 0.05보다 커야 하며, 시차 플롯(도표)에서 신뢰한계를 벗어난 Spike(극대값/극소값)이 없어야 한다.

넷째, 비정상성의 데이터인 경우 차분 및 계절차분 등을 통해 정상성(안정성) 데이터로 전환한다.

다섯째, 교차상관 분석을 실시한다.

3. 분석 사례

1) 사례 1 : 인구와 공무원의 관계

다음은 전국의 지방공무원수와 지역인구 간의 교차상관 분석을 위한 데이터이다 (💾 교차상관.sav).

	Year	전국인구	지방공무원
1	2008	49540367	275231.00
2	2009	49773145	278303.00
3	2010	50515666	279636.00
4	2011	50734284	281035.00
5	2012	50948272	284355.00
6	2013	51141463	287299.00
7	2014	51327916	289914.00
8	2015	51529338	296273.00
9	2016	51696216	303401.00
10	2017	51778544	310654.00
11	2018	51826059	322862.00
12	2019	51849861	337084.00

① 날짜를 정의한다.

- 데이터 → 날짜 및 시간 정의

  – 케이스의 날짜 : 년

  – 첫 번째 케이스/년 : 2008) → 확인

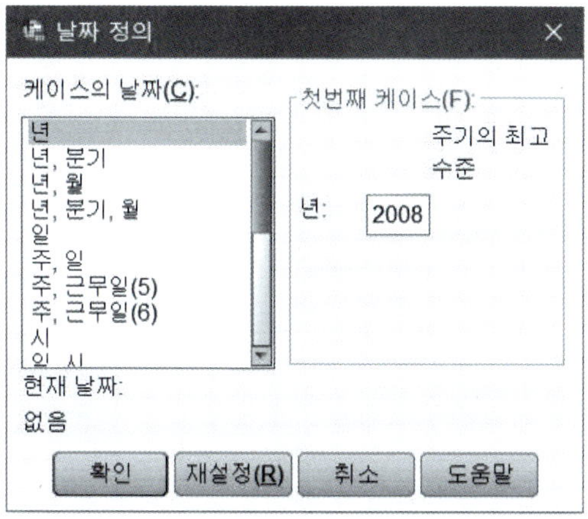

날짜가 정의된 결과가 제시된다.

	Year	전국인구	지방공무원	YEAR_	DATE_
1	2008	49540367	275231.00	2008	2008
2	2009	49773145	278303.00	2009	2009
3	2010	50515666	279636.00	2010	2010
4	2011	50734284	281035.00	2011	2011
5	2012	50948272	284355.00	2012	2012
6	2013	51141463	287299.00	2013	2013
7	2014	51327916	289914.00	2014	2014
8	2015	51529338	296273.00	2015	2015
9	2016	51696216	303401.00	2016	2016
10	2017	51778544	310654.00	2017	2017
11	2018	51826059	322862.00	2018	2018
12	2019	51849861	337084.00	2019	2019

② 순차도표(시퀀스 차트)를 통한 시계열 데이터의 계절성, 추세, 이상치(이상값) 여부를 시각적으로 파악한다.

- 분석 → 시계열분석 → 시퀀스 차트
  - 변수 : 전국인구/지방공무원
  - 시간축 레이블 : Date

– 각 변수마다 하나의 차트 → 해제

– 형식 : 수평축에 시간표시

– 계속 → 확인

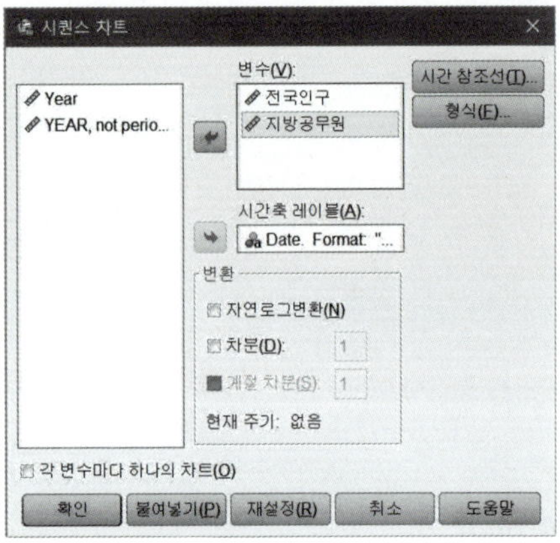

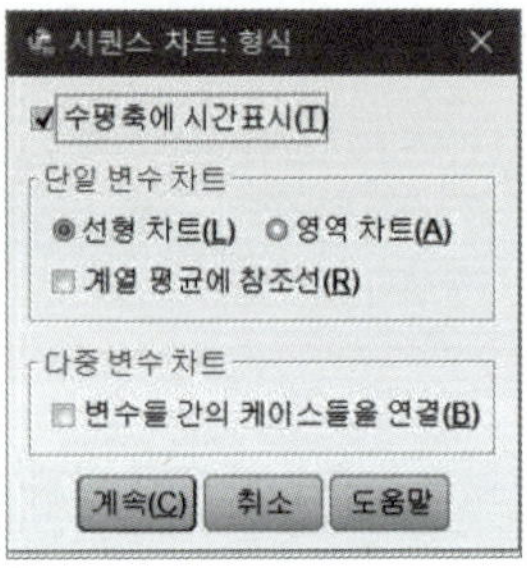

순차도표 결과 : 추세, 이상값 여부를 시각적으로 확인할 수 있다.

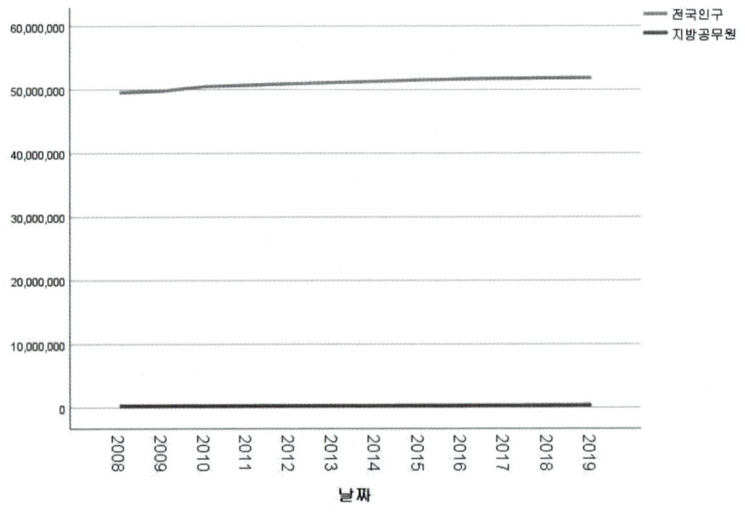

③ 시계열 변수별 자기상관 존재 여부를 살펴본다.

- 분석 → 시계열분석 → 자기상관
  - 변수 : 전국인구/지방공무원
  - 표시 : 자기상관/편자기상관 선택
  - 각 변수마다 하나의 차트 → 해제
- 옵션
  - 최대 시차수 : 16(1년은 12 이상, 분기는 4 이상을 입력)
  - 표준오차법 : Bartlett 근사값
  - 계속 → 확인

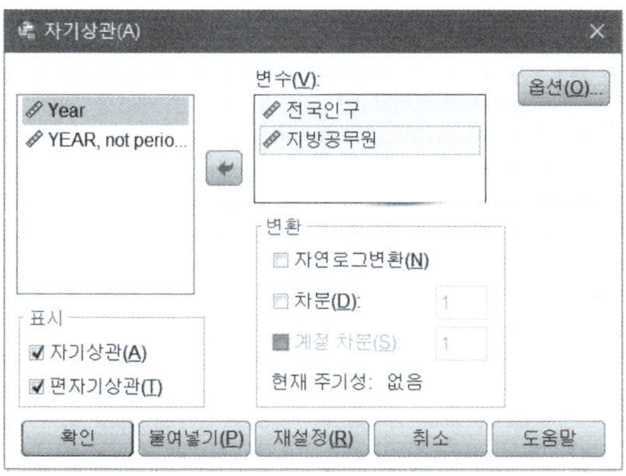

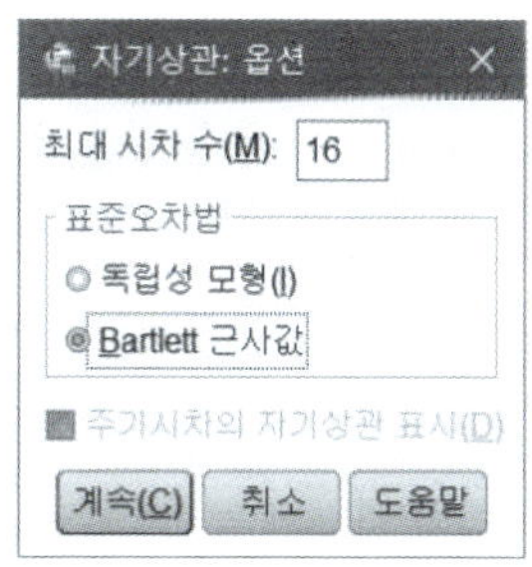

먼저 '전국인구'에 대한 자기상관 분석 결과, 자기상관함수(ACF) 시차 1(1주기)에서 신뢰한계를 넘어선 Peak(Spike)를 보이고 있으며, 자기상관 Box-Ljung 통계량 유의확률이 유의수준 0.05보다 작기 때문에 '시계열 관측값들의 자기상관은 0이다 또는 관측값들은 독립적이다'라는 귀무가설을 채택하지 못하기 때문에 자기상관이 존재한다. 따라서 시계열 데이터가 비안정적이어서 정상화를 위해서는 차분을 실시한다.

잠깐 : 시계열 자료의 안정화

- 자기상관함수(ACF)에서 시차 1에서 신뢰한계를 벗어난 Peak(Spike)가 있으면 〈차분 1〉을 한다.
- 자기상관함수(ACF)에서 시차 2에서 신뢰한계를 벗어난 Peak(Spike)가 있으면 〈차분 2〉를 한다.
- 자기상관함수(ACF)에서 시차 1, 2, 3 등과 시차 12가 동시에 신뢰한계를 벗어난 Peak(Spike)가 있으면 〈계절차분〉를 한다.

자료: 한광종(2017: 69)

잠깐 : 자기상관계수의 통계적 유의성 판단

- 자기상관함수가 통계적으로 유의적인지를 판단하는 기준은 귀무가설인 "시차별 관측값들의 자기상관이 0이다(없다. 존재하지 않는다)" 또는 "시차별 관측값들은 독립적이다"라는 귀무가설의 기각여부를 확인하여야 한다. 즉 자기상관함수 플롯(도표)에서 신뢰한계(상한, 하한)를 벗어나면 자기상관이 존재한다는 의미이고, 신뢰한계 안에 있게 되면 자기상관이 존재하지 않는다는 의미이다. 통계량으로는 다음과 같다.
  - 통계량의 유의확률 $<$ 유의수준 0.05 : 자기상관 존재
  - 통계량의 유의확률 $>$ 유의수준 0.05 : 자기상관 없음(시차별 독립적이다.)
- 표준오차법(독립성 모형/Bartlett 근사) : 자기상관 Box-Ljung 통계량의 유의확률이 유의수준 0.05보다 커야 백색잡음으로부터 독립적이다. 즉 과거의 값으로부터 미래의 값을 설명할 수 있다(한광종, 2017: 70).

자기상관

계열: 전국인구

시차	자기상관	표준화 오차[a]	Box-Ljung 통계량 값	자유도	유의확률[b]
1	.723	.289	7.980	1	.005
2	.420	.413	10.937	2	.004
3	.230	.447	11.924	3	.008
4	.049	.457	11.974	4	.018
5	-.108	.457	12.254	5	.031
6	-.237	.459	13.825	6	.032
7	-.332	.469	17.534	7	.014
8	-.377	.489	23.512	8	.003
9	-.369	.512	31.136	9	.000
10	-.321	.534	39.796	10	.000

a. 가정된 기본 공정은 (시차수-1)과 같은 차수인 MA입니다. Bartlett 근사값이 사용되었습니다.

b. 점근 카이제곱 근사값을 기준으로 합니다.

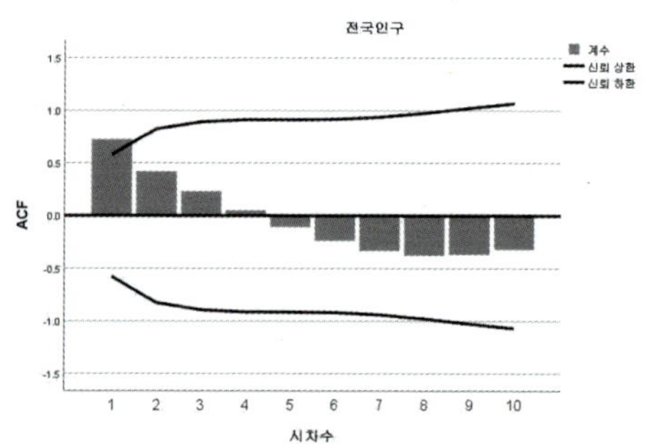

편자기상관함수(PACF)에서 시차 1차의 편자기상관계수만이 크므로, 이 시계열은 시차 1차 전의 값이 크게 영향을 미치고 있다는 것을 알 수 있다.

편자기상관

계열: 전국인구

시차	편자기상관	표준화 오차
1	.723	.289
2	-.216	.289
3	.038	.289
4	-.171	.289
5	-.092	.289
6	-.142	.289
7	-.115	.289
8	-.089	.289
9	-.058	.289
10	-.046	.289

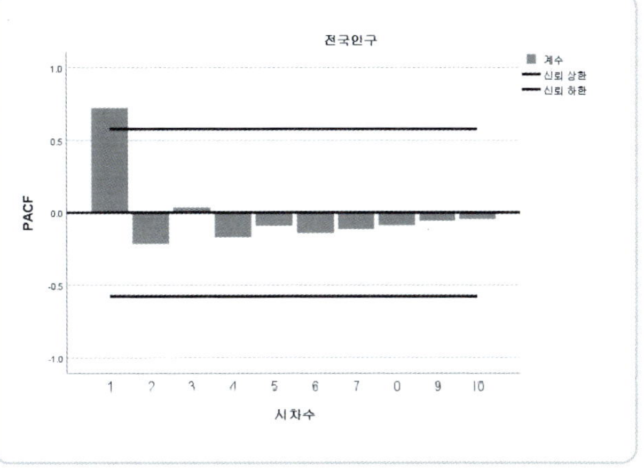

다음 '지방공무원'에 대한 자기상관 분석 결과, 자기상관함수(ACF)에서 시차 1에서 신뢰한계를 벗어난 것을 알 수 있으며, Box-Ljung 통계량의 유의확률도 0.008로 유의수준 0.05보다 작으므로 '시계열 관측값들의 자기상관은 0이다 또는 관측값들은 독립적이다'라는 귀무가설을 채택하지 못하기 때문에 자기상관이 존재한다. 즉 시계열 관측값들이 독립적이지 않다. 따라서 시계열 데이터가 비안정적이어서 정상화를 위해서는 차분을 실시한다.

자기상관

계열: 지방공무원

시차	자기상관	표준화 오차[a]	Box-Ljung 통계량 값	자유도	유의확률[b]
1	.679	.289	7.032	1	.008
2	.417	.400	9.956	2	.007
3	.213	.435	10.805	3	.013
4	.027	.443	10.821	4	.029
5	-.118	.444	11.153	5	.048
6	-.214	.446	12.436	6	.053
7	-.301	.455	15.475	7	.030
8	-.350	.471	20.621	8	.008
9	-.345	.492	27.305	9	.001
10	-.305	.512	35.130	10	.000

a. 가정된 기본 공정은 (시차수-1)과 같은 차수인 MA입니다. Bartlett 근사값이 사용되었습니다.

b. 점근 카이제곱 근사값을 기준으로 합니다.

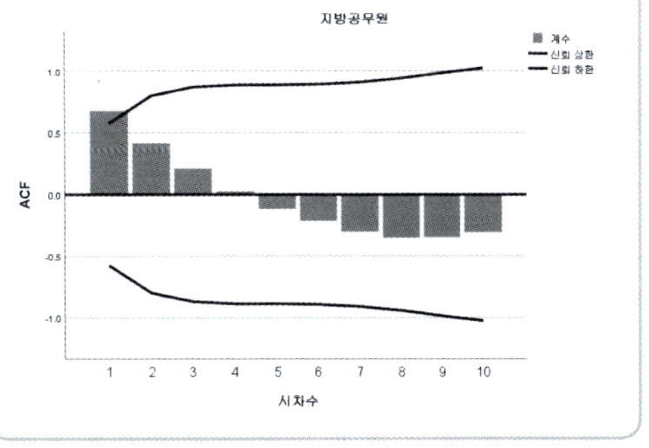

편자기상관함수(PACF)에서 시차 1차의 편자기상관계수만이 크므로, 이 시계열은 시차 1차 전의 값이 크게 영향을 미치고 있다는 것을 알 수 있다.

편자기상관

계열: 지방공무원

시차	편자기상관	표준화 오차
1	.679	.289
2	-.080	.289
3	-.071	.289
4	-.128	.289
5	-.100	.289
6	-.083	.289
7	-.136	.289
8	-.103	.289
9	-.062	.289
10	-.051	.289

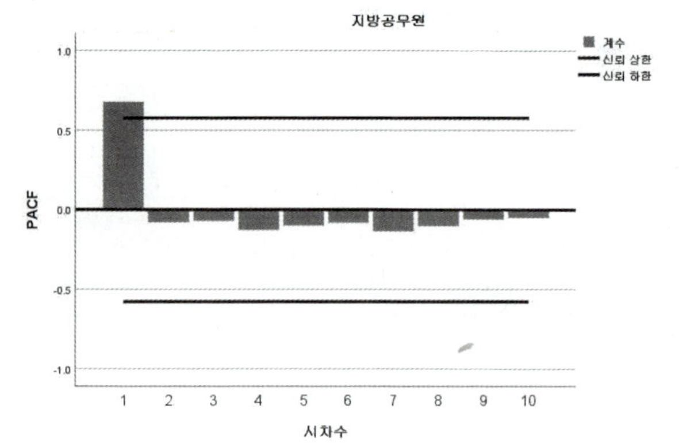

④ 차분을 통한 시계열 변수 생성

비안정적 시계열 데이터를 안정적 데이터로 변환하기 위하여 차분하고 새로운 변수로 생성한다.

- 변환 → 시계열 변수 생성
  - 변수 → 새이름 : 전국인구/지방공무원
    - § 차분을 통한 변수 생성은 변수별로 실행한다.
  - 함수 : 차분
  - 순서 : 1
  - 확인

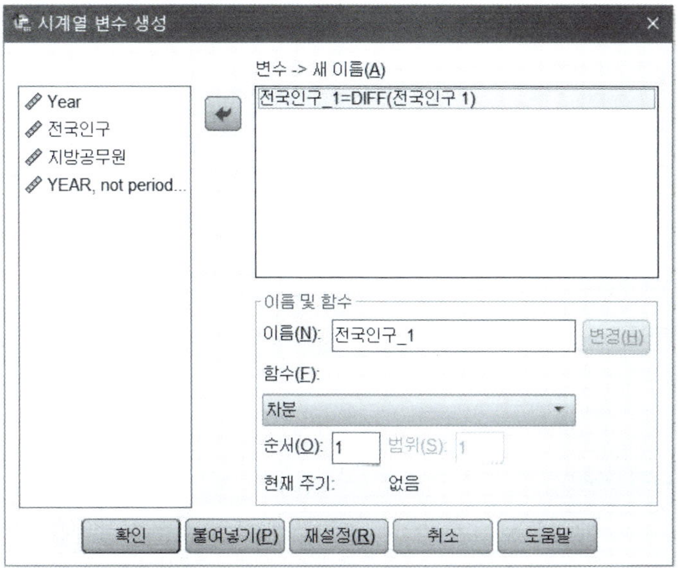
시계열 변수 생성
변수 -> 새 이름(A)
Year
전국인구
지방공무원
YEAR, not period...
전국인구_1=DIFF(전국인구 1)
이름 및 함수
이름(N): 전국인구_1
변경(H)
함수(F):
차분
순서(O): 1
범위(S): 1
현재 주기: 없음
확인
붙여넣기(P)
재설정(R)
취소
도움말

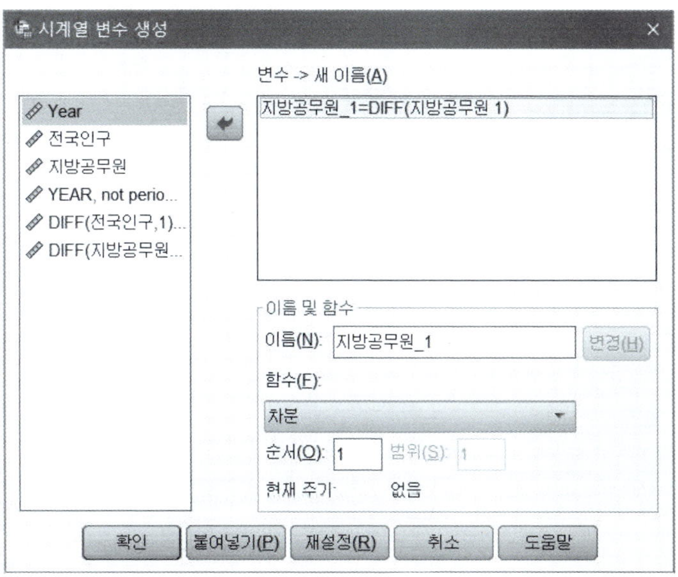
시계열 변수 생성
변수 -> 새 이름(A)
Year
전국인구
지방공무원
YEAR, not perio...
DIFF(전국인구,1)...
DIFF(지방공무원...
지방공무원_1=DIFF(지방공무원 1)
이름 및 함수
이름(N): 지방공무원_1
변경(H)
함수(F):
차분
순서(O): 1
범위(S): 1
현재 주기: 없음
확인
붙여넣기(P)
재설정(R)
취소
도움말

차분하여 생성된 시계열 변수(전국인구_1, 지방공무원_1)가 제시된다.

Year	전국인구	지방공무원	YEAR_	DATE_	전국인구_1	지방공무원_1
2008	49540367	275231	2008	2008	.	.
2009	49773145	278303	2009	2009	232778	3072
2010	50515666	279636	2010	2010	742521	1333
2011	50734284	281035	2011	2011	218618	1399
2012	50948272	284355	2012	2012	213988	3320
2013	51141463	287299	2013	2013	193191	2944
2014	51327916	289914	2014	2014	186453	2615
2015	51529338	296273	2015	2015	201422	6359
2016	51696216	303401	2016	2016	166878	7128
2017	51778544	310654	2017	2017	82328	7253
2018	51826059	322862	2018	2018	47515	12208
2019	51849861	337084	2019	2019	23802	14222

⑤ 차분 결과를 통한 자기상관 분석

데이터의 안정화를 확인하기 위하여 차분한 시계열 데이터의 자기상관 분석을 실시한다.

- 분석 → 시계열분석 → 자기상관
  - 변수 : 전국인구_1/지방공무원_1
  - 표시 : 자기상관/편자기상관
- 옵션
  - 최대 시차수 : 16(1년은 12 이상, 분기는 4 이상을 입력)
  - 표준오차법 : Bartlett 근사값
  - 계속 → 확인

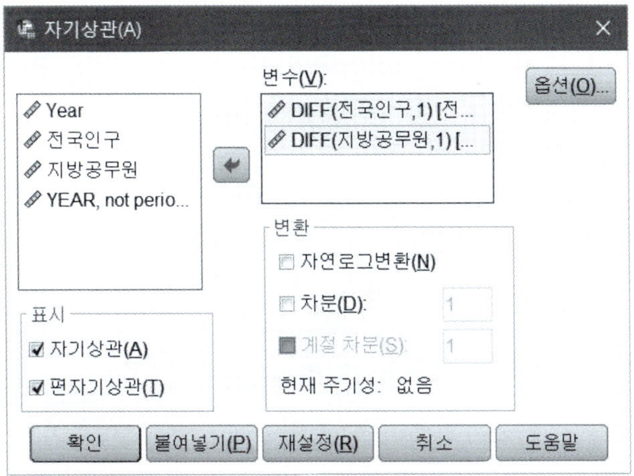

차분한 전국인구의 자기상관 분석 결과, 자기상관함수(ACF)에서 Box-Ljung 통계량의 유의확률이 유의수준 0.05보다 크므로 '시계열 관측값들의 자기상관은 0이다 또는 관측값들은 독립적이다'라는 귀무가설을 채택한다. 또한 자기상관함수(ACF)의 플롯(도표)에서도 신뢰한계를 벗어난 Peak(Spike)가 보이지 않는다. 따라서 자기상관이 존재하지 않으며 시계열 관측값은 독립적이다. 분석에 이용할 수 있는 정상적 시계열 데이터로 전환되었다.

자기상관

계열: DIFF(전국인구,1)

시차	자기상관	표준화 오차[a]	Box-Ljung 통계량 값	자유도	유의확률[b]
1	.204	.302	.593	1	.441
2	.096	.314	.740	2	.691
3	.011	.316	.742	3	.863
4	-.015	.316	.747	4	.945
5	.003	.317	.747	5	.980
6	-.060	.317	.850	6	.991
7	-.195	.318	2.212	7	.947
8	-.250	.328	5.188	8	.737
9	-.282	.345	10.885	9	.284

a. 가정된 기본 공정은 (시차수-1)과 같은 차수인 MA입니다. Bartlett 근사값이 사용되었습니다.

b. 점근 카이제곱 근사값을 기준으로 합니다.

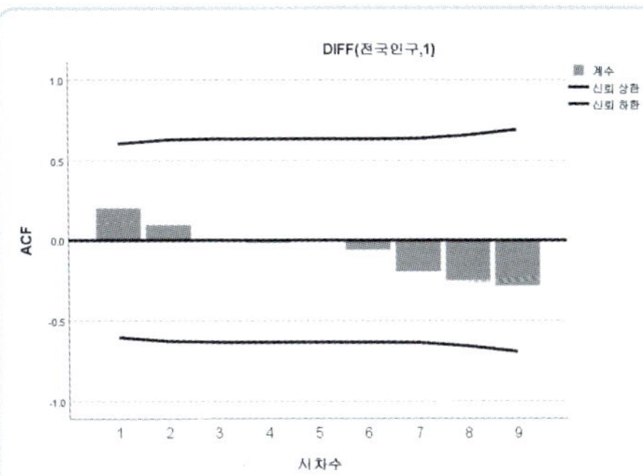

편자기상관함수(PACF)의 플롯(도표)에서도 신뢰한계를 벗어난 Peak(Spike)가 보이지 않는다.

편자기상관

계열: DIFF(전국인구,1)

시차	편자기상관	표준화 오차
1	.204	.302
2	.057	.302
3	-.020	.302
4	-.020	.302
5	.012	.302
6	-.062	.302
7	-.182	.302
8	-.186	.302
9	-.204	.302

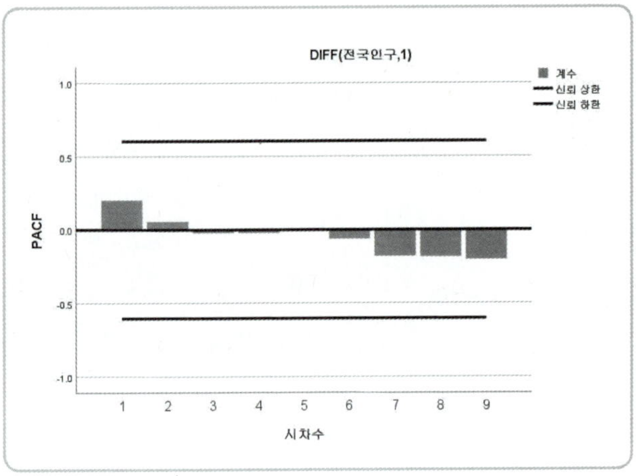

차분한 지방공무원의 자기상관 분석 결과, 자기상관함수(ACF)에서 Box-Ljung 통계량의 유의확률이 유의수준 0.05보다 크므로 '시계열 관측값들의 자기상관은 0이다 또는 관측값들은 독립적이다'라는 귀무가설을 채택한다. 또한 자기상관함수(ACF)의 플롯(도표)에서도 신뢰한계를 벗어난 Peak(Spike)가 보이지 않는다. 따라서 자기상관이 존재하지 않으며 시계열 관측값은 독립적이다. 분석에 이용할 수 있는 정상적 시계열 데이터로 전환되었다.

자기상관

계열: DIFF(지방공무원,1)

시차	자기상관	표준화 오차[a]	Box-Ljung 통계량 값	자유도	유의확률[b]
1	-.043	.316	.024	1	.876
2	-.269	.317	1.106	2	.575
3	.519	.339	5.731	3	.125
4	-.016	.411	5.737	4	.220
5	-.396	.411	9.503	5	.091
6	.100	.447	9.804	6	.133
7	-.013	.450	9.810	7	.200
8	-.315	.450	15.769	8	.046

a. 가정된 기본 공정은 (시차수-1)과 같은 차수인 MA입니다. Bartlett 근사값이 사용되었습니다.

b. 점근 카이제곱 근사값을 기준으로 합니다.

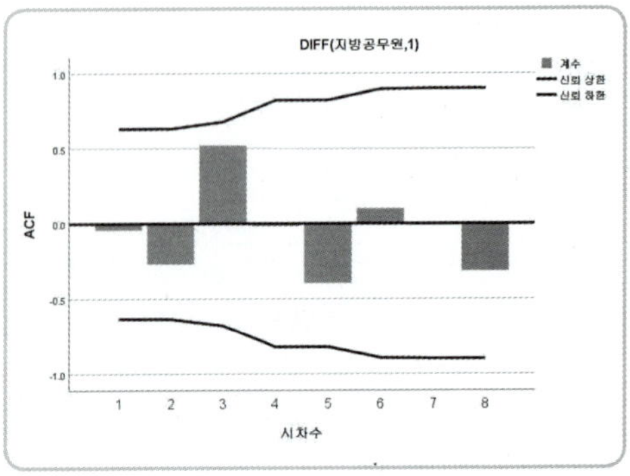

편자기상관함수(PACF)의 플롯(도표)에서도 신뢰한계를 벗어난 Peak(Spike)가 보이지 않는다.

편자기상관

계열: DIFF(지방공무원,1)

시차	편자기상관	표준화 오차
1	-.043	.316
2	-.271	.316
3	.533	.316
4	-.159	.316
5	-.166	.316
6	-.234	.316
7	-.093	.316
8	-.067	.316

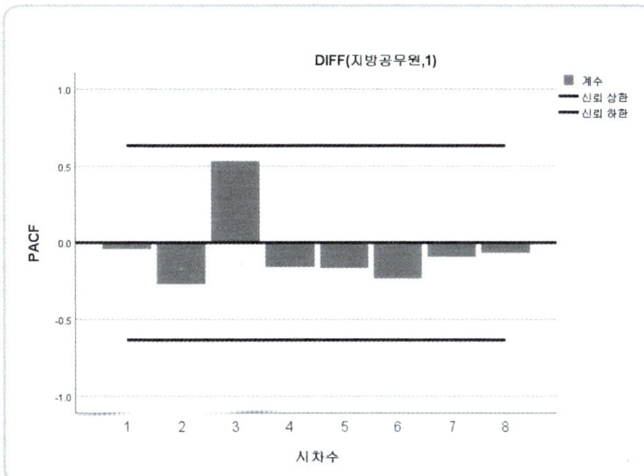

⑥ 교차상관 분석을 실시한다.

교차상관 분석 입력화면에서 변수를 선택할 때, 기순변수와 설명변수로 구분하여야 한다. 위에 있는 변수가 기준변수(인구)가 되고 아래에 위치한 변수가 설명변수(지방공무원)가 된다. 즉 지방공무원은 전국인구에 비해서 선행 또는 후행하는가를 교차상관으로 파악하려는 것이다. 기준변수의 변화가 일어난 몇 년(개월/월) 후 설명변수의 변화가 일어난다는 의미이다.

인구(위)는 지방공무원(아래)에 몇 년 선행 또는 후행하는가를 파악한다. 즉 인구의 변화(증감)가 일어난 몇 년 후 지방공무원의 변화(증감)가 나타나는지를 파악한다.

표 6-1 시차의 설명

구분	내용
플러스(+) 시차	위에 있는 변수가 아래에 있는 변수에 비해서 시차수만큼 선행 예 : +2, 2개월 선행
마이너스(–) 시차	위에 있는 변수가 아래에 있는 변수에 비해서 시차수만큼 후행 예 : –4, 4개월 후행

자료: 한광종(2017: 141)

- 분석 → 시계열분석 → 교차상관
  - 변수 : 인구(위)/지방공무원(아래)
  - 옵션 : 최대 시차수 : 9
  - 계속 → 확인

두 변수 모두 차분 또는 계절차분을 필요로 하는 경우, 아래 [변환]에서 차분 또는 계절차분을 선택하면 시계열 변수 변환 과정을 생략하고 교차상관을 분석할 수 있다.

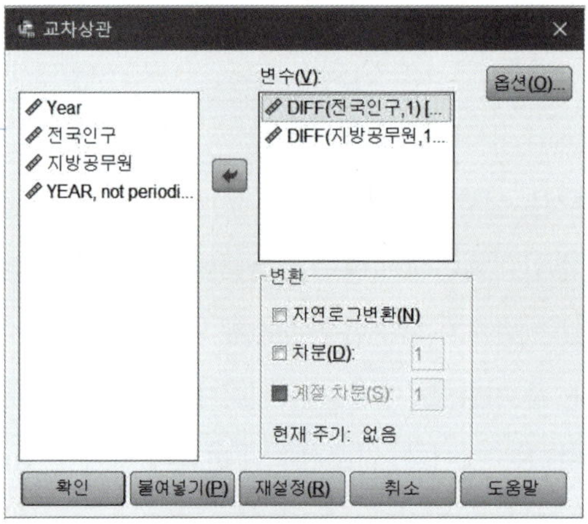

정 리 **교차상관계수의 통계적 유의성 판단**

- 교차상관계수의 통계적 유의성 판단은 자기상관함수와 반대이다.
- 교차상관계수가 유의적인지를 판단하는 기준은 귀무가설인 "교차상관이 0이다(없다. 존재하지 않는다)"의 귀무가설의 기각여부를 확인하여야 한다. 귀무가설을 기각하면 유의적이다. 즉 교차상관함수 플롯(도표)에서 신뢰한계(상한, 하한)를 벗어나면 교차상관이 존재한다는 의미이고, 신뢰한계 안에 있게 되면 교차상관이 존재하지 않는다는 의미이다.

교차상관 분석 결과, 시차 0에서 신뢰한계에 근접하기 때문에 약한 교차상관이 존재하는 것으로 알 수 있다. 시차수 0의 교차상관계수가 −0.633(63.3%)으로 가장 높기 때문에 인구는 지방공무원수에 비해서 선행이나 후행을 하지 않으며 시차에 상관없이 인구의 변화(감소)와 동시에 공무원이 변화(증가)한 것으로 나타난다.

시차 1의 경우(교차상관계수 : -0.565)의 인구의 감소는 공무원의 증가에 비해 1년 선행한 것으로 나타난다. 즉 공무원 변화(증가)보다 1년 먼저 인구의 변화(감소)가 일어난다는 것을 의미한다.

시차 9의 경우(교차상관계수 : 573), 인구의 증가는 공무원 증가에 비해 9년 선행한 것으로 나타난다. 즉 인구 증가는 공무원수 증가보다 9년 먼저 일어난다는 것을 의미한다.

이와 같이 상관 분석은 전체 상관계수를 나타내지만 교차상관 분석은 시차별 상관계수를 나타낸다.

참고 : 상관관계 분석 결과

상관관계

		DIFF(전국인구,1)	DIFF(지방공무원,1)
DIFF(전국인구,1)	Pearson 상관	1	-.633*
	유의확률 (양측)		.037
	N	11	11
DIFF(지방공무원,1)	Pearson 상관	-.633*	1
	유의확률 (양측)	.037	
	N	11	11

*. 상관관계가 0.05 수준에서 유의합니다(양측).

교차상관

계열 대응: DIFF(전국인구,1)과(와) DIFF(지방공무원,1)

시차	교차상관	표준화 오차[a]
-9	.147	.707
-8	.219	.577
-7	.215	.500
-6	.196	.447
-5	.190	.408
-4	.118	.378
-3	.034	.354
-2	-.049	.333
-1	-.363	.316
0	-.633	.302
1	-.565	.316
2	-.339	.333
3	-.241	.354
4	-.231	.378
5	.004	.408
6	.087	.447
7	.120	.500
8	.438	.577
9	.573	.707

a. 계열이 교차상관이 아니고 계열 중 하나가 백색잡음이라는 가정을 기준으로 합니다.

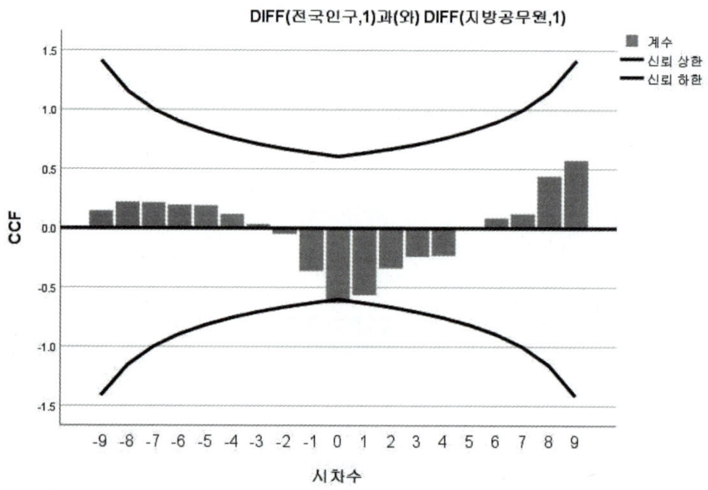

만약, 교차상관 입력창에서 변수의 위/아래 위치를 바꿀 경우, 즉 공무원수(기준변수)를 위로 하고 인구(설명변수)를 아래로 하여 분석하면 시차수의 좌/우 위치가 바뀌게 된다. 즉, 플러스(+) 시차는 마이너스 시차로, 마이너스 시차는 플러스(+) 시차로 바뀌게 된다. 그러나 결과의 의미는 동일하다.

이 경우 공무원수(위)는 인구(아래)에 몇 년 선행 또는 후행하는가를 파악한다. 즉 공무원의 변화(증감)가 일어난 몇 년 후 인구의 변화(증감)가 나타난다는 의미이다.

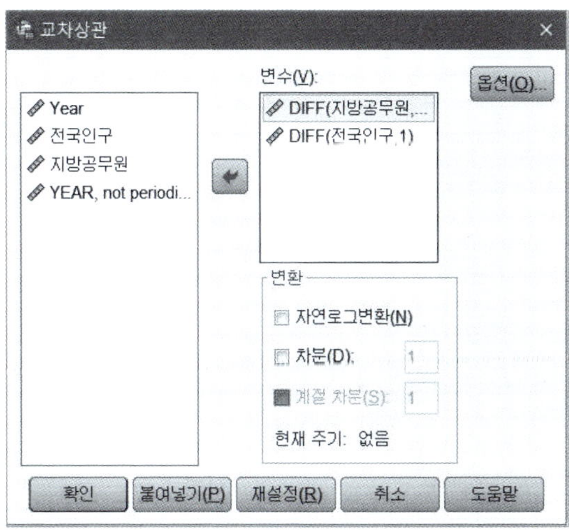

시차 −1의 경우(교차상관계수 : -0.565), 공무원의 증가는 인구 감소에 비해 1년 후행한 것으로 나타난다. 즉 인구 감소는 공무원수 변화(증가)보다 1년 먼저 일어난다는 것을 의미한다.

시차 −9의 경우(교차상관계수 : 573), 공무원의 증가는 인구 증가에 비해 9년 후행한 것으로 나타난다. 즉 인구 증가는 공무원수 증가보다 9년 먼저 일어난다는 것을 의미한다.

교차상관

계열 대응: DIFF(지방공무원,1)과(와) DIFF(전국인구,1)

시차	교차상관	표준화 오차[a]
-9	.573	.707
-8	.438	.577
-7	.120	.500
-6	.087	.447
-5	.004	.408
-4	-.231	.378
-3	-.241	.354
-2	-.339	.333
-1	-.565	.316
0	-.633	.302
1	-.363	.316
2	-.049	.333
3	.034	.354
4	.118	.378
5	.190	.408
6	.196	.447
7	.215	.500
8	.219	.577
9	.147	.707

a. 계열이 교차상관이 아니고 계열 중 하나가 백색잡음이라는 가정을 기준으로 합니다.

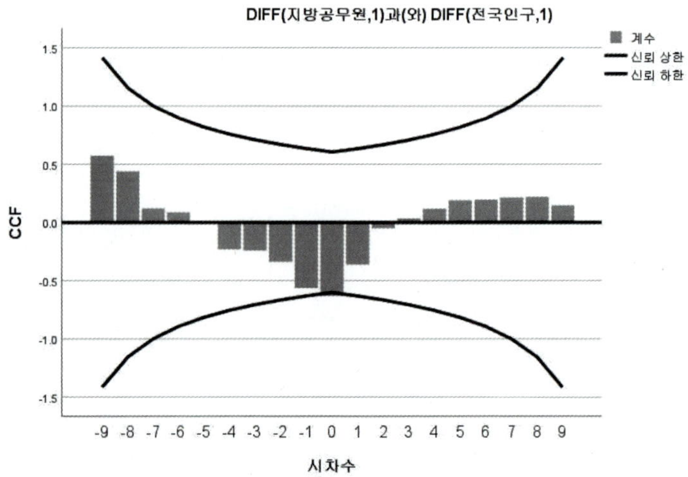

2) 사례 2 : 지역경제지수와 순이동인구의 관계

(1) 분석 배경

지역인구의 감소로 '지방소멸'의 상황을 맞이하여 인구의 순이동에 대한 원인을 찾기 위한 방안으로서 지역경제 여건을 고려할 수 있다. 즉 소득활동을 위하여 "지역경제 여건이 상대적으로 양호한 지역으로 인구이동이 이루어질 것이다"라는 가설을 제시하고 이에 관한 분석을 통해 확인하고자 한다.

(2) 분석 변수

– 기준변수 : 지역경제지수(1인당지역총소득)

– 설명변수 : 순이동인구

1인당지역총소득은 총처분가능소득을 지역 인구수로 나눈 1인당 연간소득을 의미하며, 경제활동별로 얼마만큼의 부가가치가 발생하는가를 나타낸 것으로 지역소득의 생산, 분배, 지출 각 측면이나 경제주체 간 소득 순환을 파악하여 지역경제의 실태를 포괄적으로 나타내주어 지역의 재정 및 경제시작 수립에 필요한 기초자료로 활용할 수 있다(통계청, 지역소득).

순이동인구는 전입인구와 전출인구의 차이를 의미한 것(전입인구–전출인구)으로 순이동인구가 (+)이면 인구의 순유입을 의미하고, (–)이면 인구의 순유출을 의미한다(통계청, 국내인구이동통계).

(3) 분석 데이터

분석을 위한 데이터는 통계청(국가통계포털)을 통하여 수집 및 정리하였다. 변수명에서 e(예: 서울시e)가 붙은 것은 시도별 1인당지역총소득을 나타내며 시도별 순이동인구 변수와 구분하기 위함이다. 그리고 17개 시 · 도(서울, 부산, 대구, 인천, 광주, 대전, 울산, 세종, 경기, 강원, 충북, 충남, 전북, 전남, 경북, 경남, 제주 등) 중에서 임의로 1곳을 선정하여 분석한다. 여기에서는 '제주'를 대상으로 분석한다(🖫 1인당지역총소득_순이동인구.sav).

	Year	전국e	서울시e	부산시e	대구시e	인천시e	광주시e	대전시e	울산시e	세종시e	경기도e	강원도e
1	2000	13860	17194	10933	10684	10633	10770	12425	25603	.	14940	10791
2	2001	14908	19492	11932	11473	11530	11685	13329	26782	.	14948	11725
3	2002	16444	21804	13090	12483	13481	12501	14491	29386	.	16720	12592
4	2003	17548	23579	13755	12851	14614	13047	15826	29152	.	17493	13433
5	2004	18995	25090	14293	13926	15795	13592	16696	32370	.	19172	14058
6	2005	19762	26279	15263	14362	16779	14815	16138	32789	.	19343	15049
7	2006	20817	27315	16272	15228	18100	15846	17010	34625	.	20593	16156
8	2007	22399	30371	17592	15885	19729	17373	17867	38917	.	21415	17280
9	2008	23643	31939	18716	16826	20358	17884	18467	41758	.	22099	17844
10	2009	24455	32874	18996	17368	20897	18511	19901	41432	.	22937	18906
11	2010	26828	36359	19724	18499	22945	19602	20855	48489	.	26528	19315
12	2011	28074	38574	21394	19985	23937	20544	22288	49677	.	26697	20213
13	2012	29093	39215	22742	21093	24491	21798	23540	49348	.	28906	21169
14	2013	30038	39570	23500	21992	25483	22992	23858	48678	38657	30631	21884
15	2014	31010	40577	24980	23391	26978	24674	25308	46025	49688	30892	23251
16	2015	32658	41857	25773	24660	28034	25687	27125	49381	44463	33028	24761
17	2016	34167	44111	26883	25551	29689	27373	28124	52205	41018	34591	25331
18	2017	35977	46715	27592	26561	30990	28759	30102	52237	40876	37588	27216
19	2018	37014	48362	28287	27004	31363	29759	30529	52694	37243	39150	28471
20	2019	37530	49121	29388	27798	32571	30964	31548	54969	36983	38466	29392

(4) 분석 실행

① 날짜 정의

충남	전북	전남	경북	경남	제주	YEAR_	DATE_	변수
-7742	-21590	-33538	-25706	-8512	-2358	2000	2000	
-11628	-1911	-36424	-21305	-5166	-326	2001	2001	
-13625	-56735	-46152	-31278	6896	234	2002	2002	
2682	-3039	-36103	-36833	4288	-1447	2003	2003	
34983	-50969	-32252	-26921	-5611	-83	2004	2004	
4999	-24477	-20007	-11517	5619	-805	2005	2005	
7055	-19162	-24685	-3319	1294	-1902	2006	2006	
13363	-10874	-16573	-14611	7943	-2928	2007	2007	
15529	-10550	-13318	-14100	13029	-2236	2008	2008	
12115	-4806	-7425	-8307	11239	-1015	2009	2009	
16178	-2448	-10061	-3552	3246	437	2010	2010	

② 순차도표(시퀀스 차트)

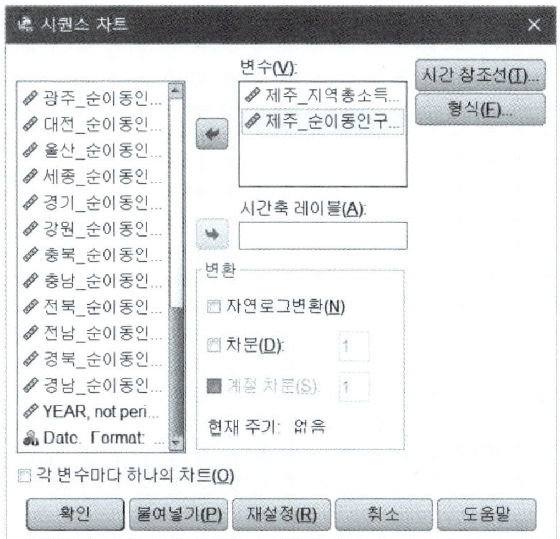

순차도표(시퀀스 차트)를 보면, 제주의 1인당지역총소득은 연도별 증가 추세를 보이고 있고, 순이동인구는 2008년부터 증가하다가 2018년부터 감소 추세를 보이고 있다.

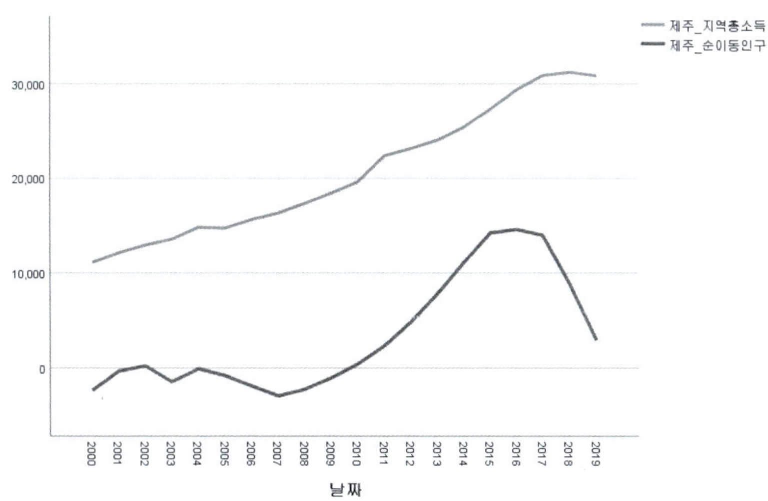

③ 자기상관 분석

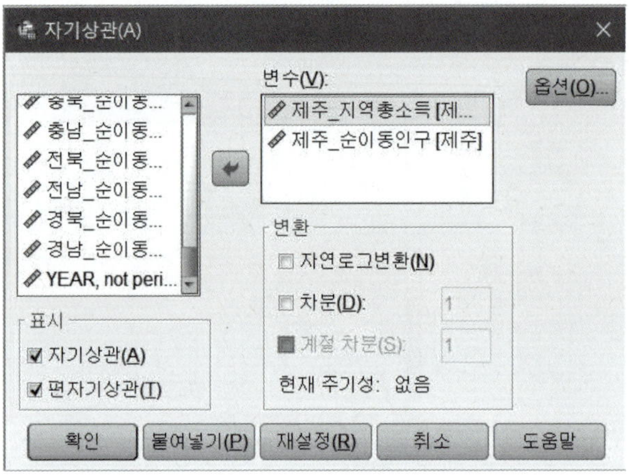

제주 지역의 1인당지역총소득의 시계열 데이터에 대한 자기상관함수(ACF)와 편자기상관함수(PACF) 결과이다. 자기상관함수(ACF)의 Box-Ljung 통계량 유의확률이 유의수준 0.05보다 작기 때문에 '시계열 관측값들의 자기상관은 0이다 또는 관측값들은 독립적이다'라는 귀무가설을 채택하지 못한다. 또한 자기상관함수(ACF) 플롯(도표)에서 여러 시차에서 신뢰한계를 넘어선 Peak(Spike)를 보이며, 편자기상관함수(PACF) 플롯(도표)에서도 시차 1에서 신뢰한계를 넘어선 Peak(Spike)를 보이고 있어, 1기 전의 값이 크게 영향을 미치고 있는 것으로 알 수 있다. 따라서 이 시계열 데이터는 자기상관이 존재하므로 안정화가 필요하다.

자기상관

계열: 제주_지역총소득

			Box-Ljung 통계량		
시차	자기상관	표준화 오차[a]	값	자유도	유의확률[b]
1	.873	.208	17.654	1	.000
2	.727	.202	30.572	2	.000
3	.570	.197	38.985	3	.000
4	.417	.191	43.769	4	.000
5	.283	.185	46.112	5	.000
6	.149	.178	46.815	6	.000
7	.025	.172	46.837	7	.000
8	-.097	.165	47.184	8	.000
9	-.212	.158	48.983	9	.000
10	-.294	.151	52.781	10	.000
11	-.359	.143	59.075	11	.000
12	-.388	.135	67.370	12	.000
13	-.404	.126	77.649	13	.000
14	-.410	.117	89.948	14	.000
15	-.395	.107	103.685	15	.000
16	-.365	.095	118.322	16	.000

a. 가정된 기본 공정은 독립적입니다(백색잡음).

b. 점근 카이제곱 근사값을 기준으로 합니다.

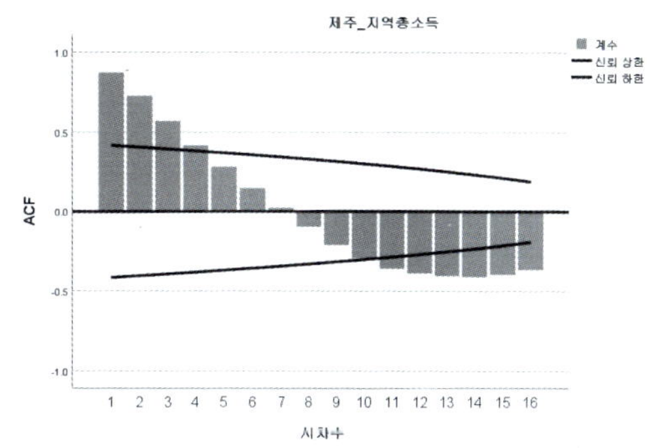

편자기상관

계열: 제주_지역총소득

시차	편자기상관	표준화 오차
1	.873	.224
2	-.149	.224
3	-.125	.224
4	-.078	.224
5	-.027	.224
6	-.110	.224
7	-.083	.224
8	-.120	.224
9	-.100	.224
10	-.003	.224
11	-.072	.224
12	.011	.224
13	-.065	.224
14	-.058	.224
15	-.016	.224
16	-.008	.224

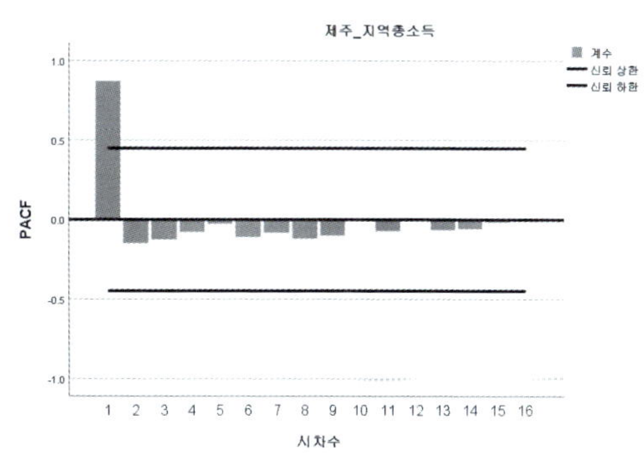

제주 지역 순이동인구의 시계열 데이터에 대한 자기상관함수(ACF)와 편자기상관함수(PACF) 결과이다. 자기상관함수(ACF)의 Box-Ljung 통계량 유의확률이 유의수준 0.05보다 작기 때문에 '시계열 관측값들의 자기상관은 0이다 또는 관측값들은 독립적이다'라는 귀무가설을 채택하지 못한다. 또한 자기상관함수(ACF) 플롯(도표)에서 여러 시차에서 신뢰한계를 넘어선 Peak(Spike)를 보이며, 편자기상관함수(PACF) 플롯(도표)에서도 시차 1에서 신뢰한계를 넘어선 Peak(Spike)를 보이고 있어, 1기 전의 값이 크게 영향을 미치고 있는 것으로 알 수 있다. 따라서 이 시계열 데이터는 자기상관이 존재하므로 안정화가 필요하다.

자기상관

계열: 제주_순이동인구

시차	자기상관	표준화 오차[a]	Box-Ljung 통계량 값	자유도	유의확률[b]
1	.893	.208	18.474	1	.000
2	.707	.202	30.703	2	.000
3	.491	.197	36.951	3	.000
4	.258	.191	38.777	4	.000
5	.069	.185	38.917	5	.000
6	-.081	.178	39.123	6	.000
7	-.194	.172	40.397	7	.000
8	-.276	.165	43.196	8	.000
9	-.320	.158	47.285	9	.000
10	-.329	.151	52.058	10	.000
11	-.317	.143	56.967	11	.000
12	-.300	.135	61.907	12	.000
13	-.284	.126	66.974	13	.000
14	-.268	.117	72.225	14	.000
15	-.231	.107	76.903	15	.000
16	-.169	.095	80.037	16	.000

a. 가정된 기본 공정은 독립적입니다(백색잡음).

b. 점근 카이제곱 근사값을 기준으로 합니다.

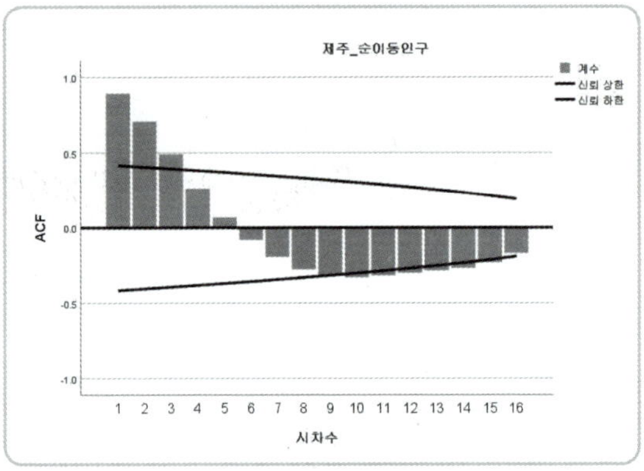

편자기상관

계열: 제주_순이동인구

시차	편자기상관	표준화 오차
1	.893	.224
2	-.447	.224
3	-.146	.224
4	-.203	.224
5	.142	.224
6	-.116	.224
7	-.042	.224
8	-.140	.224
9	.069	.224
10	-.045	.224
11	-.025	.224
12	-.165	.224
13	-.036	.224
14	-.050	.224
15	.134	.224
16	.002	.224

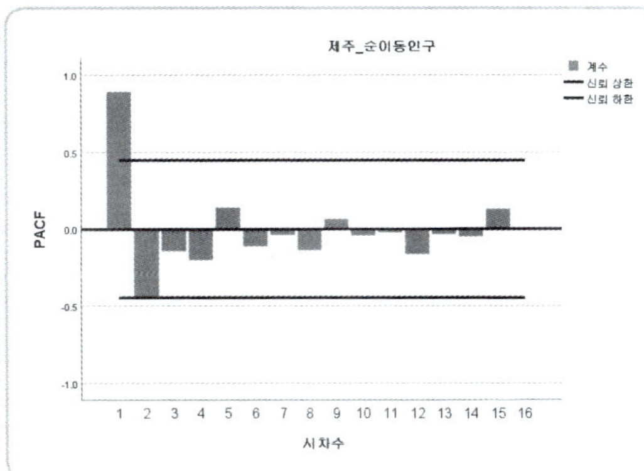

④ 차분을 통한 시계열 변수 생성

자기상관이 있는 경우 시계열 데이터의 안정화/정상성을 위하여 1인당지역총소득은 〈차분 1〉로, 순이동인구는 〈차분 2〉로 설정하여 시계열 변수를 생성한다.

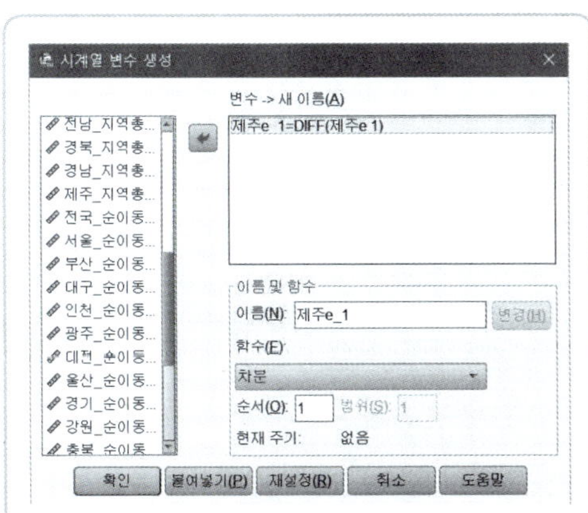

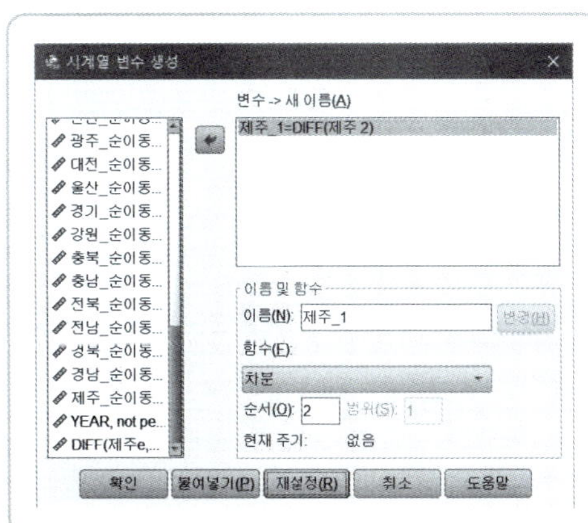

차분하여 시계열 변수로 생성된 결과(일부)

제주	YEAR_	DATE_	제주e_1	제주_1	변수
-2358	2000	2000	.	.	
-326	2001	2001	1009	.	
234	2002	2002	806	-1472	
-1447	2003	2003	611	-2241	
-83	2004	2004	1279	3045	
-805	2005	2005	-97	-2086	
-1902	2006	2006	897	-375	
-2928	2007	2007	691	71	
-2236	2008	2008	1008	1718	
-1015	2009	2009	1079	529	
437	2010	2010	1176	231	
2343	2011	2011	2759	454	

⑤ 차분하여 시계열 변수로 생성된 결과로 순차도표(시퀀스 차트) 비교

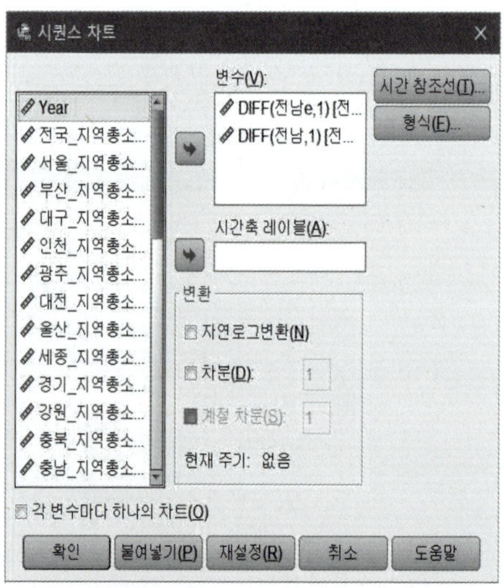

시계열 변수로 생성된 결과를 통해 순차도표(시퀀스 차트)를 보여주고 있다. 맨 처음의 순차도표에 비해 시계열이 상당히 안정화되었음을 볼 수 있다.

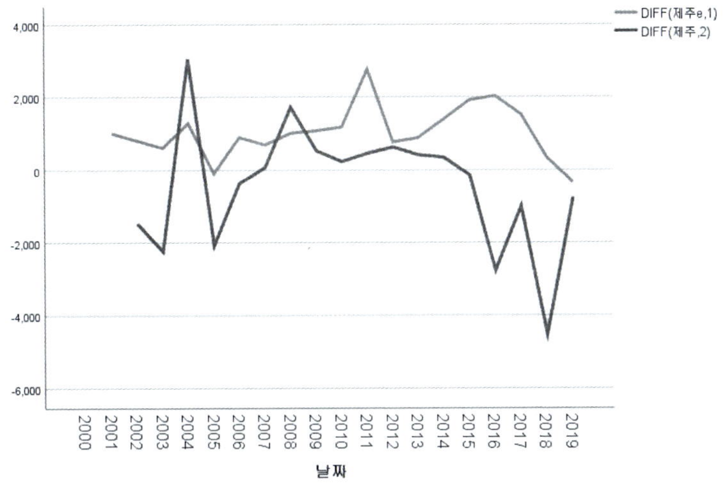

⑥ 차분 결과를 통한 자기상관 분석

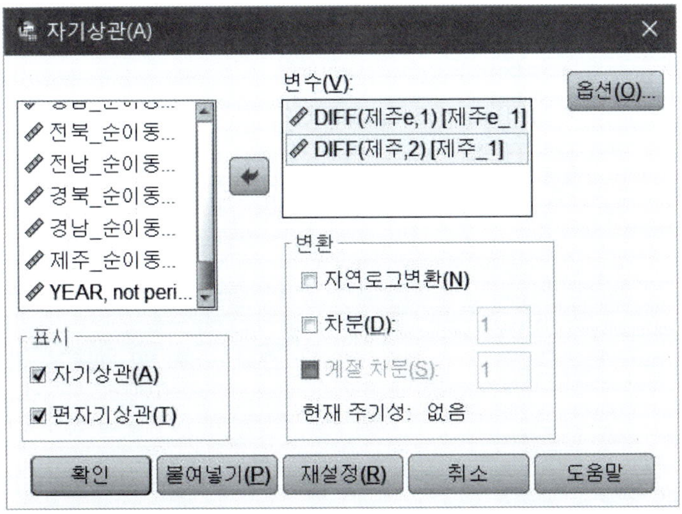

차분한 지역총소득에 대한 시계열 데이터에 대한 자기상관함수(ACF)의 통계량에서 모든 시차에서 유의수준 0.05보다 크게 나타났으며, 편자기상관함수(PACF)의 플롯(도표)에서도 신뢰한계를 벗어난 Peak(Spike)가 보이지 않는다. 따라서 자기상관이 존재하지 않으며 시계열 관측값은 독립적이다. 분석에 이용할 수 있는 정상적 시계열 데이터로 전환되었다.

자기상관

계열: DIFF(제주e,1)

시차	자기상관	표준화 오차[a]	Box-Ljung 통계량 값	자유도	유의확률[b]
1	.214	.212	1.020	1	.313
2	-.031	.206	1.042	2	.594
3	-.161	.200	1.690	3	.639
4	-.076	.194	1.842	4	.765
5	.123	.187	2.273	5	.810
6	-.045	.181	2.335	6	.886
7	-.021	.173	2.350	7	.938
8	-.376	.166	7.474	8	.486
9	-.151	.158	8.388	9	.496
10	-.126	.150	9.088	10	.524
11	-.085	.142	9.452	11	.580
12	-.019	.132	9.472	12	.662
13	.051	.123	9.646	13	.723
14	.102	.112	10.470	14	.727
15	-.019	.100	10.506	15	.787
16	.079	.087	11.342	16	.788

a. 가정된 기본 공정은 독립적입니다(백색잡음).

b. 점근 카이제곱 근사값을 기준으로 합니다.

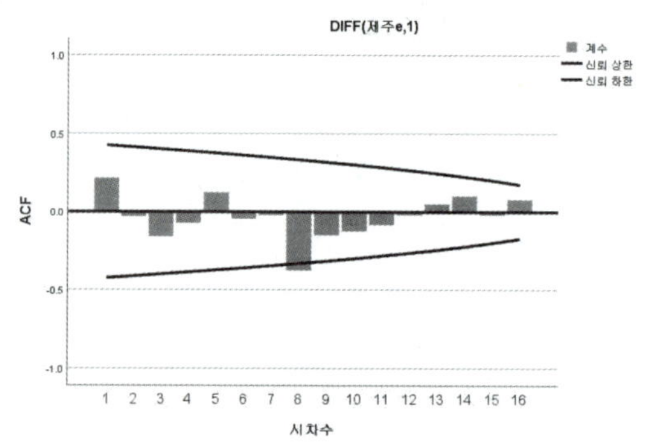

편자기상관

계열: DIFF(제주e,1)

시차	편자기상관	표준화 오차
1	.214	.229
2	-.080	.229
3	-.144	.229
4	-.012	.229
5	.140	.229
6	-.140	.229
7	.012	.229
8	-.377	.229
9	.013	.229
10	-.196	.229
11	-.126	.229
12	-.115	.229
13	.139	.229
14	-.084	.229
15	-.009	.229
16	-.060	.229

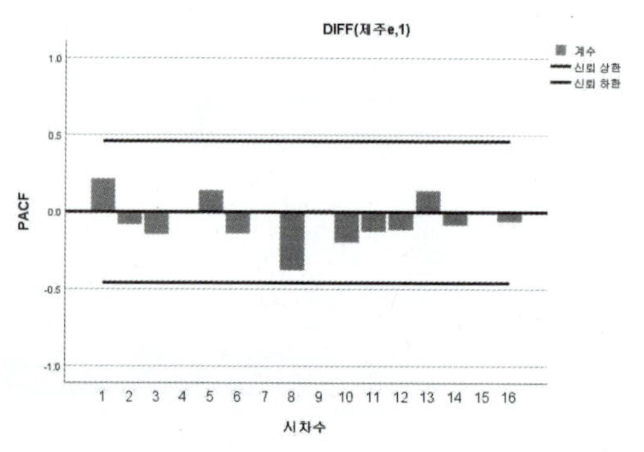

'차분 2'로 한 순이동인구에 대한 시계열 데이터에 대한 자기상관함수(ACF)의 통계량에서 모든 시차에서 유의수준 0.05보다 크게 나타났으며, 편자기상관함수(PACF)의 플롯(도표)에서도 신뢰한계를 벗어난 Peak(Spike)가 보이지 않는다. 따라서 자기상관이 존재하지 않으며 시계열 관측값은 독립적이다. 분석에 이용할 수 있는 정상적 시계열 데이터로 전환되었다.

자기상관

계열: DIFF(제주,2)

시차	자기상관	표준화 오차[a]	Box-Ljung 통계량 값	자유도	유의확률[b]
1	.024	.217	.012	1	.913
2	.233	.211	1.238	2	.538
3	.037	.204	1.271	3	.736
4	.061	.197	1.365	4	.850
5	-.100	.190	1.644	5	.896
6	-.142	.183	2.252	6	.895
7	-.124	.175	2.757	7	.907
8	-.163	.167	3.717	8	.882
9	-.150	.158	4.619	9	.866
10	-.194	.149	6.315	10	.788
11	-.005	.139	6.316	11	.851
12	-.175	.129	8.148	12	.773
13	.168	.118	10.175	13	.680
14	-.200	.105	13.791	14	.465
15	.132	.091	15.892	15	.389
16	.093	.075	17.456	16	.357

a. 가정된 기본 공정은 독립적입니다(백색잡음).

b. 점근 카이제곱 근사값을 기준으로 합니다.

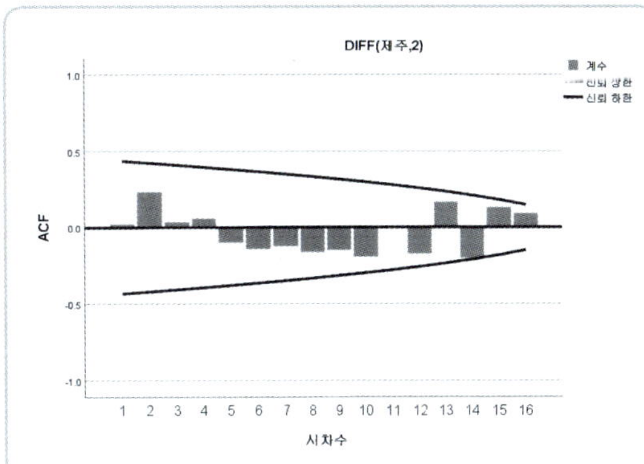

편자기상관

계열: DIFF(제주,2)

시차	편자기상관	표준화 오차
1	.024	.236
2	.233	.236
3	.029	.236
4	.006	.236
5	-.123	.236
6	-.168	.236
7	-.083	.236
8	-.095	.236
9	-.091	.236
10	-.144	.236
11	.031	.236
12	-.143	.236
13	.146	.236
14	-.225	.236
15	-.001	.236
16	.107	.236

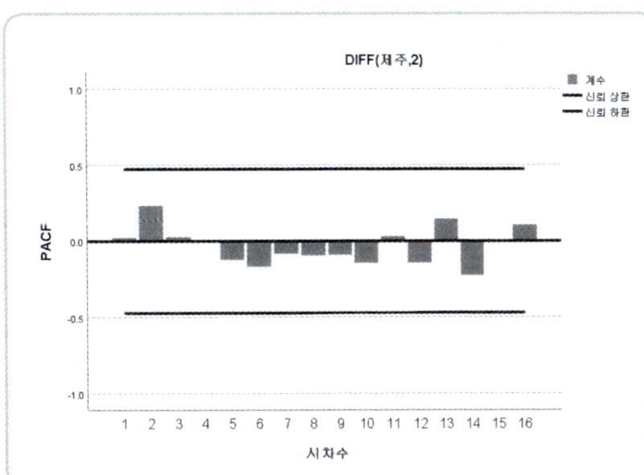

⑦ 교차상관 분석

– 위(기준변수) : 1인당지역총소득 – DIFF(제주e,1)

– 아래(설명변수) : 순이동인구 – DIFF(제주,2)

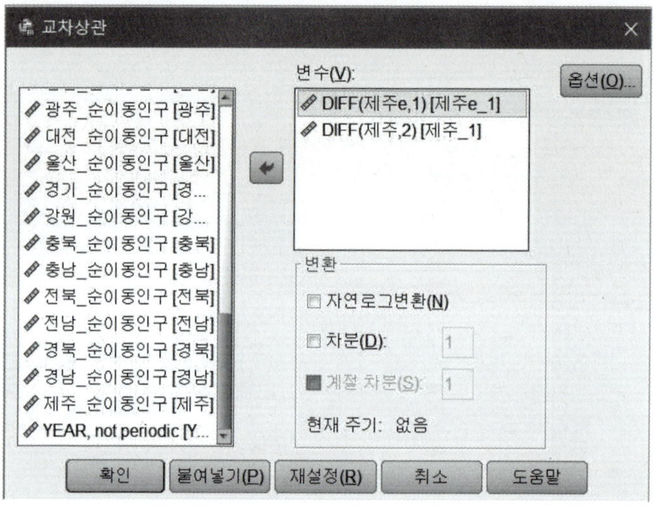

교차상관 분석 결과, 신뢰한계(상한-하한)를 초과하는 시차가 없기 때문에 "교차상관이 존재하지 않는다"라는 귀무가설을 기각하지 못하여 교차상관이 존재하지 않는다. 학습자의 이해를 위하여 통계적 유의성을 고려하지 않고 설명할 경우, 시차수 –3의 교차상관계수가 0.420(42%)으로 가장 높기 때문에 1인당지역총소득은 순이동인구에 비해서 3년 후 후행한 것으로 나타난다. 즉 인구가 유입된 후 1인당지역총소득이 3년 후 증가하는 변화가 나타난다.

교차상관

계열 대응: DIFF(제주e,1)과(와) DIFF(제주,2)

시차	교차상관	표준화 오차[a]
-7	.336	.302
-6	-.080	.289
-5	.027	.277
-4	.104	.267
-3	.420	.258
-2	.365	.250
-1	.158	.243
0	.274	.236
1	-.228	.243
2	-.247	.250
3	-.213	.258
4	-.071	.267
5	-.244	.277
6	-.107	.289
7	-.412	.302

a. 계열이 교차상관이 아니고 계열 중 하나가 백색잡음이라는 가정을 기준으로 합니다.

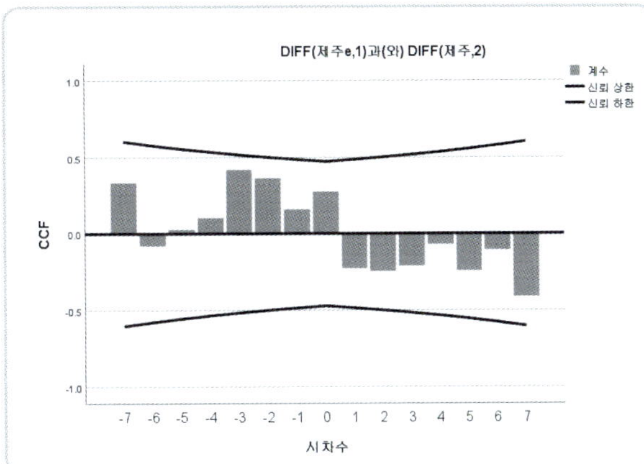

3) 사례 3 : 청소년 정신건강실태

(1) 분석 내용

우리나라 청소년(중학생, 고등학생)의 정신건강실태에 관한 조사결과(스트레스인지율, 우울감경험률, 매일음주율, 현재음주율)를 통해 교차상관 분석을 살펴본다(🖫 청소년정신건강.sav).

본 분석에서는 사용하는 각 변수의 개념적 정의는 다음과 같다.[1)]

- 스트레스인지율은 평상시 스트레스를 "대단히 많이" 또는 "많이" 느끼는 사람의 분율(%)
- 우울감경험률은 최근 12개월 동안 2주 내내 일상생활을 중단할 정도로 슬프거나 절망감을 느낀 적이 있는 사람의 분율(%)
- 매일흡연율은 최근 30일 동안 매일 일반담배(궐련)를 흡연한 사람의 분율(%)

1) 질병관리청, 제16차(2020) 청소년건강행태조사 결과표(흡연, 정신건강).

- 현재음주율은 최근 30일 동안 1잔 이상 술을 마신 적이 있는 사람의 분율(%)

교차상관 분석의 모형은 다음과 같다.

- 스트레스인지율과 우울감경험률과의 관계
- 스트레스인지율과 매일흡연율/현재음주율과의 관계
- 우울감경험률과 매일흡연율/현재음주율과의 관계

(2) 분석 실행

① 날짜 정의

	Year	Stress	Melancholy	Smoking	Drinking	YEAR_	DATE_
1	2005	45.6	29.9	3.9	27.0	2005	2005
2	2006	46.5	41.4	5.4	28.6	2006	2006
3	2007	46.5	41.3	5.9	27.8	2007	2007
4	2008	43.7	38.8	6.5	24.5	2008	2008
5	2009	43.2	37.5	6.7	21.1	2009	2009
6	2010	43.8	37.4	6.0	21.1	2010	2010
7	2011	42.0	32.8	6.1	20.6	2011	2011
8	2012	41.9	30.5	5.4	19.4	2012	2012
9	2013	41.4	30.9	4.8	16.3	2013	2013
10	2014	37.0	26.7	4.8	16.7	2014	2014
11	2015	35.4	23.6	3.8	16.7	2015	2015
12	2016	37.4	25.5	3.1	15.0	2016	2016
13	2017	37.2	25.1	3.0	16.1	2017	2017
14	2018	40.4	27.1	3.2	16.9	2018	2018
15	2019	39.9	28.2	3.2	15.0	2019	2019
16	2020	34.2	25.2	2.3	10.7	2020	2020

② 순차도표(시퀀스 차트) 확인

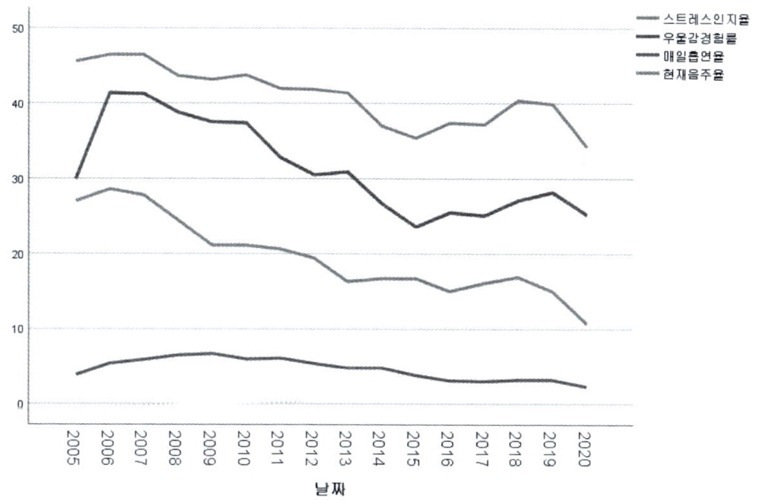

③ 자기상관 여부 확인

스트레스인지율에 대한 자기상관함수(ACF)의 결과이다. 통계량의 유의확률이 유의수준 0.05보다 작기 때문에 "시차 간 관측값이 독립성이다"라는 귀무가설을 채택하지 못한다. 그리고 자기상관함수(ACF)에서 신뢰한계를 벗어난 Peak(Spike)가 보이고 있다. 편자기상관함수(PACF)에서 시차 1에서 신뢰한계를 벗어난 Peak(Spike)가 보이고 있어 정상적 시계열 데이터를 위하여 차분이 필요하다.

자기상관

계열: 스트레스인지율

시차	자기상관	표준화 오차[a]	Box-Ljung 통계량 값	자유도	유의확률[b]
1	.670	.228	8.627	1	.003
2	.465	.220	13.078	2	.001
3	.370	.212	16.108	3	.001
4	.203	.204	17.094	4	.002
5	.156	.195	17.728	5	.003
6	.004	.186	17.728	6	.007
7	-.237	.177	19.529	7	.007
8	-.345	.167	23.805	8	.002
9	-.400	.156	30.385	9	.000
10	-.396	.144	37.910	10	.000
11	-.260	.132	41.793	11	.000
12	-.200	.118	44.672	12	.000
13	-.205	.102	48.687	13	.000
14	-.188	.083	53.766	14	.000

a. 가정된 기본 공정은 독립적입니다(백색잡음).

b. 점근 카이제곱 근사값을 기준으로 합니다.

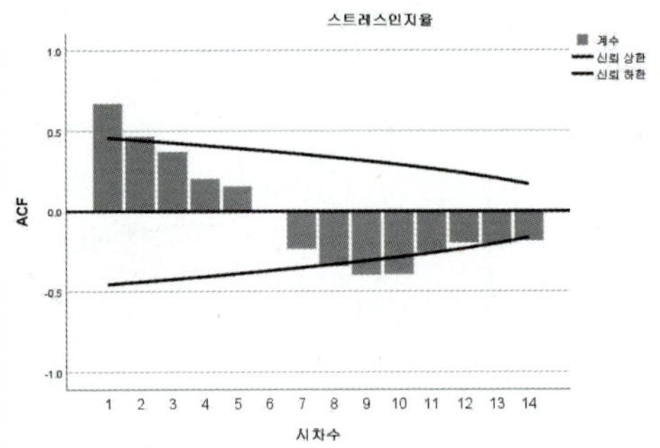

편자기상관

계열: 스트레스인지율

시차	편자기상관	표준화 오차
1	.670	.250
2	.029	.250
3	.087	.250
4	-.151	.250
5	.091	.250
6	-.232	.250
7	-.298	.250
8	-.131	.250
9	-.062	.250
10	.004	.250
11	.203	.250
12	.079	.250
13	-.072	.250
14	-.174	.250

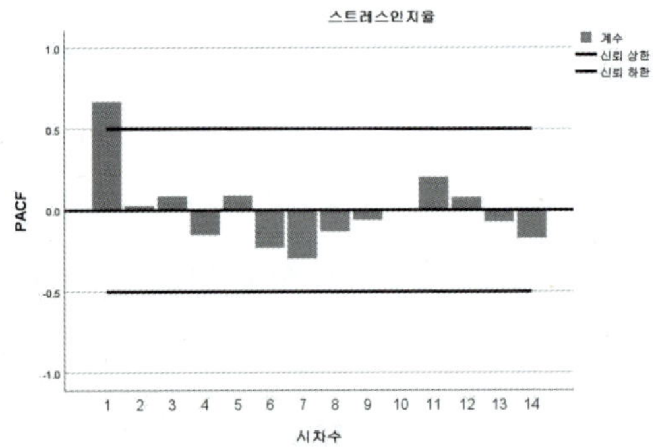

다음은 우울감경험률에 대한 자기상관 및 편자기상관 분석 결과이다.

자기상관

계열: 우울감경험률

시차	자기상관	표준화 오차[a]	Box-Ljung 통계량 값	자유도	유의확률[b]
1	.773	.228	11.475	1	.001
2	.582	.220	18.447	2	.000
3	.424	.212	22.423	3	.000
4	.191	.204	23.294	4	.000
5	-.037	.195	23.329	5	.000
6	-.195	.186	24.420	6	.000
7	-.327	.177	27.842	7	.000
8	-.414	.167	34.021	8	.000
9	-.414	.156	41.069	9	.000
10	-.356	.144	47.164	10	.000
11	-.284	.132	51.820	11	.000
12	-.200	.118	54.687	12	.000
13	-.156	.102	67.020	13	.000
14	-.103	.083	58.554	14	.000

a. 가정된 기본 공정은 독립적입니다(백색잡음).

b. 점근 카이제곱 근사값을 기준으로 합니다.

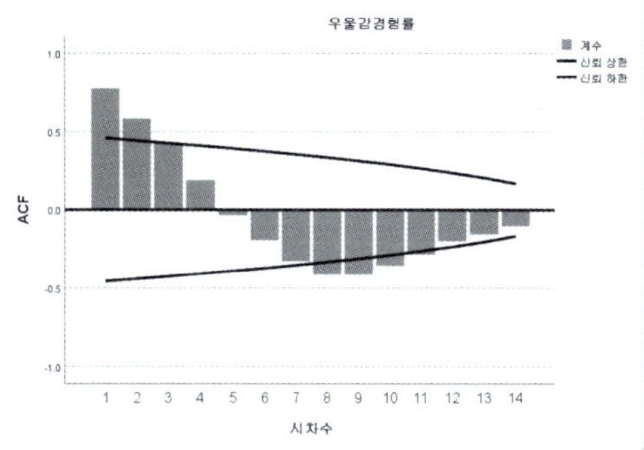

편자기상관

계열: 우울감경험률

시차	편자기상관	표준화 오차
1	.773	.250
2	-.039	.250
3	-.035	.250
4	-.289	.250
5	-.198	.250
6	-.070	.250
7	-.088	.250
8	-.052	.250
9	.034	.250
10	.049	.250
11	-.010	.250
12	-.051	.250
13	-.189	.250
14	-.054	.250

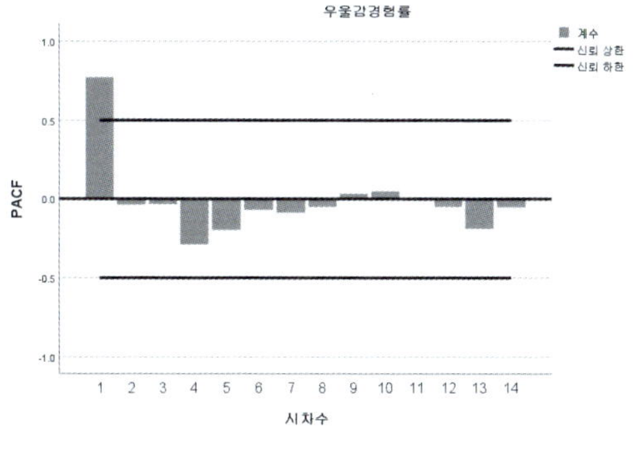

④ 교차상관 분석 실시

4개 변수(스트레스인지율, 우울감경험률, 매연흡연율, 현재음주율)의 편자기상관함수(PACF) 시차 1에서 신뢰한계를 벗어난 Peak(Spike)가 보이고 있어 〈차분 1〉과 동시에 교차상관 분석을 실시한다.

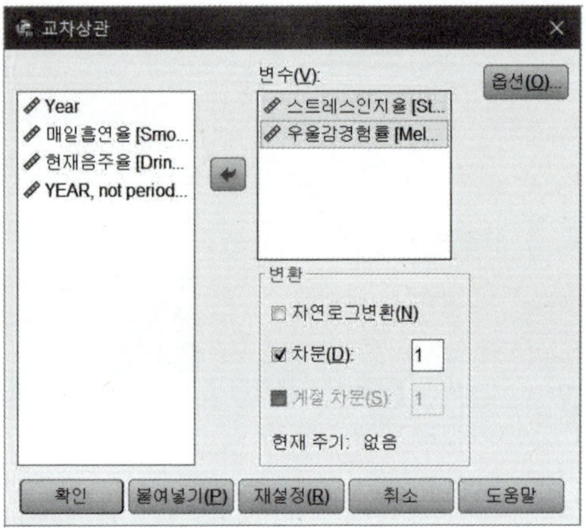

스트레스인지율과 우울감경험률 간의 교차상관 분석 결과 스트레스인지율과 우울감경험률은 시차수 0에서 교차상관을 보이고 있어 "교차상관이 존재하지 않는다(교차상관은 0이다)"라는 귀무가설을 기각한다. 즉 스트레스인지와 동시에 우울감을 경험하는 것으로 알 수 있으며, 그 통계량은 0.588(58.8%)로 나타났다.

교차상관

계열 대응: 스트레스인지율과(와) 우울감경험률

시차	교차상관	표준화 오차[a]
-7	-.157	.354
-6	.212	.333
-5	-.054	.316
-4	-.122	.302
-3	.097	.289
-2	-.285	.277
-1	-.076	.267
0	.588	.258
1	.086	.267
2	-.194	.277
3	.091	.289
4	-.134	.302
5	-.157	.316
6	.155	.333
7	.018	.354

a. 계열이 교차상관이 아니고 계열 중 하나가 백색잡음이라는 가정을 기준으로 합니다.

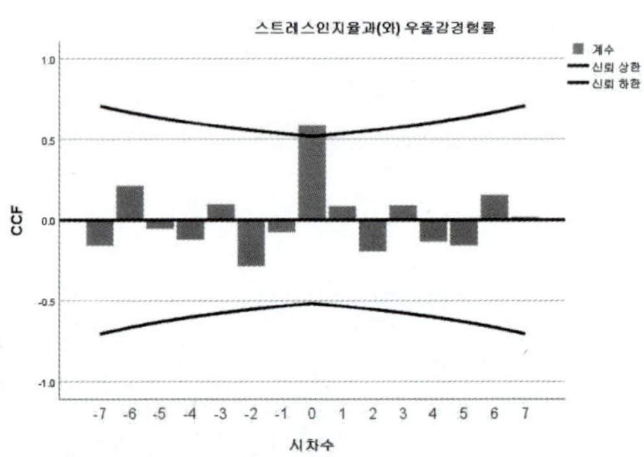

일반 상관관계 분석을 통해서도 전체 상관계수가 유의수준 0.05에서 0.588(유의확률 0.021)로 보이고 있다.

상관관계

		DIFF(Stress, 1)	DIFF (Melancholy, 1)
DIFF(Stress,1)	Pearson 상관	1	.588*
	유의확률 (양측)		.021
	N	15	15
DIFF(Melancholy,1)	Pearson 상관	.588*	1
	유의확률 (양측)	.021	
	N	15	15

*. 상관관계가 0.05 수준에서 유의합니다(양측).

위와 같은 방식으로, 스트레스인지율과 매일흡연율의 관계도 살펴보자.

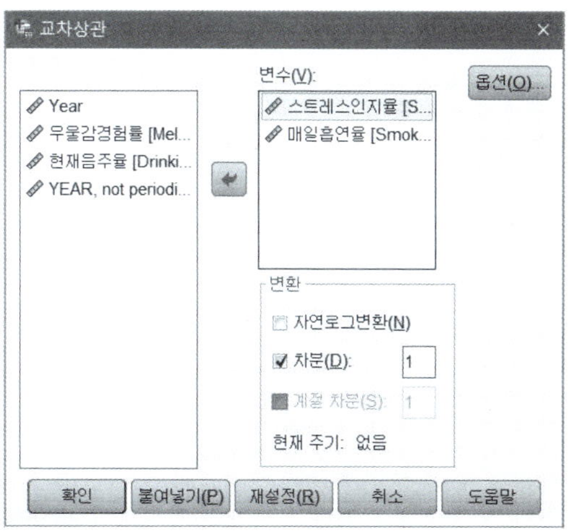

스트레스인지율과 매일흡연율의 교차상관 분석결과는 신뢰한계를 초과하는 시차가 발견되지 않아 통계적 유의성이 없다. “교차상관이 존재하지 않는다(교차상관은 0이다)”라는 귀무가설을 기각하지 못한다.

교차상관

계열 대응: 스트레스인지율과(와) 매일흡연율

시차	교차상관	표준화 오차[a]
-7	.057	.354
-6	-.283	.333
-5	.047	.316
-4	.244	.302
-3	-.218	.289
-2	-.199	.277
-1	-.015	.267
0	.190	.258
1	.255	.267
2	.098	.277
3	-.114	.289
4	-.113	.302
5	.032	.316
6	.023	.333
7	.022	.354

a. 계열이 교차상관이 아니고 계열 중 하나가 백색잡음이라는 가정을 기준으로 합니다.

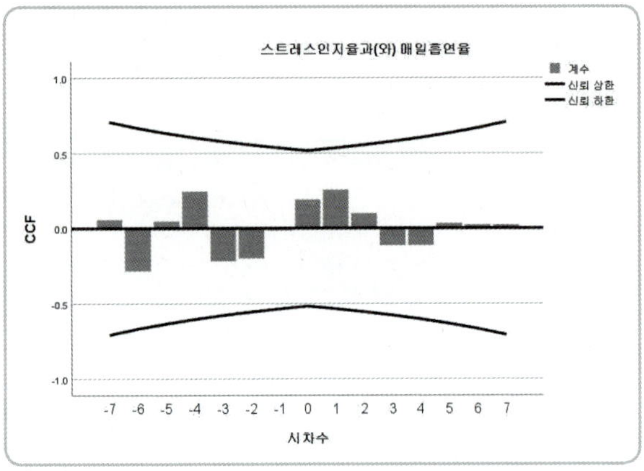

다음은 우울감경험률과 매일흡연율의 교차상관 분석 결과, “교차상관이 존재하지 않는다(교차상관은 0이다)”라는 귀무가설을 기각한다. 우울감경험과 매일흡연은 시차 0에서 0.566(56.6%)으로 나타났다. 우울감 경험과 동시에 매일 흡연하는 것으로 알 수 있다.

교차상관

계열 대응: 우울감경험률과(와) 매일흡연율

시차	교차상관	표준화 오차[a]
-7	-.040	.354
-6	-.273	.333
-5	-.142	.316
-4	-.065	.302
-3	-.236	.289
-2	-.058	.277
-1	-.001	.267
0	.566	.258
1	.411	.267
2	.320	.277
3	.104	.289
4	-.092	.302
5	.208	.316
6	-.111	.333
7	-.146	.354

a. 계열이 교차상관이 아니고 계열 중 하나가 백색잡음이라는 가정을 기준으로 합니다.

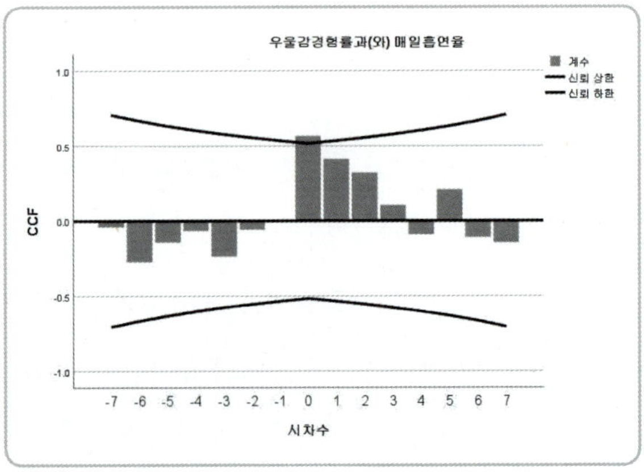

다음은 우울감경험률과 현재음주율과의 교차상관 분석 결과이다. 분석 결과 신뢰한계를 초과하지 않아 "교차상관이 존재하지 않는다(교차상관은 0이다)"라는 귀무가설을 기각하지 못한다.

교차상관

계열 대응: 우울감경험률과(와) 현재음주율

시차	교차상관	표준화 오차[a]
-7	.085	.354
-6	.052	.333
-5	-.120	.316
-4	.028	.302
-3	.015	.289
-2	.075	.277
-1	.119	.267
0	.374	.258
1	.084	.267
2	-.305	.277
3	-.537	.289
4	.015	.302
5	.221	.316
6	-.075	.333
7	-.340	.354

a. 계열이 교차상관이 아니고 계열 중 하나가 백색잡음이라는 가정을 기준으로 합니다.

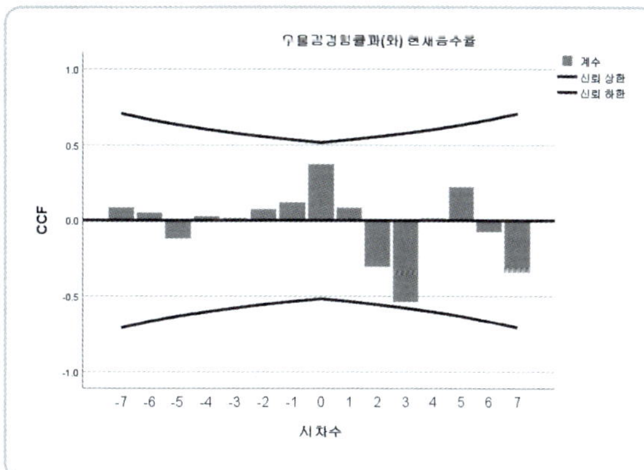

4) 사례 4 : 경제지표 관련 교차상관 분석

경제지표에 관한 교차상관 분석 결과를 살펴본다(🖫 인구와고용.sav).

(1) 고용률과 실업률

자기상관을 고려하여 두 변수 모두 '차분 1'과 동시에 고용률과 실업률에 관한 교차상관 분석 결과, 교차상관계수와 교차상관함수(CCF)를 보면 시차 0에서 신뢰한계를 벗어나고 교차상관계수(-0.616)가 가장 크다. 고용률과 실업률은 선행 및 후행의 관계가 아니라 동시에 그 변화가 일어나는 것으로 알 수 있다.

교차상관

계열 대응: 고용률과(와) 실업률

시차	교차상관	표준화 오차[a]
-7	.327	.277
-6	-.214	.267
-5	-.079	.258
-4	-.049	.250
-3	.036	.243
-2	.069	.236
-1	.099	.229
0	-.616	.224
1	-.089	.229
2	.222	.236
3	.221	.243
4	.108	.250
5	-.214	.258
6	-.166	.267
7	.050	.277

a. 계열이 교차상관이 아니고 계열 중 하나가 백색잡음이라는 가정을 기준으로 합니다.

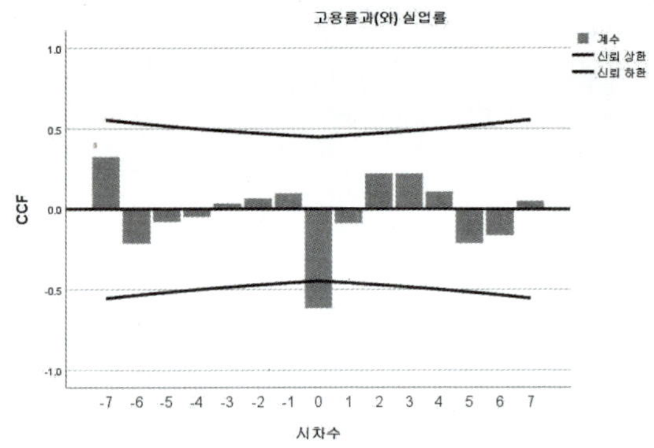

상관관계

		DIFF(고용률, 1)	DIFF(실업률, 1)
DIFF(고용률,1)	Pearson 상관	1	-.616**
	유의확률 (양측)		.004
	N	20	20
DIFF(실업률,1)	Pearson 상관	-.616**	1
	유의확률 (양측)	.004	
	N	20	20

**. 상관관계가 0.01 수준에서 유의합니다(양측).

(2) 고령인구비율과 인구증가율

자기상관을 고려하여 두 변수 모두 자연로그와 동시에 교차상관 분석 결과, 시차 0에서 교차상관계수가 −0.624로 가장 크게 나타났다. 그리고 시차 1에서는 −0.513으로 고령인구비율의 변화(증가)는 인구의 변화(감소)에 비해서 1차수 선행하는 것으로 알 수 있다.

교차상관

계열 대응: 고령인구비율과(와) 인구증가율

시차	교차상관	표준화 오차[a]
-10	.170	.316
-9	.297	.302
-8	.264	.289
-7	.161	.277
-6	.105	.267
-5	.076	.258
-4	.031	.250
-3	-.065	.243
-2	-.253	.236
-1	-.381	.229
0	-.624	.224
1	-.513	.229
2	-.459	.236
3	-.448	.243
4	-.410	.250
5	-.404	.258
6	-.401	.267
7	-.327	.277
8	-.228	.289
9	-.143	.302
10	-.115	.316

a. 계열이 교차상관이 아니고 계열 중 하나가 백색잡음이라는 가정을 기준으로 합니다.

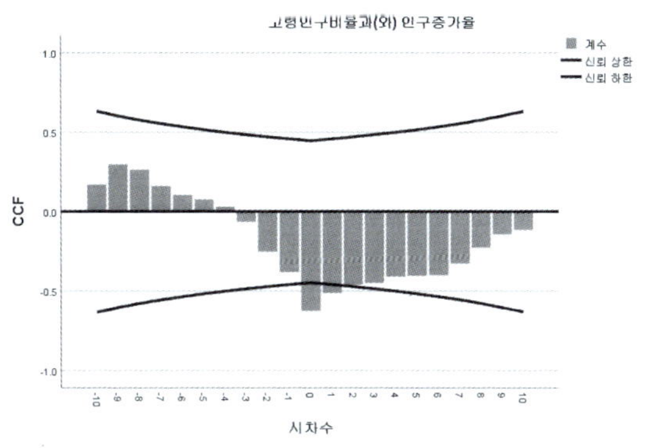

(3) 고령인구비율과 합계출산율

두 변수 모두 자기상관을 고려하여 자연로그와 동시에 교차상관 분석 결과, 시차 0에서 −0.595로 가장 크게 나타났다. 고령인구비율의 변화와 합계출산율의 변화는 동시에 일어나며 고령인구가 증가할수록 합계출산율은 낮아진다.

교차상관

계열 대응: 고령인구비율과(와) 합계출산율

시차	교차상관	표준화 오차[a]
-7	.093	.277
-6	.050	.267
-5	.018	.258
-4	.009	.250
-3	-.044	.243
-2	-.187	.236
-1	-.373	.229
0	-.595	.224
1	-.371	.229
2	-.242	.236
3	-.207	.243
4	-.176	.250
5	-.159	.258
6	-.209	.267
7	-.229	.277

a. 계열이 교차상관이 아니고 계열 중 하나가 백색잡음이라는 가정을 기준으로 합니다.

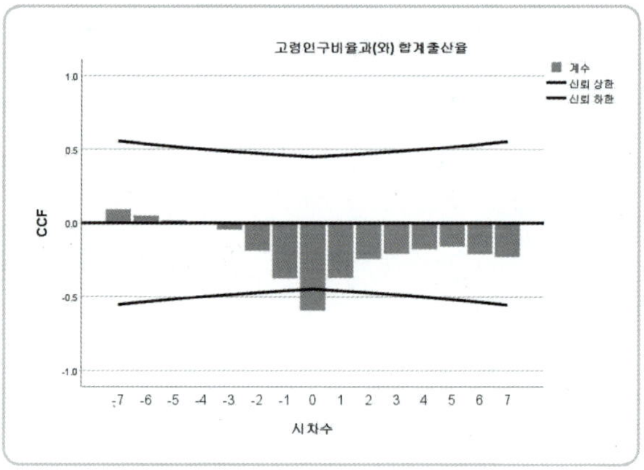

Chapter 6

시계열 회귀분석

1. 회귀분석의 의의
2. 회귀모형의 유의성 판단
3. 단순회귀분석 실제
4. 회귀모형 검증
5. 다중회귀분석
6. 가변수를 이용한 회귀분석

1. 회귀분석의 의의

(1) 회귀분석의 목적

회귀분석(regression analysis)은 이론적 토대를 갖추고 종속변수(결과변수/반응변수)에 대한 독립변수(원인변수/예측변수/설명변수)의 영향을 파악하며 종속변수의 변화를 예측하는 데 사용한다. 회귀분석은 독립변수가 1개이면 단순회귀분석, 2개 이상이면 다중회귀분석이라고 한다.

(2) 기본 가정

회귀분석은 다음과 같은 기본 가정을 만족하여야 한다.

첫째, 데이터가 시계열인 경우 자기상관(과거의 관측값이 현재 및 미래의 관측값과 중첩)이 없어야 한다. 자기상관이 존재하는 경우 과거의 값을 통해 현재 및 미래의 값을 예측하기 곤란하며, 분석에 앞서 시계열의 데이터를 안정화로 전환하여야 한다.

둘째, 독립변수와 종속변수 간 선형성(linearity)을 가져야 한다. 즉 종속변수의 변화는 독립변수의 변화에 일정하게 비례한다는 가정을 전제로 한다. 비례한다는 의미는 직선(선형)의 분포를 가져야 한다는 의미이다.

셋째, 잔차(residual) 또는 오차(error)는 등분산성(오차들이 회귀선을 중심으로 일정한 폭을 유지하거나 0을 중심으로 랜덤하게 분포)이어야 한다. 여기에서 잔차(오차)는 종속변수의 추정된 값과 실제 관찰된 값의 차이를 말한다.

넷째, 잔차(오차)가 정규성, 즉 정규분포를 이루어야 한다. 일반적인 정규성의 검증은 표준화 잔차의 도표가 45도 대각선을 따라 균등하게 펴져 있으면 분포가 정상적이라고 판단한다.

다섯째, 잔차(오차)가 독립성을 가져야 한다. 잔차들이 중첩되지 않고 독립적이어야 한다. 잔차들 간 자기상관이 존재하지 않아야 한다.

(3) 기본 회귀모형

회귀분석의 기본 모형은 아래와 같이 독립변수, 상수항(절편), 기울기, 오차 등을 통해 종속변수의 변화를 추정한다.

추정 회귀식 $\hat{y} = \alpha + \beta\chi + \varepsilon$

$\hat{y}$: 종속변수의 추정치

χ : 독립변수

α : 상수항(절편)

β : 기울기

ε : 오차

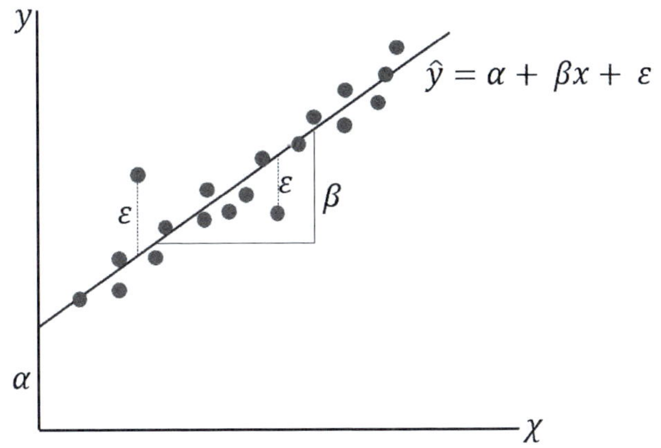

2. 회귀모형의 유의성 판단

회귀분석 결과에 대한 통계적 유의성 여부를 판단하는 기준은 다음과 같다.

- R^2 : 결정계수(회귀식의 적합도/설명력)는 독립변수에 의하여 설명되는 종속변수의 비율로 추정 회귀식(회귀모형)이 모집단에 얼마나 적합한지(타당한지) 또는 설명력이 있는지를 파악한다. 만약 결정계수가 0이라면, 두 변수 간 아무런 관계가 없다는 것이 아니라 직선의 관계가 존재하지 않는다는 것을 의미한다.

- Adjusted R^2 : 다중회귀분석에서 독립변수가 많아지면 독립변수가 유의하든 또는 유의하지 않든 결정계수가 높아지는 단점이 있다. 조정결정계수는 결정계수의 이런 단점을 보완하기 위해 조정된 결정계수를 사용하게 되는데, 조정된 결정계수는 결정계수보다 작은 값을 가진다. 또한 조정된 결정계수는 새로운 변수를 추가하고자 할 때 그 설명변수를 추가해야 하는가를 판단하기 위하여 사용하는 지표이다(이원우 외, 2018: 237).

- F값 : 회귀모형(추정회귀식)의 통계적 유의성 검증은 F값의 통계량과 유의확률을 유의수준과 비교하여 판단한다. 회귀분석은 두 변수 간 선형(직선)관계를 전제로 하기 때문에 '회귀선의 기울기는 0이다'라는 귀무가설을 검정하며, 유의수준 $p<0.05$에서 귀무가설을 기각하면 회귀모형이 유의적이다. 추정회귀모형의 기울기가 존재하여야만 독립변수의 변화에 종속변수가 변화하게 되는데, 반대로 기울기가 0이면 독립변수의 변화에 대한 종속변수의 아무런 변화가 존재하지 않는다는 의미이다.

- β : 회귀계수 β에 대한 검정통계량은 t값으로 제시되며, 유의수준 0.05보다 작아야 영가설을 기각한다.

3. 단순회귀분석 실제

1) 사례 1 : 연도별 지방공무원 변화

다음은 2008년부터 2020년까지 전국 시도별 지방공무원의 시계열 데이터이다. 연도별 공무원의 변화(증감)를 회귀분석을 통해 살펴본다(단순회귀분석.sav).

(1) 기본 분석

- 분석 → 회귀분석 → 선형
  - 종속변수 : 지방공무원
  - 독립변수 : Year

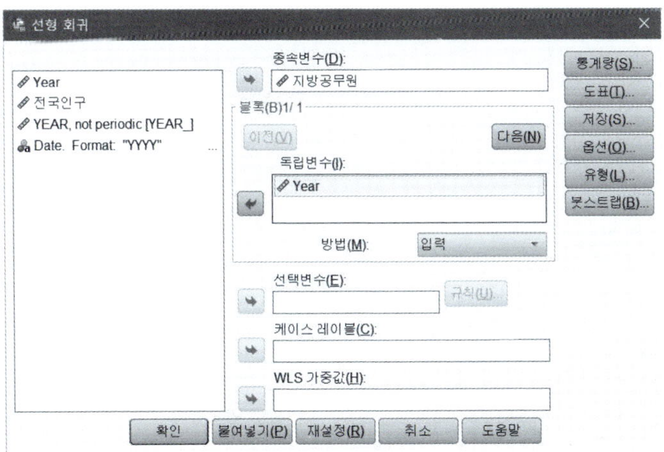

- 우측 [통계량]
  - 회귀계수 : 추정값
  - 모형 적합
  - 잔차 : Durbin-Watson, 케이스별 진단: 모든 케이스
  - 계속

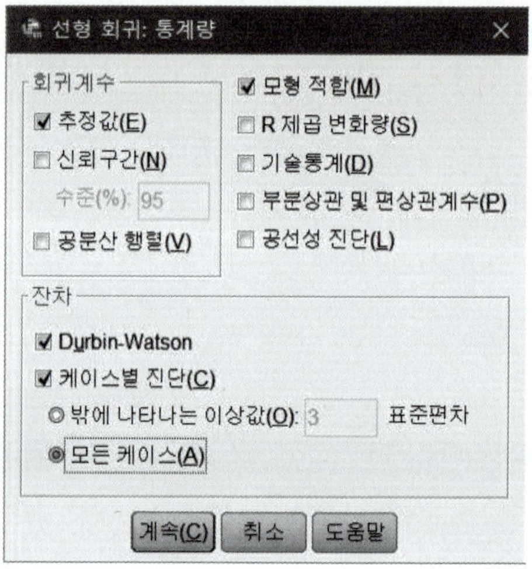

- 우측 [도표]
  - 표준화 잔차도표 : 히스토그램, 정규확률도표
  - 계속

DEPENDNT : 종속변수 의미
*ZPRED : 표준화된(평균=0, 분산=1) 예측값
*ZRESID : 표준화된(평균=0, 분산=1) 잔차(오차)
*DRESID : 삭제된 잔차
*ADJPRED : 수정된 예측값
*SRESID : 스튜던트화된 잔차
*SDRESID : 스튜던트화된 삭제된 잔차

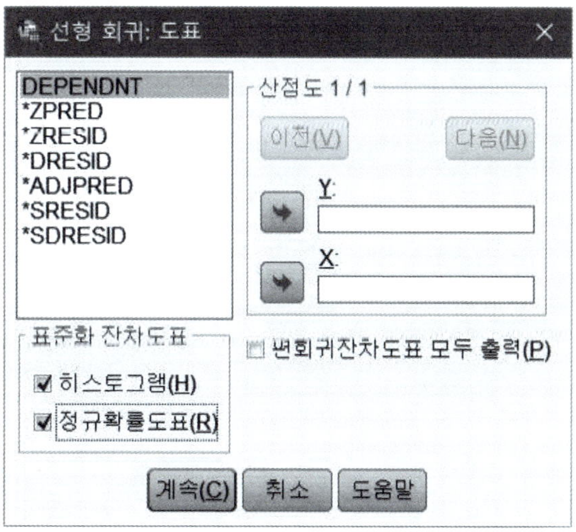

- 우측 [저장]
  - 예측값 : 비표준화
  - 잔차 : 비표준화, 표준화, 스튜던트화
  - 거리 : Cook의 거리
  - 공분산 행렬 포함
  - 계속

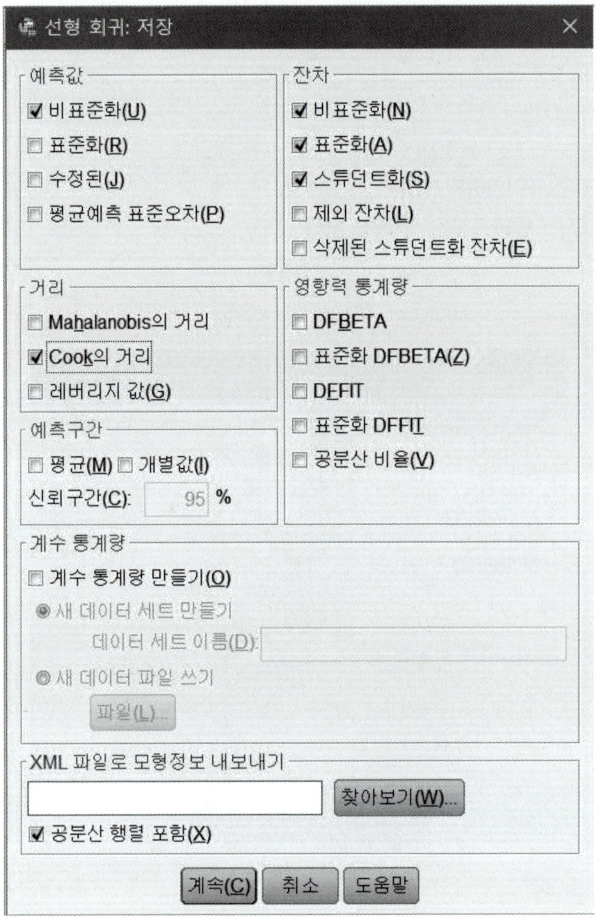

- 우측 [옵션]
  - 선택법 기준 : F-확률 사용
  - 방정식에 상수함 포함
  - 계속 → 확인
  - 결과 제시

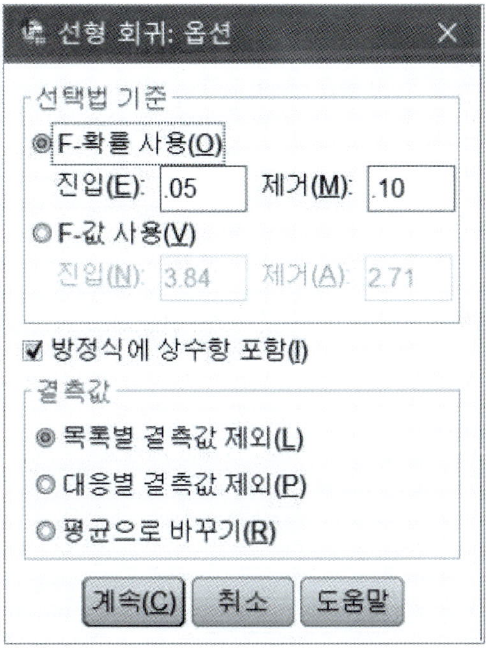

분석결과는 다음과 같다. 모형요약에서 R제곱이 0.654로 연도(Year)에 의하여 설명되는 지방공무원(종속변수)의 비율은 65.4%이다. 회귀모형의 유의성 검정에서 F값의 통계량이 20.765이고 유의확률이 0.001로 유의수준 0.05보다 작기 때문에 '회귀선의 기울기는 0이다'라는 영가설을 기각한다. 즉 회귀선의 기울기는 존재한다는 의미이다. 따라서 회귀모형(회귀식)은 유의미하다.

잔차의 자기상관 존재 여부를 검증하는 Durbin-Watson의 d-통계량은 1.800으로 자기상관이 존재하지 않는 것으로 알 수 있다. d-통계량은 2에 가까울수록 자기상관이 없고 독립적이나, 0이나 4에 가까울수록 자기상관이 존재한다. 따라서 선형 회귀분석이 불가능하다. 자기상관의 범위는 0에서 4까지($0 < d < 4$)이다.

$d \sim 0$: 잔차 간 양(+)의 상관관계
$d \sim 2$: 잔차 간 상관관계가 없음
$d \sim 4$: 잔차 간 음(−)의 상관관계

모형 요약[b]

모형	R	R 제곱	수정된 R 제곱	추정값의 표준 오차	Durbin-Watson
1	.809[a]	.654	.622	11458.818	1.800

a. 예측자: (상수), Year
b. 종속변수: 지방공무원

ANOVA[a]

모형		제곱합	자유도	평균제곱	F	유의확률
1	회귀	2726554373	1	2726554373	20.765	.001[b]
	잔차	1444349576	11	131304506.9		
	전체	4170903949	12			

a. 종속변수: 지방공무원
b. 예측자: (상수), Year

아래 회귀계수에 의한 추정 회귀식은 다음과 같다.

지방공무원수 = −7500016.077 + 3870.538 × (연도)

337823.373 = −750016.077 + 3870.538 × (2025)

357176.063 = −750016.077 + 3870.538 × (2030)

395881.443 = −750016.077 + 3870.538 × (2040)

− 상수(절편) : −7500016.077

− 기울기의 추정치 : 3870.538

− 기울기의 표준오차 : 849.384

- t값 : 4.557 = 3870.538 ÷ 849.284
- t값의 유의확률 : 0.001 → 유의수준 $p<0.05$보다 작기 때문에 통계적으로 유의하다. 즉 지방공무원의 증가에 연도가 유의적 영향을 미치기 때문에 연도가 갈수록 지방공무원은 증가한다.

계수[a]

모형		비표준화 계수 B	비표준화 계수 표준화 오류	표준화 계수 베타	t	유의확률
1	(상수)	-7500016.077	1710662.512		-4.384	.001
	Year	3870.538	849.384	.809	4.557	.001

a. 종속변수: 지방공무원

케이스별 잔차 결과가 제시된다. 표준화 잔차(standardized residual)는 보통의 잔차들을 해당 표준편차 추정값으로 나눈 값으로 잔차를 z점수로 변환한 것이다. 표준화 잔차의 크기(절댓값)가 3.29보다 크면 문제(이상치)로 볼 수 있다. 분석결과에서는 3.29보다 큰 값이 없다. 만약, 3.29보다 큰 값이 있다면 이상값으로 판단하고 해당 케이스를 삭제한 후 회귀분석을 다시 한다.

표본의 z점수는 다음과 같다.

- 유의수준 95% : −1.96 ~ +1.96
- 유의수준 99% : −2.58 ~ +2.58
- 유의수준 99.9% : −3.29 ~ +3.29

케이스별 진단[a]

케이스 번호	표준화 잔차	지방공무원	예측값	잔차
1	.280	275231	272025.15	3205.846
2	.210	278303	275895.69	2407.308
3	-.011	279636	279766.23	-130.231
4	-.227	281035	283636.77	-2601.769
5	-.275	284355	287507.31	-3152.308
6	-.356	287299	291377.85	-4078.846
7	-.466	289914	295248.38	-5334.385
8	-.248	296273	299118.92	-2845.923
9	.036	303401	302989.46	411.538
10	.331	310654	306860.00	3794.000
11	1.059	322862	310730.54	12131.462
12	1.962	337084	314601.08	22482.923
13	-2.294	292182	318471.62	-26289.615

a. 종속변수: 지방공무원

다음은 케이스 전체의 잔차 통계량이 제시된다. 잔차의 이분산성(동/등분산성의 검증)은 산점도와 잔차 통계량을 보고 판단한다.

- 수정된 예측값 : 해당 사례를 제외한 데이터로 만든 모형이 예측한 값으로 해당 사례가 모형에 큰 영향을 미치지 않았다면 원래의 예측값과 비슷하다.
- 스튜던트화 잔차 : 삭제된 잔차를 표준오차로 나누어서 표준화한 값으로 그 값이 ±2.0을 넘으면 이상치로 판단할 수 있다.
- Cook의 거리 : 한 사례가 모형 전체에 미치는 영향력을 나타내는 통계량으로 그 값이 1 이상이면 문제가 될 수 있다.
- 중심화된 레버리지 값 : 결과변수의 실제 측정값이 예측값에 미치는 영향을 측정한 것으로 그 값은 0(사례가 예측에 아무런 영향을 주지 않은 경우)에서 1(사례가 예측에 완전한 영향을 주는 경우)까지이다.

잔차 통계량a

	최소값	최대값	평균	표준화 편차	N
예측값	272025.16	318471.63	295248.38	15073.582	13
표준화 예측값	-1.541	1.541	.000	1.000	13
예측값의 표준오차	3178.104	6006.053	4387.471	1014.902	13
수정된 예측값	270810.81	328429.81	295308.52	16009.224	13
잔차	-26289.615	22482.924	.000	10970.983	13
표준화 잔차	-2.294	1.962	.000	.957	13
스튜던트화 잔차	-2.694	2.214	-.002	1.094	13
삭제된 잔차	-36247.805	28614.629	-60.140	14363.013	13
스튜던트화 삭제된 잔차	-4.404	2.834	-.082	1.569	13
Mahal. 거리	.000	2.374	.923	.852	13
Cook의 거리	.000	1.375	.172	.405	13
중심화된 레버리지 값	.000	.198	.077	.071	13

a. 종속변수: 지방공무원

다음은 잔차들의 정규성(정규분포)을 갖추고 있는지를 나타내는 히스토그램이다. 회귀모형이 올바르게 만들어졌다면 잔차들은 정규분포에 가까운 형태를 보이게 된다. 물론 잔차들의 형태가 정규분포에 근접하는가의 여부를 판단하는 특별한 기준이 있는 것은 아니다. 정규분포 그래프 형태가 절대적인 판단기준이 될 수 있는 것은 아니나 잔차들의 정규성을 판단하는 하나의 정보이다.

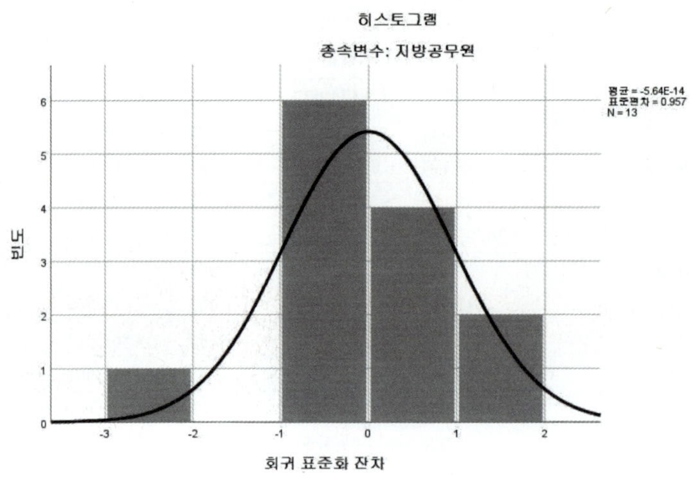

표준화 잔차의 도표가 45도 대각선을 따라 균등하게 펴져 있으면 분포가 정상적이라는 것을 나타낸다.

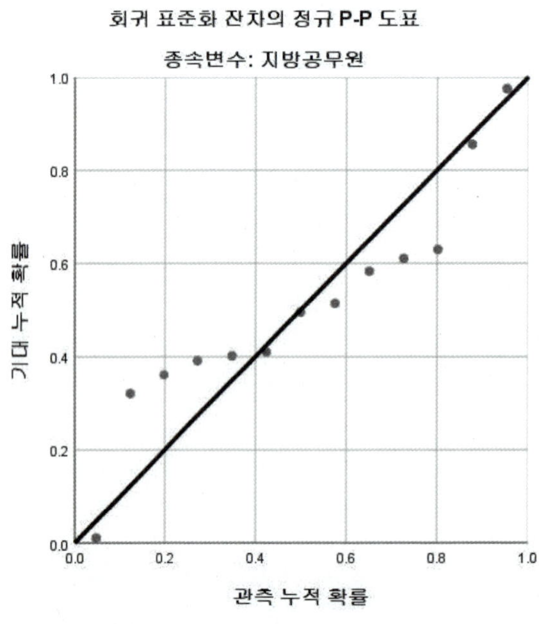

• [데이터 보기]에서 예측값, 잔차 등의 저장된 결과가 제시된다. 이 결과에서는 어느 케이스가 모형 적합도에 영향을 미치는 이상값을 보이는지를 시각적으로 확인하기 위해서이다.

– PRE_1 : 예측값

– RES_1 : 잔차 = 예측값 – 관측값 = PRE_1 – 지방공무원

– ZRE_1 : 표준화 잔차

– SRE_1 : 스튜던트화 잔차

– COO_1 : COOK의 거리

Year	전국인구	지방공무원	YEAR_	DATE_	PRE_1	RES_1	ZRE_1	SRE_1	COO_1
2000	49540367	275231	2008	2008	272025.15385	3205.84615	.27977	.32851	.02044
2009	49773145	278303	2009	2009	275895.69231	2407.30769	.21008	.23701	.00766
2010	50515666	279636	2010	2010	279766.23077	-130.23077	-.01137	-.01244	.00002
2011	50734284	281035	2011	2011	283636.76923	-2601.76923	-.22705	-.24292	.00427
2012	50948272	284355	2012	2012	287507.30769	-3152.30769	-.27510	-.28980	.00461
2013	51141463	287299	2013	2013	291377.84615	-4078.84615	-.35596	-.37160	.00620
2014	51327916	289914	2014	2014	295248.38462	-5334.38462	-.46553	-.48454	.00978
2015	51529338	296273	2015	2015	299118.92308	-2845.92308	-.24836	-.25928	.00302
2016	51696216	303401	2016	2016	302909.46154	411.53846	.03591	.03783	.00008
2017	51778544	310654	2017	2017	306860.00000	3794.00000	.33110	.35424	.00908
2018	51826059	322862	2018	2018	310730.53846	12131.46154	1.05870	1.15848	.13244
2019	51849861	337084	2019	2019	314601.07692	22482.92308	1.96206	2.21351	.66813
2020	51829023	292182	2020	2020	318471.61538	-26289.61538	-2.29427	-2.69397	1.37452

● 잔차(오차항)의 정규성 및 동/등분산성 확인 방법

① 기술통계량의 Q-Q도표

잔차(오차항)의 정규성 및 동분산성은 저장된 표준화잔차(ZRE_1)를 통해 기술통계량 Q-Q도표에서 확인할 수 있다.

• 분석 → 기술통계량 → Q-Q 도표

– 변수 : 표준화잔차(ZRE_1)

– 검정분포 : 정규

– 확인

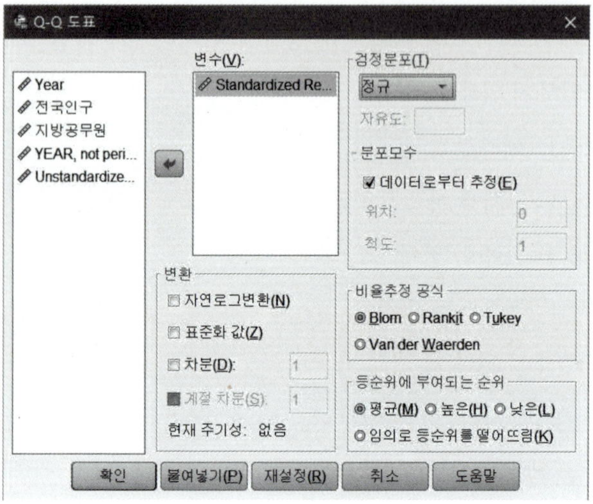
Q-Q 도표
Year
전국인구
지방공무원
YEAR, not peri...
Unstandardize...
변수(V):
Standardized Re...
검정분포(T)
정규
자유도:
분포모수
데이터로부터 추정(E)
위치:
척도:
변환
자연로그변환(N)
표준화 값(Z)
차분(D):
계절 차분(S):
현재 주기성: 없음
비율추정 공식
Blom Rankit Tukey
Van der Waerden
등순위에 부여되는 순위
평균(M) 높은(H) 낮은(L)
임의로 등순위를 떨어뜨림(K)
확인
붙여넣기(P)
재설정(R)
취소
도움말

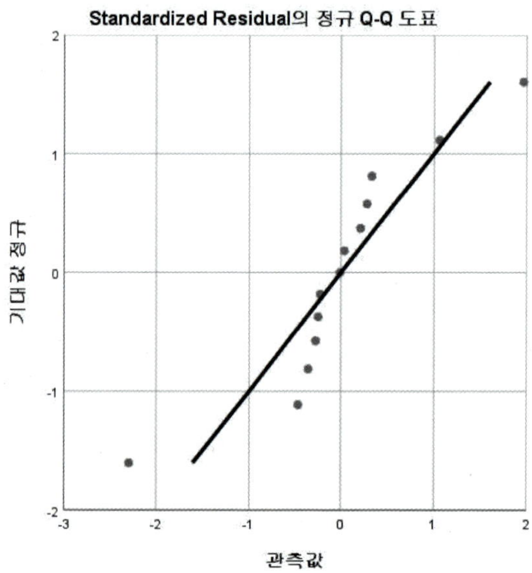
Standardized Residual의 정규 Q-Q 도표
기대값 정규
관측값

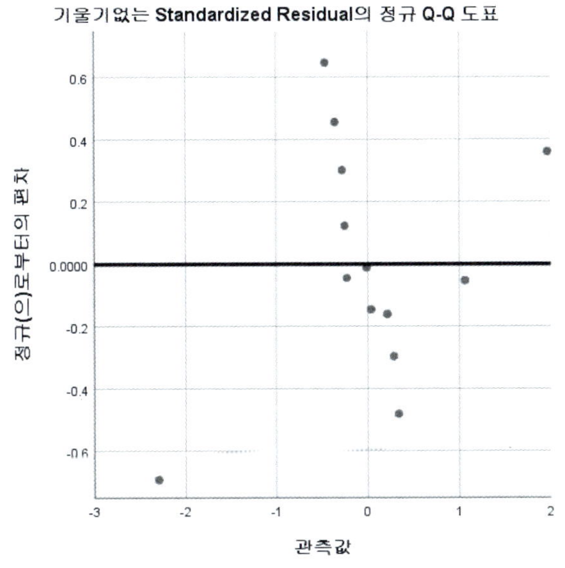

② 잔차의 정규성 검정

- 분석 → 기술통계량 → 데이터 탐색
  - 종속변수 : 잔차(RESID_1)

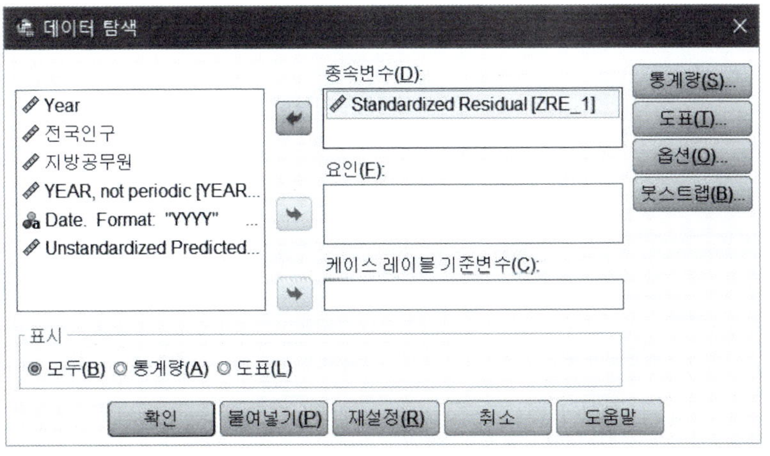

- 도표
  - 상자도표 : 지정하지 않음
  - 기술통계 : 히스토그램
  - 검정과 함께 정규성도표
  - 계속 → 확인

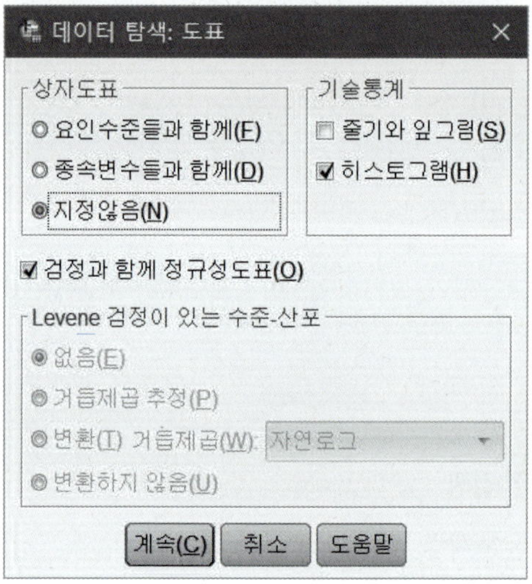

분석결과, Kolmogorov-Smirnov 또는 Shapiro-Wilk 중 통계량의 유의확률이 유의수준 0.05보다 커야 한다. Kolmogorov-Smirnov 및 Shapiro-Wilk 통계량의 유의확률이 유의수준 0.05보다 크므로 정규성을 만족한다.

정규성 검정

	Kolmogorov-Smirnov[a]			Shapiro-Wilk		
	통계량	자유도	유의확률	통계량	자유도	유의확률
Standardized Residual	.236	13	.045	.881	13	.073

a. Lilliefors 유의확률 수정

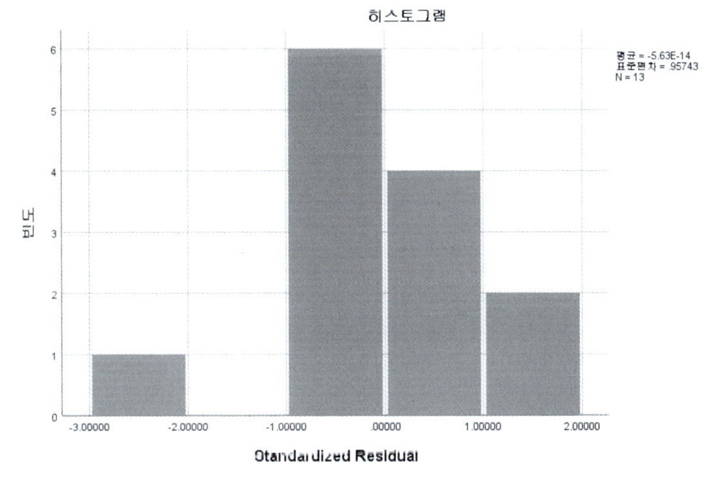

Q-Q 도표에서 대각선을 중심으로 모여 있으면 정규성을 만족하게 된다.

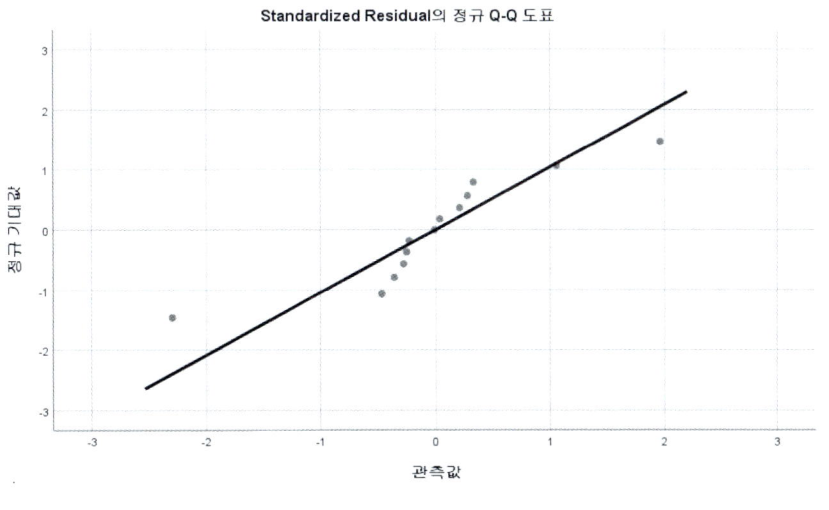

0을 중심으로 무작위적으로 분포하고 있으며 정규성을 만족한다.

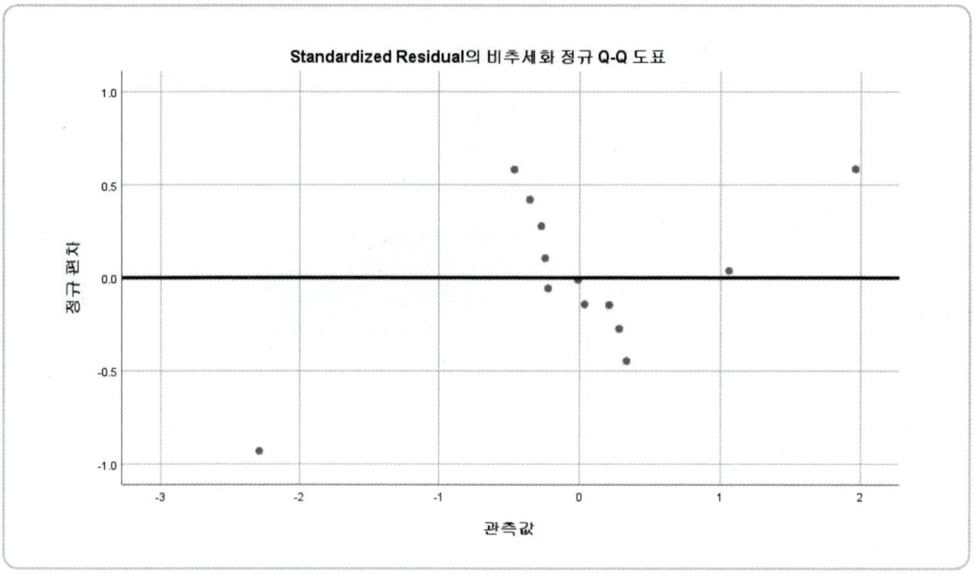

● 이상치 삭제 후 회귀분석 재실시

2019년과 2020년 케이스에서 스튜던트화 잔차(SRE_1)가 2 이상이고, 2020년 케이스에서는 COOK의 거리(COO_1)가 1 이상으로 이상치 있음을 알 수 있다. 따라서 2019년과 2020년 케이스를 삭제하고 회귀분석을 다시 실시해보자.

- 2019년, 2020년 케이스를 삭제 방법
  - 2019년과 2020년 행에 마우스 포인트를 찍고 오른쪽 클릭
  - [지우기] 클릭

	Year	전국인구	지방공무원	YEAR_	DATE_	PRE_1	RES_1	ZRE_1	SRE_1	COO_1
1	2008	49540367	275231	2008	2008	272025.15385	3205.84615	.27977	.32851	.02044
2	2009	49773145	278303	2009	2009	275895.69231	2407.30769	.21008	.23701	.00766
3	2010	50515666	279636	2010	2010	279766.23077	-130.23077	-.01137	-.01244	.00002
4	2011	50734284	281035	2011	2011	283636.76923	-2601.76923	-.22705	-.24292	.00427
5	2012	50948272	284355	2012	2012	287507.30769	-3152.30769	-.27510	-.28980	.00461
6	2013	51141463	287299	2013	2013	291377.84615	-4078.84615	-.35596	-.37160	.00620
7	2014	51327916	289914	2014	2014	295248.38462	-5334.38462	-.46553	-.48454	.00978
8	2015	51529338	296273	2015	2015	299118.92308	-2845.92308	-.24836	-.25928	.00302
9	2016	51696216	303401	2016	2016	302989.46154	411.53846	.03591	.03783	.00008
10	2017	51778544	310654	2017	2017	306860.00000	3794.00000	.33110	.35424	.00908
11	2018	51826059	322862	2018	2018	310730.53846	12131.46154	1.05870	1.15848	.13244
12	2019	51849861	337084	2019	2019	314601.07692	22482.92308	1.96206	2.21351	.66813
13		51829023	292182	2020	2020	318471.61538	-26289.61538	-2.29427	-2.69397	1.37452
14										
15										
16										

잘라내기(T)
복사(C)
붙여넣기(P)
지우기(E)
케이스 삽입(I)

이후 분석과정은 전과 동일하게 수행한다.

모형요약에서 R제곱이 0.901로 0.654보다 대폭 증가하였으며, 회귀모형의 유의성 검정에서 F값의 통계량이 82.203으로 20.762보다 증가하였다.

지방공무원수 = −8398744.791 + 4317.173 × (연도)

343530.534 = −8398744.791 + 4317.173 × (2025)

365116.399 = −8398744.791 + 4317.173 × (2030)

408288.129 = −8398744.791 + 4317.173 × (2040)

- 상수(절편) : −8398744.791
- 기울기의 추정치 : 4317.173
- t값 : 9.067 → 유의수준 $p<0.05$보다 작기 때문에 통계적으로 유의하다.

모형 요약[b]

모형	R	R 제곱	수정된 R 제곱	추정값의 표준 오차	Durbin-Watson
1	.949[a]	.901	.890	4994.035	.480

a. 예측자: (상수), Year

b. 종속변수: 지방공무원

ANOVA[a]

모형		제곱합	자유도	평균제곱	F	유의확률
1	회귀	2050177839	1	2050177839	82.203	.000[b]
	잔차	224463475.6	9	24940386.18		
	전체	2274641315	10			

a. 종속변수: 지방공무원

b. 예측자: (상수), Year

계수[a]

모형		비표준화 계수		표준화 계수		
		B	표준화 오류	베타	t	유의확률
1	(상수)	-8398744.791	958516.416		-8.762	.000
	Year	4317.173	476.163	.949	9.067	.000

a. 종속변수: 지방공무원

이상치 삭제 후 분석한 결과를 통한 잔차(오차항)의 정규성을 확인해보자. 잔차의 정규성을 검정하는 방법은 기술통계량의 '데이터 탐색' 또는 'Q-Q 도표'를 이용한다.

(1) 방법 1 : 데이터 탐색

- 분석 → 기술통계량 → 데이터 탐색
  - 종속변수 : 표준화 잔차(ZRE_1) ← [데이터 보기]에 저장되어 있음
- 도표
  - 상자도표 : 지정않음

– 기술통계 : 히스토그램

– 검정과 함께 정규성도표

– 계속 → 확인

분석결과, Kolmogorov-Smirnov 또는 Shapiro-Wilk 중 어느 하나의 통계량의 유의확률이 유의수준 0.05보다 커야 한다. Kolmogorov-Smirnov 및 Shapiro-Wilk 통계량 모두의 유의확률이 유의수준 0.05보다 크므로 정규성을 만족한다.

정규성 검정

	Kolmogorov-Smirnov[a]			Shapiro-Wilk		
	통계량	자유도	유의확률	통계량	자유도	유의확률
Standardized Residual	.151	11	.200*	.951	11	.652

*. 이것은 참 유의성의 하한입니다.

a. Lilliefors 유의확률 수정

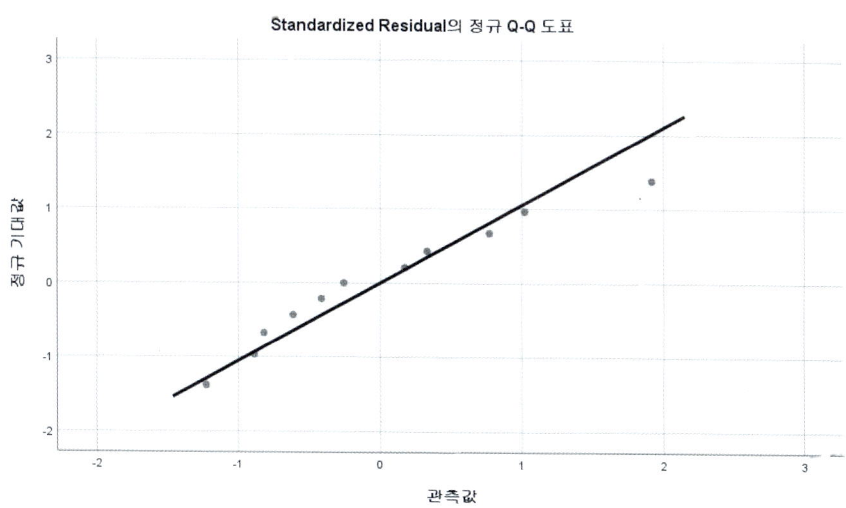

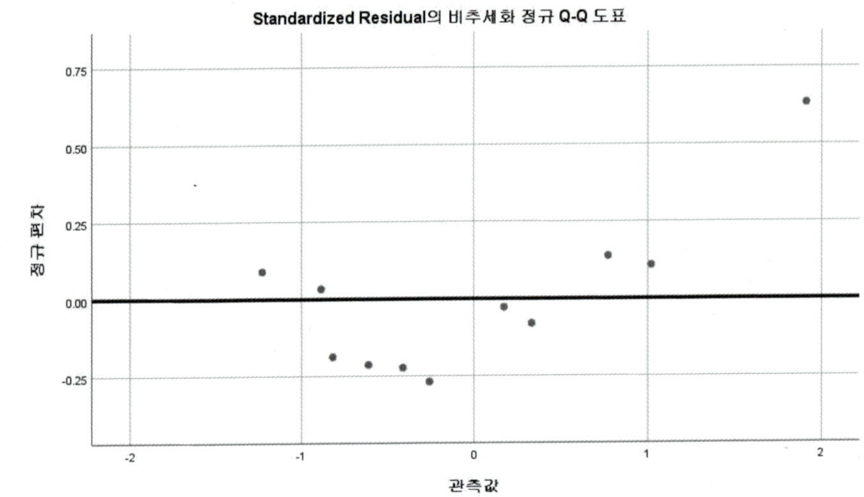

(2) 방법 2 : Q-Q

- 분석 → 기술통계량 → Q-Q 도표
  – 변수 : 표준화 잔차(ZRE_1) ← [데이터 보기]에 저장되어 있음

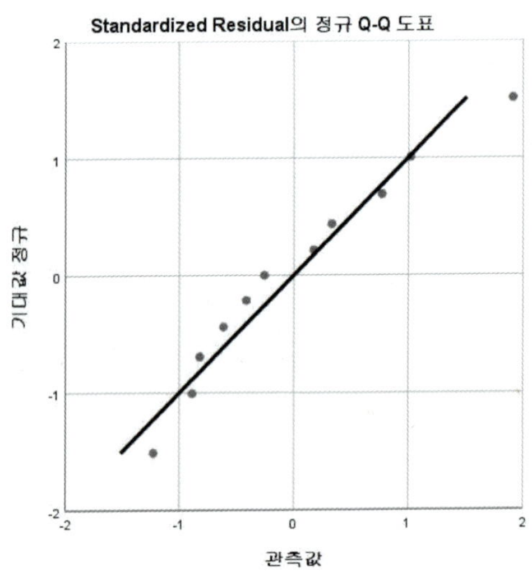

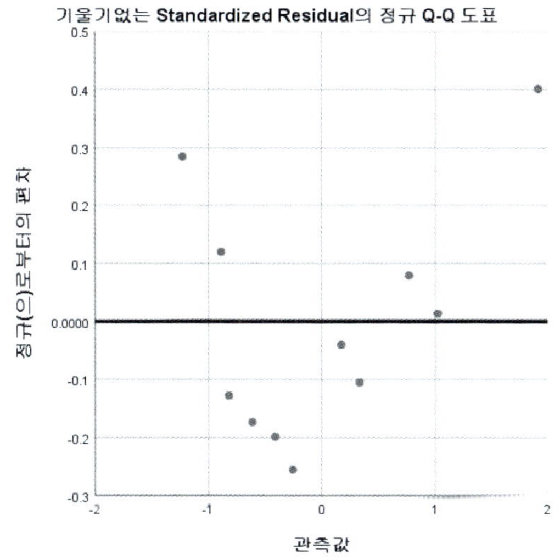

2) 사례 2 : 연도별 지역총소득 변화

연도별(2000년~2019년) 1인당지역총소득의 시계열 데이터에 대한 단순회귀분석을 실시해보자(🖫 1인당지역총소득.sav).

- 분석 → 회귀분석 → 선형
  - [통계량], [도표], [저장], [옵션] 등에 관한 사항은 전과 동일하다.

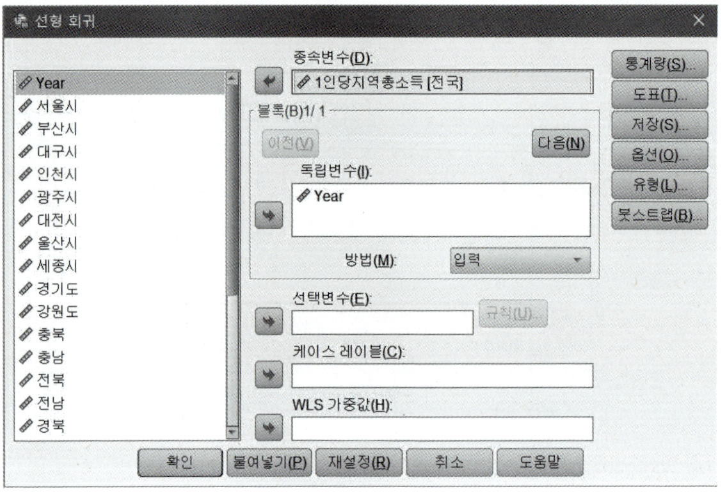

분석결과는 다음과 같다. 모형요약에서 *R*제곱이 0.998로 연도(Year)에 의하여 설명되는 1인당지역총소득(종속변수)의 비율은 99.8%이다. 회귀모형의 유의성 검정에서 *F*값의 통계량이 8252.620이고 유의확률이 0.000로 유의수준 0.05보다 작기 때문에 '회귀선의 기울기는 0이다'라는 영가설을 기각한다. 즉 회귀선의 기울기는 존재한다는 의미이다. 회귀모형(회귀식)은 유의미하다. 잔차의 자기상관을 검증하는 Durbin-Watson의 *d*-통계량은 1.428로 자기상관에 존재하지 않는(독립적) 것으로 알 수 있다.

모형 요약[b]

모형	R	R 제곱	수정된 R 제곱	추정값의 표준오차	Durbin-Watson
1	.999[a]	.998	.998	362.791	1.428

a. 예측자: (상수), Year

b. 종속변수: 1인당지역총소득

ANOVA[a]

모형		제곱합	자유도	평균제곱	F	유의확률
1	회귀	1086187537	1	1086187537	8252.620	.000[b]
	잔차	2369111.337	18	131617.296		
	전체	1088556648	19			

a. 종속변수: 1인당지역총소득

b. 예측자: (상수), Year

이 시계열 데이터의 추정 회귀식은 다음과 같다.

1인당지역총소득 = −2542443.458 + 1278.032 × (연도)

39181.182 = −2542443.458 + 1278.032 × (2020)

45571.342 = −2542443.458 + 1278.032 × (2025)

– 상수(절편) : −2542443.458

– 기울기의 추정치 : 1278.032

– 기울기의 표준오차 : 14.068

– t값 : 90.844 = 1278.032 ÷ 14.068

– t값의 유의확률 : 0.000 → 유의수준 $p<0.05$보다 작기 때문에 통계적으로 유의하다. 즉 1인당지역총소득 증가에 연도가 유의적 영향을 미친다.

계수[a]

모형		비표준화 계수 B	비표준화 계수 표준화 오류	표준화 계수 베타	t	유의확률	공선성 통계량 공차	공선성 통계량 VIF
1	(상수)	-2542443.458	28270.628		-89.932	.000		
	Year	1278.032	14.068	.999	90.844	.000	1.000	1.000

a. 종속변수: 1인당지역총소득

잔차 통계량이 제시된다. 표준화 잔차(±3.29), 스튜던트화 잔차(±2.0), Cook의 거리(1 미만) 등 잔차의 동/등분산성이 존재하는 것으로 파악된다.

잔차 통계량[a]

	최소값	최대값	평균	표준화 편차	N
예측값	13619.70	37902.30	25761.00	7560.937	20
표준화 예측값	-1.606	1.606	.000	1.000	20
예측값의 표준오차	81.427	156.343	111.975	25.614	20
수정된 예측값	13564.89	37987.21	25755.73	7564.826	20
잔차	-666.984	630.763	.000	353.115	20
표준화 잔차	-1.838	1.739	.000	.973	20
스튜던트화 잔차	-1.887	1.869	.007	1.024	20
삭제된 잔차	-702.367	728.858	5.275	391.161	20
스튜던트화 삭제된 잔차	-2.047	2.023	.004	1.061	20
Mahal. 거리	.007	2.579	.950	.868	20
Cook의 거리	.000	.272	.054	.067	20
중심화된 레버리지 값	.000	.136	.050	.046	20

a. 종속변수: 1인당지역총소득

잔차들의 정규분포를 나타내는 히스토그램이다.

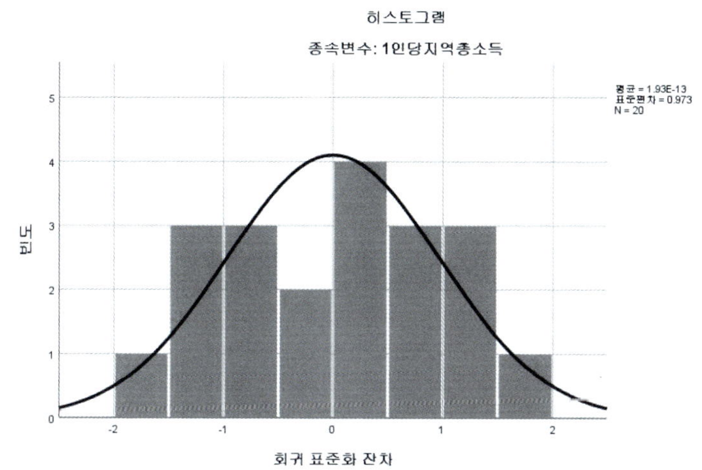

표준화 잔차의 도표가 45도 대각선을 따라 균등하게 퍼져 있으면 분포가 정상적이라는 것을 나타낸다. 즉 등/동분산의 가정에 이상이 없으며 잔차들이 바람직하게 분포되어 있다.

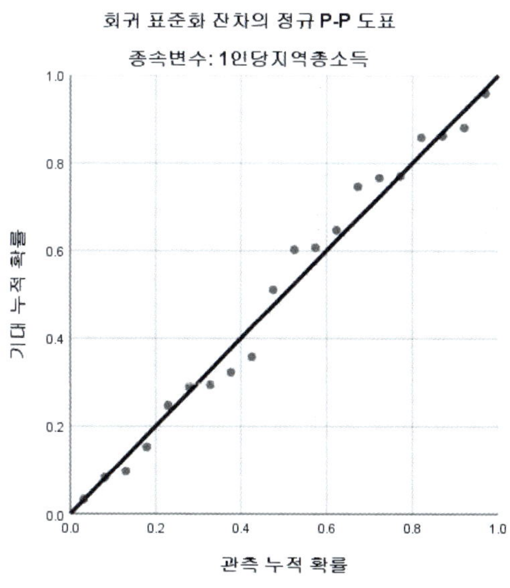

- [데이터 보기]에서 예측값, 잔차 등의 저장된 결과가 제시된다.
  - ZPR_1 : 표준화 예측
  - ZRE_1 : 표준화 잔차
  - SRE_1 : 스튜던트화 잔차
  - COO_1 : COOK의 거리

ZPR_1	ZRE_1	SRE_1	COO_1
-1.60579	.66236	.73402	.06144
-1.43676	.02830	.03086	.00009
-1.26773	.73937	.79479	.04912
-1.09870	.25967	.27580	.00487
-.92967	.72541	.76274	.03071
-.76064	-.68320	-.71246	.02220
-.59161	-1.29796	-1.34478	.06641
-.42258	-.46010	-.47441	.00711
-.25355	-.55391	-.56931	.00914
-.08452	-1.83848	-1.88661	.09441
.08452	1.17970	1.21059	.03887
.25355	1.09141	1.12176	.03548
.42258	.37741	.38914	.00478
.59161	-.54056	-.56006	.01152
.76064	-1.38411	-1.44339	.09114
.92967	-.36432	-.38307	.00775
1.09870	.27232	.28923	.00536
1.26773	1.73864	1.86895	.27161
1.43676	1.07426	1.17117	.12932
1.60579	-1.02621	-1.13723	.14748

기술통계량의 '데이터 탐색'을 통한 잔차의 정규성 검정 결과, Kolmogorov-Smirnov 또는 Shapiro-Wilk 중 통계량의 유의확률이 유의수준 0.05보다 커야 정규성 가정을 만족한다. Kolmogorov-Smirnov 및 Shapiro-Wilk 통계량 모두 유의확률이 유의수준 0.05보다 크므로 정규성을 만족한다.

정규성 검정

	Kolmogorov-Smirnov[a]			Shapiro-Wilk		
	통계량	자유도	유의확률	통계량	자유도	유의확률
Standardized Residual	.105	20	.200*	.975	20	.855

*. 이것은 참 유의성의 하한입니다.

a. Lilliefors 유의확률 수정

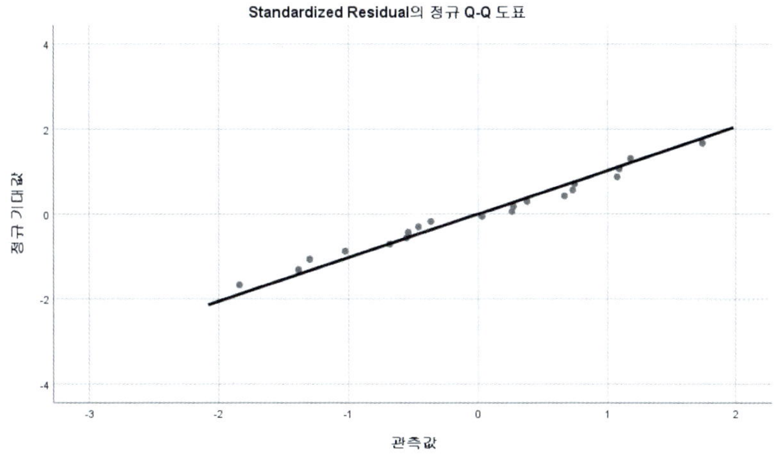

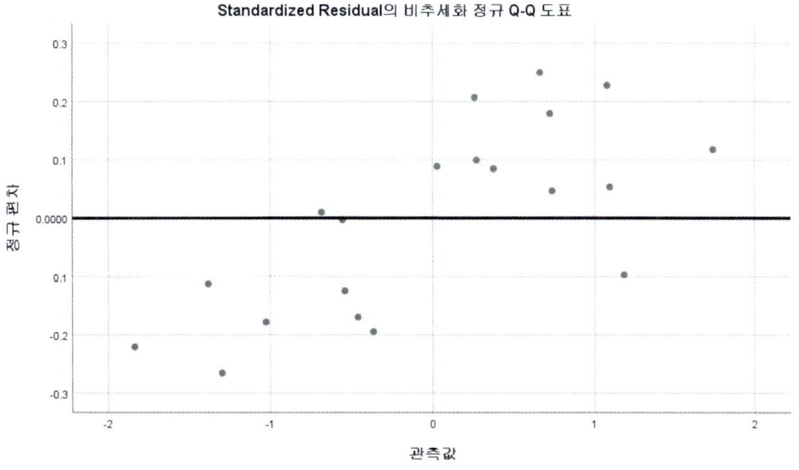

3) 사례 3 : 지역총소득과 순이동인구의 관계

다음 1인당지역총소득 수준에 따라 순이동인구가 어떻게 변화하는지를 살펴보기 위하여 제주도의 1인당지역총소득을 독립변수, 순이동인구를 종속변수로 설정하여 회귀분석을 실시해보자(단순회귀분석_제주.sav).

Year	지역총소득	순이동인구	YEAR_	DATE_
2000	11154	-2358	2000	2000
2001	12163	-326	2001	2001
2002	12969	234	2002	2002
2003	13580	-1447	2003	2003
2004	14859	-83	2004	2004
2005	14762	-805	2005	2005
2006	15659	-1902	2006	2006
2007	16350	-2928	2007	2007
2008	17358	-2236	2008	2008
2009	18437	-1015	2009	2009
2010	19613	437	2010	2010
2011	22372	2343	2011	2011
2012	23138	4876	2012	2012
2013	24020	7823	2013	2013
2014	25400	11112	2014	2014
2015	27314	14257	2015	2015
2016	29342	14632	2016	2016
2017	30863	14005	2017	2017
2018	31193	8853	2018	2018
2019	30834	2936	2019	2019

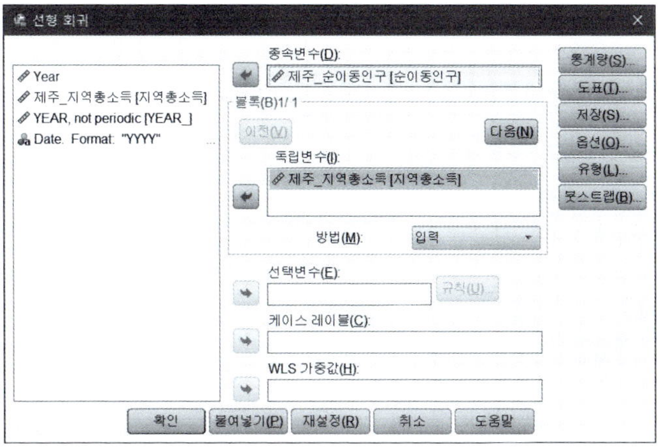

*R*제곱이 0.697로 지역총소득에 의하여 설명되는 순이동인구의 비율은 69.7%이다. 회귀모형의 유의성 검정에서 *F*값의 통계량이 41.432이고 유의확률이 0.000로 유의수준 0.05보다 작기 때문에 '회귀선의 기울기는 0이다'라는 영가설을 기각한다. 즉 회귀선의 기울기는 존재한다는 의미이다. 잔차의 자기상관을 검증하는 Durbin-Watson의 *d*-통계량은 0.445로 자기상관에 존재하는 것으로 알 수 있다.

모형 요약[b]

모형	R	R 제곱	수정된 R 제곱	추정값의 표준오차	Durbin-Watson
1	.835[a]	.697	.680	3449.874	.445

a. 예측자: (상수), 제주_지역총소득

b. 종속변수: 제주_순이동인구

ANOVA[a]

모형		제곱합	자유도	평균제곱	F	유의확률
1	회귀	493103626.3	1	493103626.3	41.432	.000[b]
	잔차	214229348.5	18	11901630.47		
	전체	707332974.8	19			

a. 종속변수: 제주_순이동인구

b. 예측자: (상수), 제주_지역총소득

이 시계열 데이터의 추정 회귀식은 다음과 같다.

순이동인구 = −11962.116 + 0.748 × (지역총소득)

- 상수(절편) : −11962.116
- 기울기의 추정치 : 0.748
- t값 : 6.437
- t값의 유의확률 : 0.000 → 유의수준 $p<0.05$보다 작기 때문에 통계적으로 유의하다. 즉 지역총소득은 순이동인구에 유의적 영향을 미친다.

계수[a]

모형		비표준화 계수		표준화 계수		
		B	표준화 오류	베타	t	유의확률
1	(상수)	-11962.116	2511.220		-4.763	.000
	제주_지역총소득	.748	.116	.835	6.437	.000

a. 종속변수: 제주_순이동인구

케이스별 잔차가 제시된다. 표준화 잔차의 크기(절댓값)가 3.29보다 크면 문제(이상치)로 볼 수 있다. 분석결과에서는 3.29보다 큰 값이 없다. 만약, 3.29보다 큰 값이 있다면 이상값으로 판단하고 해당 케이스를 삭제한 후 회귀분석을 다시 한다.

케이스별 진단[a]

케이스 번호	표준화 잔차	제주_순이동인구	예측값	잔차
1	.366	-2358	-3620.60	1262.603
2	.736	-326	-2866.02	2540.023
3	.724	234	-2263.26	2497.256
4	.104	-1447	-1806.32	359.320
5	.222	-83	-849.82	766.821
6	.034	-805	-922.36	117.362
7	-.478	-1902	-251.54	-1650.459
8	-.926	-2928	265.22	-3193.223
9	-.944	-2236	1019.06	-3255.055
10	-.024	-1015	1825.98	-2840.985
11	-.658	437	2705.46	-2268.456
12	-.703	2343	4768.77	-2425.773
13	-.135	4876	5341.63	-465.625
14	.528	7823	6001.23	1821.771
15	1.182	11112	7033.26	4078.739
16	1.679	14257	8464.64	5792.355
17	1.348	14632	9981.28	4650.717
18	.837	14005	11118.76	2886.237
19	-.728	8853	11365.55	-2512.553
20	-2.366	2936	11097.07	-8161.075

a. 종속변수: 제주_순이동인구

잔차 통계량이 제시된다. 표준화 잔차(±3.29), 스튜던트화 잔차(±2.0), Cook의 거리(1 미만) 등으로 잔차의 동/등분산성을 파악한다. 스튜던트화 잔차값이 하한값을 넘어서고 있다.

잔차 통계량[a]

	최소값	최대값	평균	표준화 편차	N
예측값	-3620.60	11365.55	3420.40	5094.391	20
표준화 예측값	-1.382	1.560	.000	1.000	20
예측값의 표준오차	779.371	1455.571	1068.238	227.183	20
수정된 예측값	-3844.36	12762.83	3408.01	5195.360	20
잔차	-8161.075	5792.355	.000	3357.861	20
표준화 잔차	-2.366	1.679	.000	.973	20
스튜던트화 잔차	-2.596	1.771	.002	1.040	20
삭제된 잔차	-9826.832	6447.416	12.394	3839.642	20
스튜던트화 삭제된 잔차	-3.189	1.895	-.018	1.136	20
Mahal. 거리	.020	2.432	.950	.808	20
Cook의 거리	.000	.688	.074	.153	20
중심화된 레버리지 값	.001	.128	.050	.043	20

a. 종속변수: 제주_순이동인구

잔차의 정상성(정규분포)을 나타내는 그래프이다.

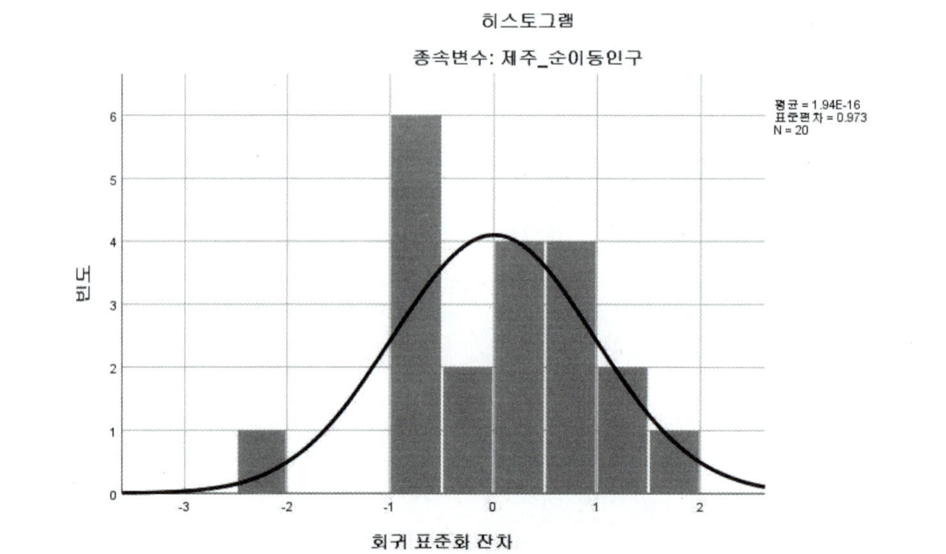

표준화 잔차의 도표가 45도 대각선을 따라 균등하게 퍼져 있으면 분포가 정상적이라는 것을 나타낸다. 즉 등/동분산의 가정에 이상이 없으며 잔차들이 바람직하게 분포되어 있다.

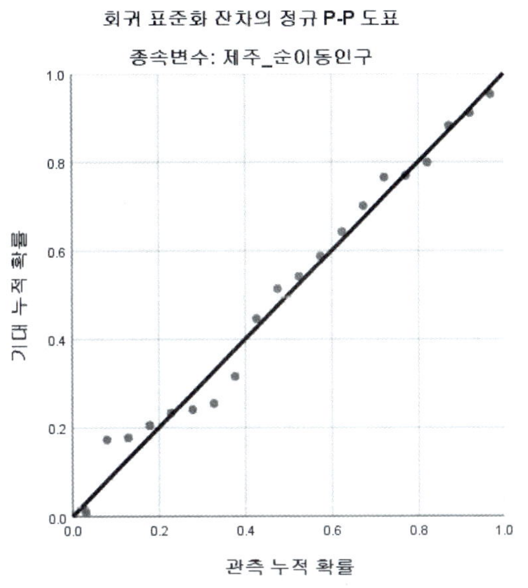

[데이터 보기]에서 예측값, 잔차 등의 저장된 결과가 제시된다. 맨 마지막(2019년) 스튜던트화 잔차(SRE_1)의 값(±2.0)을 초과하고 있다. 이 케이스를 삭제하고 다시 분석해보자.

PRE_1	RES_1	ZPR_1	ZRE_1	SRE_1	COO_1
-3620.60285	1262.60285	-1.38211	.36599	.39709	.01397
-2866.02272	2540.02272	-1.23399	.73627	.78942	.04662
-2263.25604	2497.25604	-1.11567	.72387	.76969	.03868
-1806.32001	359.32001	-1.02598	.10415	.11012	.00071
-849.82053	766.82053	-.83822	.22227	.23262	.00258
-922.36193	117.36193	-.85246	.03402	.03563	.00006
-251.54094	-1650.45906	-.72078	-.47841	-.49806	.01040
265.22305	-3193.22305	-.61934	-.92561	-.95991	.03478
1019.05532	-3255.05532	-.47137	-.94353	-.97405	.03119
1825.98491	-2840.98491	-.31297	-.82350	-.84720	.02095
2705.45590	-2268.45590	-.14034	-.65755	-.67500	.01225
4768.77261	-2425.77261	.26468	-.70315	-.72282	.01482
5341.62531	-465.62531	.37713	-.13497	-.13902	.00059
6001.22855	1821.77145	.50660	.52807	.54568	.01010
7033.26083	4078.73917	.70918	1.18229	1.23026	.06266
8464.64474	5792.35526	.99016	1.67900	1.77140	.17743
9981.28348	4650.71652	1.28786	1.34808	1.45139	.16762
11118.76254	2886.23746	1.51114	.83662	.91841	.08650
11365.55287	-2512.55287	1.55959	-.72830	-.80330	.06988
11097.07490	-8161.07490	1.50689	-2.36562	-2.59584	.68768

이상치(2019년 관측값)를 삭제한 후 [데이터 보기]이다(🖫 단순회귀분석_제주_1.sav).

Year	지역총소득	순이동인구	YEAR_	DATE_
2000	11154	-2358	2000	2000
2001	12163	-326	2001	2001
2002	12969	234	2002	2002
2003	13580	-1447	2003	2003
2004	14859	-83	2004	2004
2005	14762	-805	2005	2005
2006	15659	-1902	2006	2006
2007	16350	-2928	2007	2007
2008	17358	-2236	2008	2008
2009	18437	-1015	2009	2009
2010	19613	437	2010	2010
2011	22372	2343	2011	2011
2012	23138	4876	2012	2012
2013	24020	7823	2013	2013
2014	25400	11112	2014	2014
2015	27314	14257	2015	2015
2016	29342	14632	2016	2016
2017	30863	14005	2017	2017
2018	31193	8853	2018	2018

분석과정은 전과 동일하게 수행한다.

모형요약에서 *R*제곱이 0.810로 0.697보다 증가하였으며, 회귀모형의 유의성 검정에서 *F*값의 통계량이 72.684로 41.432보다 증가하였다.

모형 요약[b]

모형	R	R 제곱	수정된 R 제곱	추정값의 표준오차	Durbin-Watson
1	.900[a]	.810	.799	2807.886	.474

a. 예측자: (상수), 제주_지역총소득

b. 종속변수: 제주_순이동인구

ANOVA[a]

모형		제곱합	자유도	평균제곱	F	유의확률
1	회귀	573054141.6	1	573054141.6	72.684	.000[b]
	잔차	134031840.2	17	7884225.894		
	전체	707085981.8	18			

a. 종속변수: 제주_순이동인구

b. 예측자: (상수), 제주_지역총소득

추정 회귀식은 다음과 같다.

순이동인구 = −13824.066 + 0.862 × (지역총소득)

만약, 2019년 지역총소득이 31193(천원)이라면,

순이동인구(2019년) = 13824.066 + 0.862 × (31193) = 13064.3(명)

- 상수(절편) : -13824.066
- 기울기의 추정치 : 0.862
- *t*값 : 8.525

계수[a]

모형		비표준화 계수 B	비표준화 계수 표준화 오류	표준화 계수 베타	t	유의확률
1	(상수)	-13824.066	2125.648		-6.503	.000
	제주_지역총소득	.862	.101	.900	8.525	.000

a. 종속변수: 제주_순이동인구

표준화 잔차, 스튜던트화 잔차, Cook의 거리, 레버리지 값 모두 만족수준으로 제시된다.

잔차 통계량[a]

	최소값	최대값	평균	표준화 편차	N
예측값	-4206.43	13072.38	3445.89	5642.370	19
표준화 예측값	-1.356	1.706	.000	1.000	19
예측값의 표준오차	645.544	1299.972	889.606	201.644	19
수정된 예측값	-4545.02	14223.51	3395.75	5707.047	19
잔차	-4219.383	4529.321	.000	2728.775	19
표준화 잔차	-1.503	1.613	.000	.972	19
스튜던트화 잔차	-1.695	1.721	.009	1.034	19
삭제된 잔차	-5370.513	5155.697	50.144	3094.941	19
스튜던트화 삭제된 잔차	-1.804	1.837	.007	1.060	19
Mahal. 거리	.004	2.911	.947	.886	19
Cook의 거리	.001	.392	.069	.094	19
중심화된 레버리지 값	.000	.162	.053	.049	19

a. 종속변수: 제주_순이동인구

기술통계량의 '데이터 탐색'을 통한 잔차의 정규성 검정 결과, Kolmogorov-Smirnov 및 Shapiro-Wilk 통계량 모두 유의확률이 유의수준 0.05보다 크므로 정규성을 만족한다.

정규성 검정

	Kolmogorov-Smirnov[a]			Shapiro-Wilk		
	통계량	자유도	유의확률	통계량	자유도	유의확률
Standardized Residual	.150	19	.200*	.926	19	.148

*. 이것은 참 유의성의 하한입니다.

a. Lilliefors 유의확률 수정

4. 회귀모형 검증

회귀분석을 위해서는 먼저 이론적 토대가 전제되어야 한다. 시계열 회귀분석에서도 충분한 이론적 인과성을 토대로 하여 과거의 관측값을 통해 미래의 값을 예측하는 것이어야만 설명력이 확보된다.

시계열 회귀분석(회귀모형)은 이론적 근거를 확보하는 전제 외에 시계열 데이터의 시차(lag) 간 자기상관의 독립성(Durbin-Watson 통계량이 2에 근접)은 물론 잔차의 선형성, 등/동분성, 독립성(자기상관이 존재하지 않을 것), 정규성(정규분포) 등의 가정을 충족하여야 한다. 만약 회귀분석에서 잔차에 대한 가정이 충족되지 않으면 회귀모형이 유효하지 않다. 앞에서 살펴보았던 연도별(2000년~2019년) 1인당지역총소득의 시계열 데이터를 통해 살펴보자(🖫 1인당지역총소득.sav).

(1) 관측값의 선형성

- 그래프 → 레거시 대화상자 → 산점도/점도표 → 단순 산점도 → 정의
  - *Y*축 : 1인당지역총소득
  - *X*축 : Year
  - 확인

분석결과 그래프가 제시되고, 대각선(선형) 분포를 보이고 있다.

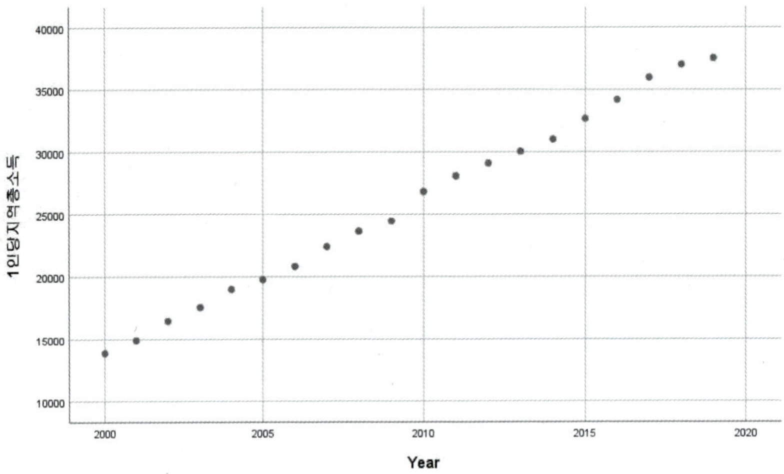

- 그래프를 더블 클릭하면 [도표편집기]가 나타난다. [도표편집기]에서 임의의 관측값을 클릭하면 모든 관측값에 노란색으로 표시된다.
  - [요소] → [전체 회귀선 적합] 클릭

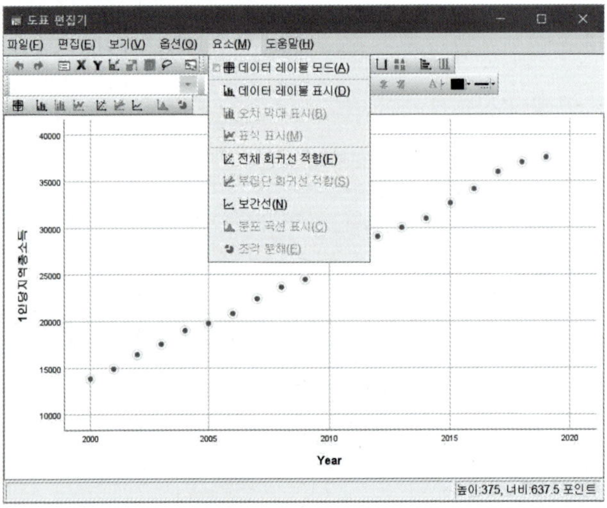

– [특성] 대화상자 - [회귀선 적합] 선택

– 적합방법 : 선형

– 신뢰구간 : 개별

– 선에 레이블(설명) 추가

– 적용 → 닫기 클릭

– 도표 편집기 대화상자 → 오른쪽 상단의 ×(닫기) 클릭

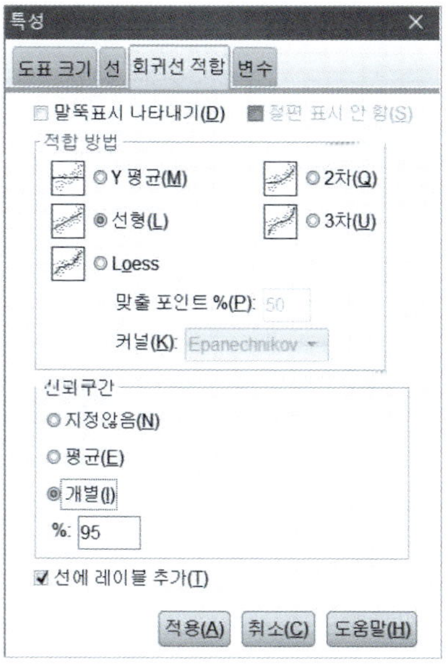

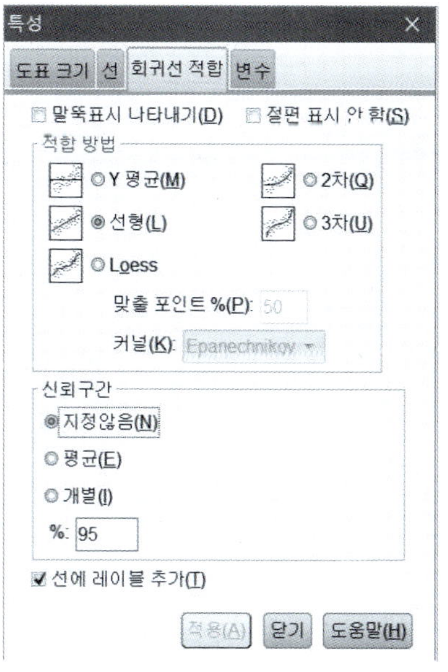

회귀선의 적합도(R^2)와 회귀식이 제시된다.

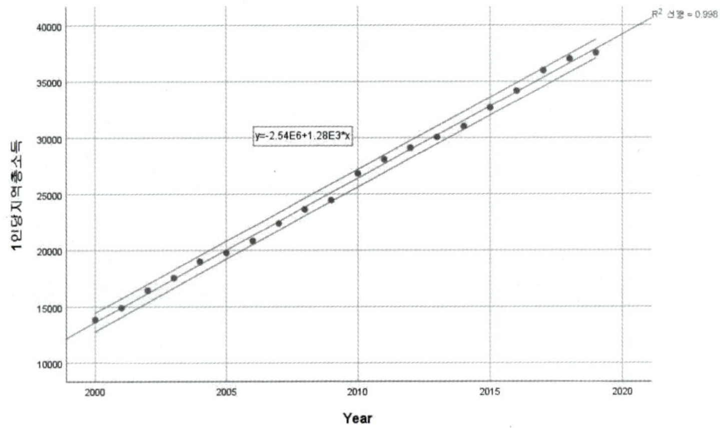

(2) 잔차의 선형성

- 그래프 → 레거시 대화상자 → 산점도/점도표 → 단순 산점도 → 정의
  - Y축 : 표준화 잔차(ZRE_1)
  - X축 : 예측값(PRE_1)
  - 확인

PRE_1	ZPR_1	ZRE_1
13619.70000	-1.60579	.66236
14897.73158	-1.43676	.02830
16175.76316	-1.26773	.73937
17453.79474	-1.09870	.25967
18731.82632	-.92967	.72541
20009.85789	-.76064	-.68320
21287.88947	-.59161	-1.29796
22565.92105	-.42258	-.46010
23843.95263	-.25355	-.55391
25121.98421	-.08452	-1.83848
26400.01579	.08452	1.17970
27678.04737	.25355	1.09141
28956.07895	.42258	.37741
30234.11053	.59161	-.54056
31512.14211	.76064	-1.38411
32790.17368	.92967	-.36432
34068.20526	1.09870	.27232
35346.23684	1.26773	1.73864
36624.26842	1.43676	1.07426
37902.30000	1.60579	-1.02621

도표에서 0을 중심으로 무작위로 분포할 때 선형성을 만족한다.

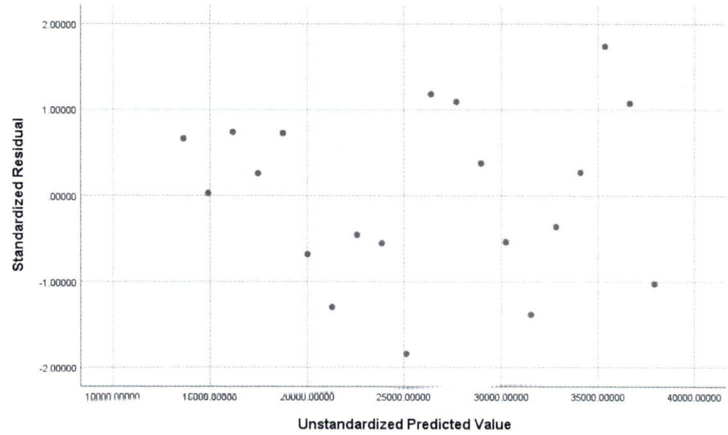

(3) 잔차의 등/동분산성

- 그래프 → 레거시 대화상자 → 산점도/점도표 → 단순 산점도 → 정의
  - *Y*축 : 표준화 잔차(ZRE_1)
  - *X*축 : 표준화 예측값(ZPR_1)
  - 확인

PRE_1	ZPR_1	ZRE_1
13619.70000	-1.60579	.66236
14897.73158	-1.43676	.02830
16175.76316	-1.26773	.73937
17453.79474	-1.09870	.25967
18731.82632	-.92967	.72541
20009.85789	-.76064	-.68320
21287.88947	-.59161	-1.29796
22565.92105	-.42258	-.46010
23843.95263	-.25355	-.55391
25121.98421	-.08452	-1.83848
26400.01579	.08452	1.17970
27678.04737	.25355	1.09141
28956.07895	.42258	.37741
30234.11053	.59161	-.54056
31512.14211	.76064	-1.38411
32790.17368	.92967	-.36432
34068.20526	1.09870	.27232
35346.23684	1.26773	1.73864
36624.26842	1.43676	1.07426
37902.30000	1.60579	-1.02621

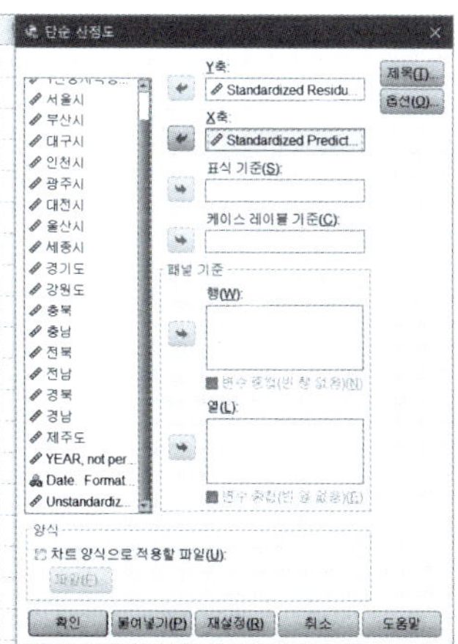

도표에서 0을 중심으로 무작위로 분포할 때 동/등산성을 만족한다.

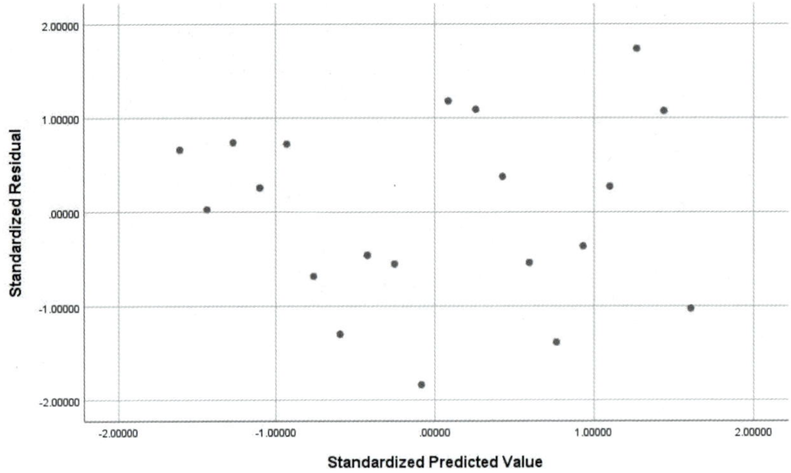

(4) 잔차의 정규성

- 분석 → 기술통계량 → 데이터 탐색

  – 종속변수 : 표준화 잔차(ZRE_1)

- 도표

  – 상자도표 : 지정않음

  – 기술통계 : 히스토그램

  – 검정과 함께 정규성도표

  – 계속 → 확인

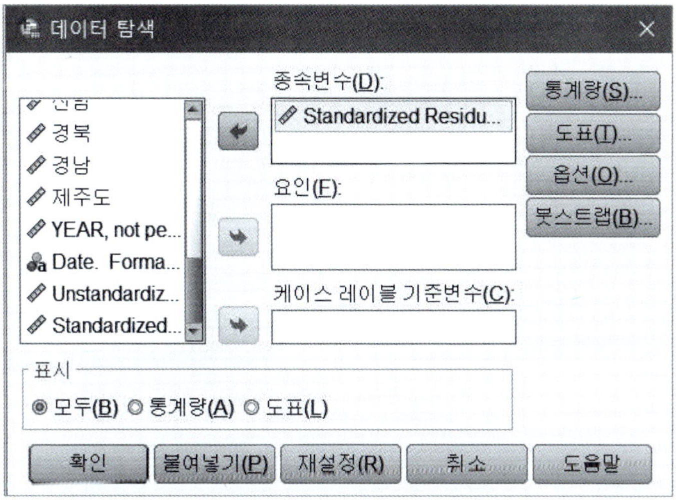

분석결과, Kolmogorov-Smirnov이나 Shapiro-Wilk의 유의확률 중 어느 하나라도 유의수준 0.05보다 크면 정규성을 만족한다. 모두 유의수준 0.05보다 크기 때문에 귀무가설을 기각하게 되어 정규성이 유의적이다.

정규성 검정

	Kolmogorov-Smirnov[a]			Shapiro-Wilk		
	통계량	자유도	유의확률	통계량	자유도	유의확률
Standardized Residual	.105	20	.200*	.975	20	.855

*. 이것은 참 유의성의 하한입니다.

a. Lilliefors 유의확률 수정

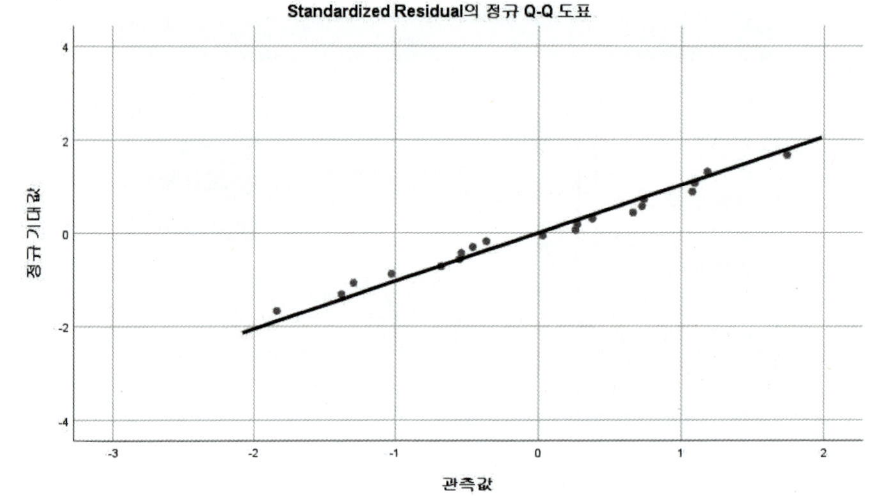

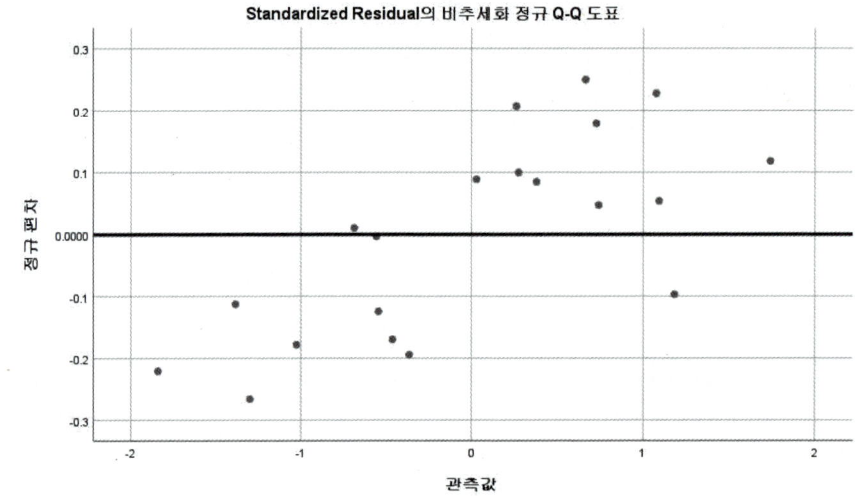

(5) 잔차의 독립성 : 자기상관함수 및 편자기상관함수

- 분석 → 시계열 분석 → 자기상관
  - 변수 : 표준화 잔차(ZRE_1) ← [데이터 보기]에 저장되어 있음
  - 확인

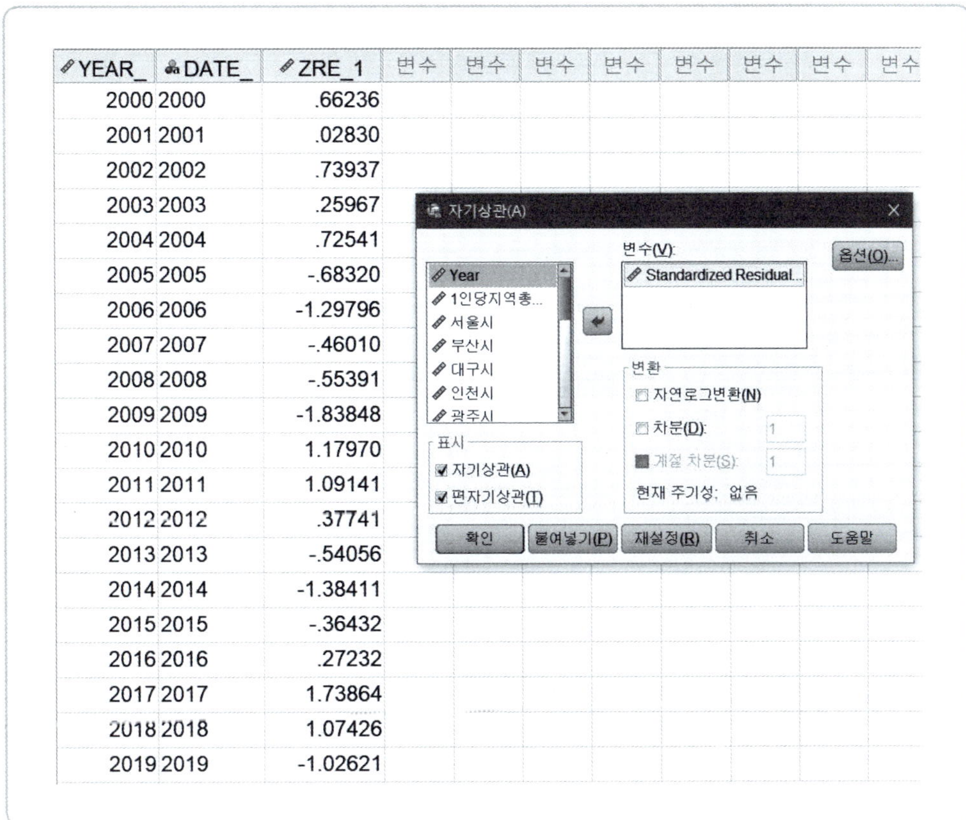

자기상관 분석결과 자기상관계수의 유의확률이 유의수준 0.05보다 크기 때문에 잔차들은 독립적이다. 즉 '잔차의 자기상관은 0이다'라는 귀무가설을 채택한다. 자기상관함수(ACF) 및 편자기상관함수(PACF) 플롯(도표)에서도 신뢰한계를 벗어난 시차가 보이지 않는다.

자기상관

계열: Standardized Residual

시차	자기상관	표준화 오차[a]	Box-Ljung 통계량 값	자유도	유의확률[b]
1	.244	.208	1.384	1	.239
2	-.213	.202	2.496	2	.287
3	-.309	.197	4.974	3	.174
4	-.277	.191	7.090	4	.131
5	-.028	.185	7.112	5	.212
6	.151	.178	7.832	6	.251
7	.169	.172	8.795	7	.268
8	.008	.165	8.798	8	.360
9	-.196	.158	10.334	9	.324
10	.019	.151	10.349	10	.410
11	-.148	.143	11.415	11	.409
12	-.155	.135	12.742	12	.388
13	.070	.126	13.052	13	.444
14	.067	.117	13.381	14	.497
15	.033	.107	13.474	15	.566
16	.042	.095	13.669	16	.623

a. 가정된 기본 공정은 독립적입니다(백색잡음).

b. 점근 카이제곱 근사값을 기준으로 합니다.

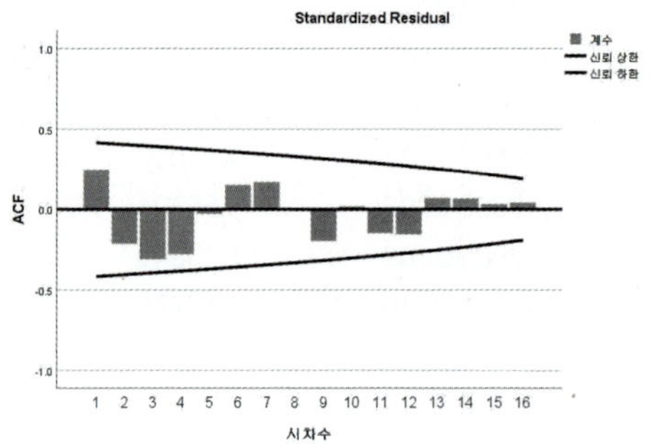

편자기상관

계열: Standardized Residual

시차	편자기상관	표준화 오차
1	.244	.224
2	-.290	.224
3	-.199	.224
4	-.239	.224
5	-.035	.224
6	-.012	.224
7	.016	.224
8	-.085	.224
9	-.167	.224
10	.170	.224
11	-.322	.224
12	-.142	.224
13	-.030	.224
14	-.123	.224
15	-.126	.224
16	-.056	.224

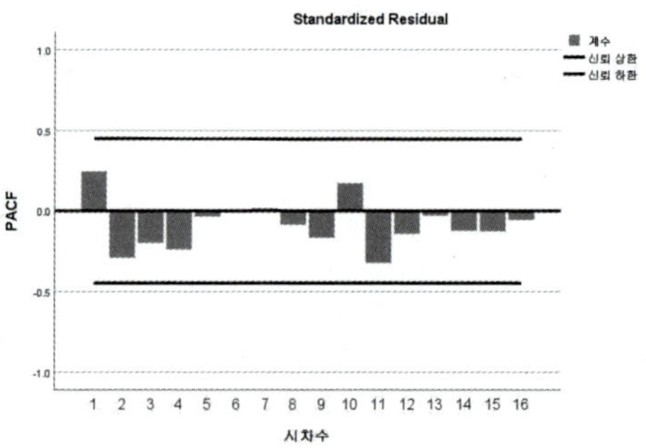

5. 다중회귀분석

지금까지 독립변수가 하나인 단순회귀분석을 살펴보았다. 다중회귀분석은 종속변수에 대하여 독립변수(원인변수, 설명변수, 예측변수)가 두 개 이상인 경우이다.

다음은 2000년도부터 2019년까지의 인구시계열 데이터를 통해 인구증가율에 영향을 미치는 변수로 고령인구비율과 합계출산율이 인구증가율에 미치는 영향을 분석해보자(인구증가율.sav).

Year	고령인구비율	합계출산율	인구증가율	YEAR_	DATE_
2000	7.0	1.480	.91	2000	2000
2001	7.4	1.309	.65	2001	2001
2002	7.7	1.178	.47	2002	2002
2003	8.1	1.191	.63	2003	2003
2004	8.5	1.164	.47	2004	2004
2005	8.9	1.085	.44	2005	2005
2006	9.3	1.132	.72	2006	2006
2007	9.9	1.259	.83	2007	2007
2008	10.2	1.192	.72	2008	2008
2009	10.6	1.149	.49	2009	2009
2010	10.9	1.226	1.56	2010	2010
2011	11.2	1.244	.55	2011	2011
2012	11.7	1.297	.32	2012	2012
2013	12.2	1.187	.47	2013	2013
2014	12.7	1.205	.56	2014	2014
2015	13.1	1.239	.48	2015	2015
2016	13.5	1.172	.35	2016	2016
2017	14.2	1.052	.17	2017	2017
2018	14.8	.977	.23	2018	2018
2019	15.5	.918	.09	2019	2019

- 분석 → 회귀분석 → 선형
  - 종속변수 : 인구증가율
  - 독립변수 : 고령인구비율/합계출산율

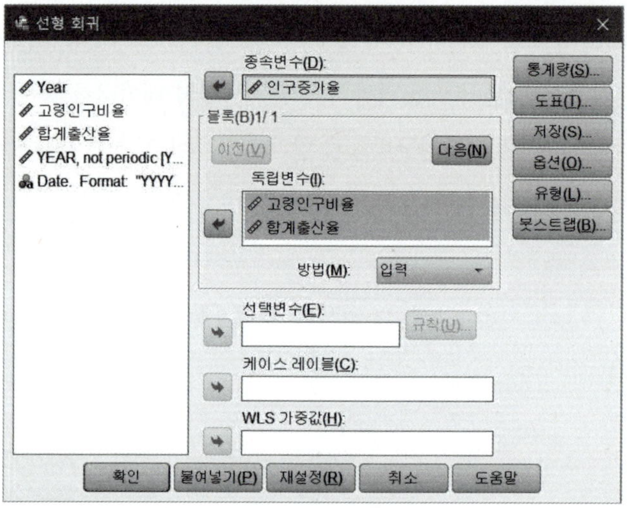

- 통계량
  - 회귀계수 : 추정값
  - 모형적합 : 공선성 진단
  - 잔차 : Durbin-Watson/케이스별 진단/모든 케이스
  - 계속

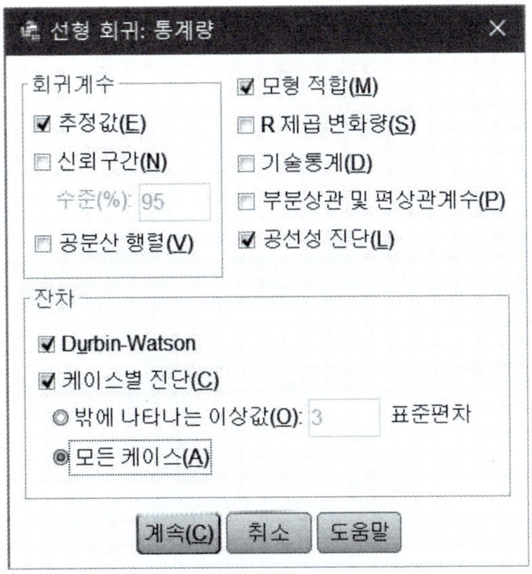

• 도표

- 산점도 Y : *ZRESID(표준화잔차) 지정

  X : DEPENDNT 지정

- 표준화 잔차도표 : 정규확률도표

- 계속

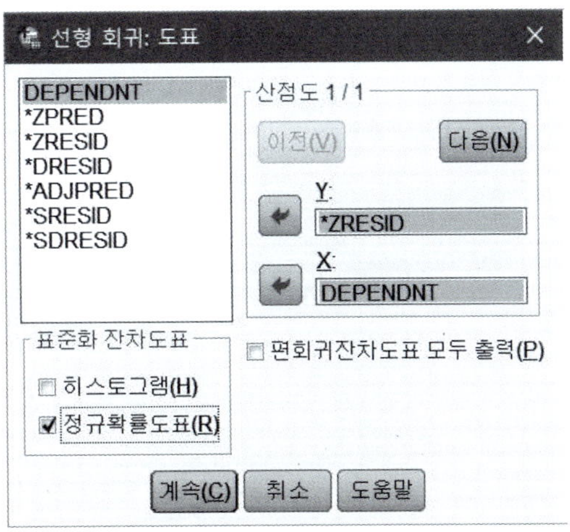

- 저장
  - 예측값 : 비표준화/표준화
  - 잔차 : 표준화
  - 계속 → 확인 클릭

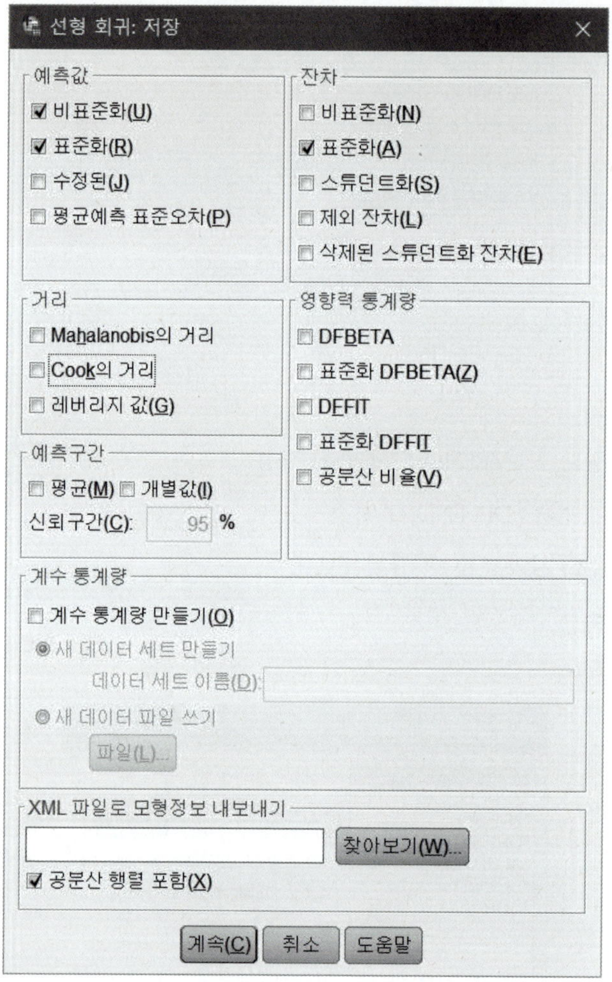

• 분석결과는 다음과 같다.

*R*제곱이 0.346으로 합계출산율과 고령인구비율에 의하여 설명되는 인구증가율의 설명력 비율은 34.6%이다. 회귀모형의 유의성 검정에서 *F*값의 통계량이 4.505이고 유의확률이 0.027로 유의수준 0.05보다 작기 때문에 '회귀선의 기울기는 0이다'라는 영가설을 기각한다. 즉 회귀선의 기울기는 존재한다는 의미이다. 잔차의 자기상관을 검증하는 Durbin-Watson의 *d*-통계량은 1.920으로 2에 가깝기 때문에 자기상관이 존재하지 않는다.

모형 요약[b]

모형	R	R 제곱	수정된 R 제곱	추정값의 표준오차	Durbin-Watson
1	.589[a]	.346	.269	.26977	1.920

a. 예측자: (상수), 합계출산율, 고령인구비율

b. 종속변수: 인구증가율

ANOVA[a]

모형		제곱합	자유도	평균제곱	F	유의확률
1	회귀	.656	2	.328	4.505	.027[b]
	잔차	1.237	17	.073		
	전체	1.893	19			

a. 종속변수: 인구증가율

b. 예측자: (상수), 합계출산율, 고령인구비율

• 추정 회귀식은 다음과 같다.

인구증가율 = −0.386 + [−0.030 × (고령인구비율)] + [1.071 ×(합계출산율)]

– 상수(절편) : −0.368

– 고령인구비율 기울기의 추정치 : −0.030

– 합계출산율 기울기의 추정치 : 1.071

– 고령인구비율 *t*값 : −0.979(유의확률 0.341)

– 합계출산율 *t*값 : 1.64(유의확률 0.116)

위 *t*값의 유의확률은 유의수준 $p<0.05$보다 크기 때문에 통계적으로 유의하지 않

다. 즉 고령인구비율과 합계출산율은 인구증가율에 대해 통계적으로 유의적 영향을 미치지 않는다.

다음은 다중공선성 통계량을 살펴보자. 공선성 통계량의 분산팽창지수(VIF)와 공차한계는 문제가 없으나 공선성 진단 통계량의 상태지수 차원 3에서 분산비율이 0.5 이상으로 나타남으로써 두 독립변수들 간 다중공선성이 의심된다.

계수[a]

모형		비표준화 계수 B	비표준화 계수 표준화 오류	표준화 계수 베타	t	유의확률	공선성 통계량 공차	공선성 통계량 VIF
1	(상수)	-.386	1.005		-.384	.705		
	고령인구비율	-.030	.031	-.242	-.979	.341	.629	1.589
	합계출산율	1.071	.647	.409	1.654	.116	.629	1.589

a. 종속변수: 인구증가율

공선성 진단[a]

모형	차원	고유값	상태지수	분산비율 (상수)	분산비율 고령인구비율	분산비율 합계출산율
1	1	2.951	1.000	.00	.00	.00
	2	.047	7.946	.00	.42	.04
	3	.002	36.460	1.00	.57	.96

a. 종속변수: 인구증가율

잠깐 : 다중공선성에 대해

회귀분석은 두 개 이상의 독립변수가 독자적으로 각각 종속변수에 얼마만큼 영향을 미치는지를 파악하기 위한 것이다. 그런데 독립변수들 간 밀접하게 연관되어 있다면 어느 독립변수가 종속변수에 독자적으로 얼마만큼 영향을 미치는지 파악하기 곤란하다. 다중공선성(multicollinearity)이란 독립변수들 의존성(dependency), 즉 독립변수들 간 매우 강한 선형관계가 존재하는 것을 의미한다. 다중공선성은 독립변수들 간 상관계수가 매우 높을 때(r = 0.9 이상) 발생한다. 그러나 상관계수가 높다고 해서 반드시 다중공선성의 문제가 발생하는 것은 아니다. 다중공선성이 존재하면 회귀식(회귀모형)의 통계적인 유의도를 감소시킨다. 만약 다중공선성을 일으키는 변수가 심각하다면 그 변수를 제거하여야 한다.

다중공선성 존재 여부를 판단하는 절대적 기준은 없으나 다음의 하나에 해당하면 다중공선성을 의심해야 한다.

– 분산팽창지수(VIF, Variation Index Factor) : VIF≥2.5 문제, VIF≥10 매우 심함
– 공차한계(Tolerance) : T<0.1
– 고유값(Eigen Value) : 가장 큰 고유값이 다른 고유값에 비해 큰 경우
– 상태지수(Condition Index) : 31 이상
– 상태지수가 큰 값의 분산비율 : 0.5 이상

잔차 통계량과 케이스별 잔차가 제시된다. 표준화 잔차의 크기(절댓값)가 3.29보다 크면 문제(이상치)로 볼 수 있다. 11번 케이스에서 3.555로 3.29보다 큰 값이 보인다. 11번 케이스를 삭제한 후 회귀분석을 다시 한다.

잔차 통계량[a]

	최소값	최대값	평균	표준화 편차	N
예측값	.1333	.9896	.5555	.18577	20
잔차	-.33300	.95912	.00000	.25518	20
표준화 예측값	-2.272	2.337	.000	1.000	20
표준화 잔차	-1.234	3.555	.000	.946	20

a. 종속변수: 인구증가율

케이스별 진단[a]

케이스 번호	표준화 잔차	인구증가율	예측값	잔차
1	-.295	.91	.9896	-.07963
2	-.536	.65	.7945	-.14449
3	-.649	.47	.6452	-.17519
4	-.064	.63	.6471	-.01715
5	-.505	.47	.6063	-.13626
6	-.258	.44	.5097	-.06967
7	.637	.72	.5480	.17195
8	.607	.83	.6661	.16386
9	.499	.72	.5854	.13460
10	-.139	.49	.5274	-.03737
11	3.555	1.56	.6009	.95912
12	-.227	.55	.6112	-.06119
13	-1.234	.32	.6530	-.33300
14	-.186	.47	.5202	-.05021
15	.131	.56	.5245	.03546
16	-.256	.48	.5490	-.06899
17	-.427	.35	.4653	-.11526
18	-.540	.17	.3158	-.14577
19	.046	.23	.2175	.01252
20	-.161	.09	.1333	-.04334

a. 종속변수: 인구증가율

표준화 잔차의 도표가 45도 대각선을 따라 균등하게 퍼져 있으면 분포가 정상적이라는 것을 나타낸다. 즉 등/동분산의 가정에 이상이 없으며 잔차들이 바람직하게 분포되어 있다는 의미이다. 이 분석에서는 이 가정을 충족하지 못하여 잔차들이 비상적이며 바람직하게 분포되어 있지 않다.

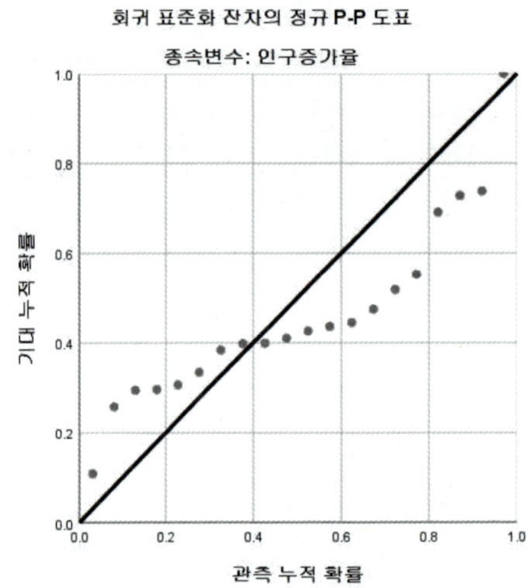

산점도는 0을 중심으로 무작위로 분포되어 있지 않아 동/등산성을 만족하지 못한다.

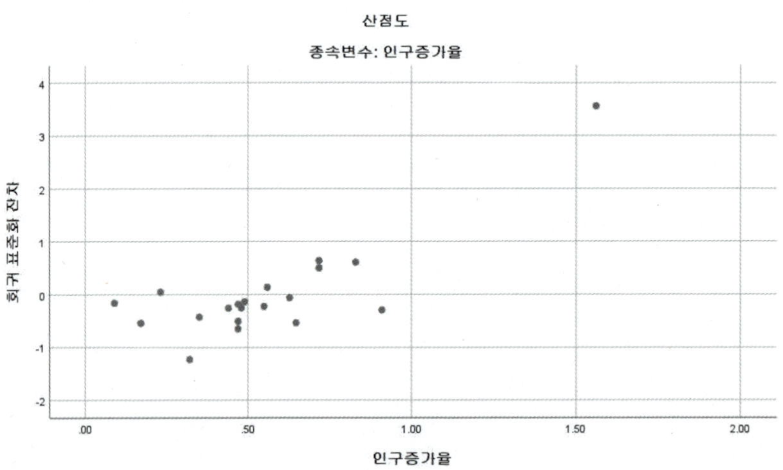

[데이터 보기]에서 예측값과 잔차 통계량이 제시된다.

	Year	고령인구비율	합계출산율	인구증가율	YEAR_	DATE_	PRE_1	ZPR_1	ZRE_1
1	2000	7.0	1.480	.91	2000	2000	.98963	2.33694	-.29517
2	2001	7.4	1.309	.65	2001	2001	.79449	1.28649	-.53560
3	2002	7.7	1.178	.47	2002	2002	.64519	.48279	-.64939
4	2003	8.1	1.191	.63	2003	2003	.64715	.49334	-.06356
5	2004	8.5	1.164	.47	2004	2004	.60626	.27324	-.50509
6	2005	8.9	1.085	.44	2005	2005	.50967	-.24671	-.25825
7	2006	9.3	1.132	.72	2006	2006	.54805	-.04011	.63739
8	2007	9.9	1.259	.83	2007	2007	.66614	.59559	.60739
9	2008	10.2	1.192	.72	2008	2008	.58540	.16094	.49895
10	2009	10.6	1.149	.49	2009	2009	.52737	-.15142	-.13853
11	2010	10.9	1.226	1.56	2010	2010	.60088	.24427	3.55530
12	2011	11.2	1.244	.55	2011	2011	.61119	.29976	-.22680
13	2012	11.7	1.297	.32	2012	2012	.65300	.52486	-1.23438
14	2013	12.2	1.187	.47	2013	2013	.52021	-.18995	-.18613
15	2014	12.7	1.205	.56	2014	2014	.52454	-.16668	.13146
16	2015	13.1	1.239	.48	2015	2015	.54899	-.03503	-.25574
17	2016	13.5	1.172	.35	2016	2016	.46526	-.48579	-.42723
18	2017	14.2	1.052	.17	2017	2017	.31577	-1.29047	-.54035
19	2018	14.8	.977	.23	2018	2018	.21748	-1.81956	.04640
20	2019	15.5	.918	.09	2019	2019	.13334	-2.27250	-.16066

● 이상치 삭제 후 다시 분석하기

11번 케이스를 삭제하고 분석한 결과는 다음과 같다. 분석과정은 전과 동일하다.

*R*제곱이 0.690으로 0.346보다 증가하였다. 합계출산율과 고령인구비율에 의하여 설명되는 인구증가율의 설명력 비율은 69%이다. 회귀모형의 유의성 검정에서 *F*값의 통계량이 17.827이고 유의확률이 0.00으로 유의수준 0.05보다 작기 때문에 '회귀선의 기울기는 0이다'라는 영가설을 기각한다. 즉 회귀선의 기울기는 존재한다는 의미이다.

모형 요약[b]

모형	R	R 제곱	수정된 R 제곱	추정값의 표준 오차	Durbin-Watson
1	.831[a]	.690	.652	.12682	1.327

a. 예측자: (상수), 합계출산율, 고령인구비율

b. 종속변수: 인구증가율

ANOVA[a]

모형		제곱합	자유도	평균제곱	F	유의확률
1	회귀	.573	2	.287	17.827	.000[b]
	잔차	.257	16	.016		
	전체	.831	18			

a. 종속변수: 인구증가율

b. 예측자: (상수), 합계출산율, 고령인구비율

추정 회귀식은 다음과 같다.

인구증가율 = −0.047 + [−0.038 × (고령인구비율)] + [0.812 ×(합계출산율)]

- 상수(절편) : −0.047
- 고령인구비율 기울기의 추정치 : −0.038
- 합계출산율 기울기의 추정치 : 0.812
- 고령인구비율 t값 : −2.613(유의확률 0.019)
- 합계출산율 t값 : 2.652(유의확률 0.017)
- 위 t값의 유의확률은 유의수준 $p<0.05$보다 작기 때문에 통계적으로 유의하다. 즉 고령인구비율과 합계출산율은 인구증가율에 대해 통계적으로 유의적 영향을 미친다.

다중공선성 통계량의 분산팽창지수(VIF)와 공차한계는 문제가 없으나 공선성 진단 통계량의 상태지수 차원 3에서 상태지수 35.7로 31보다 크고 분산비율이 0.5 이상으로 나타남으로써 두 독립변수들 간 다중공선성이 의심된다.

계수[a]

모형		비표준화 계수 B	비표준화 계수 표준화 오류	표준화 계수 베타	t	유의확률	공선성 통계량 공차	공선성 통계량 VIF
1	(상수)	-.047	.474		-.099	.922		
	고령인구비율	-.038	.014	-.459	-2.613	.019	.626	1.597
	합계출산율	.812	.306	.466	2.652	.017	.626	1.597

a. 종속변수: 인구증가율

공선성 진단[a]

모형	차원	고유값	상태지수	분산비율 (상수)	분산비율 고령인구비율	분산비율 합계출산율
1	1	2.949	1.000	.00	.00	.00
	2	.049	7.747	.00	.42	.04
	3	.002	35.676	1.00	.58	.96

a. 종속변수: 인구증가율

잔차 통계량이 제시된다.

잔차 통계량[a]

	최소값	최대값	평균	표준화 편차	N
예측값	.1153	.8913	.5026	.17849	19
잔차	-.24592	.22723	.00000	.11957	19
표준화 예측값	-2.170	2.177	.000	1.000	19
표준화 잔차	-1.939	1.792	.000	.943	19

a. 종속변수: 인구증가율

잔차의 정규성 도표가 제시된다.

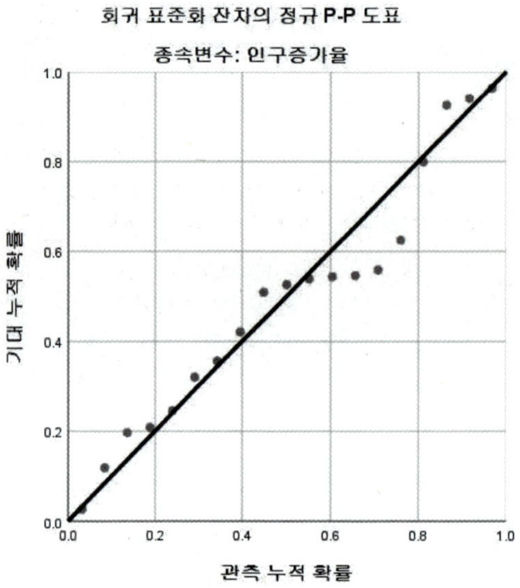

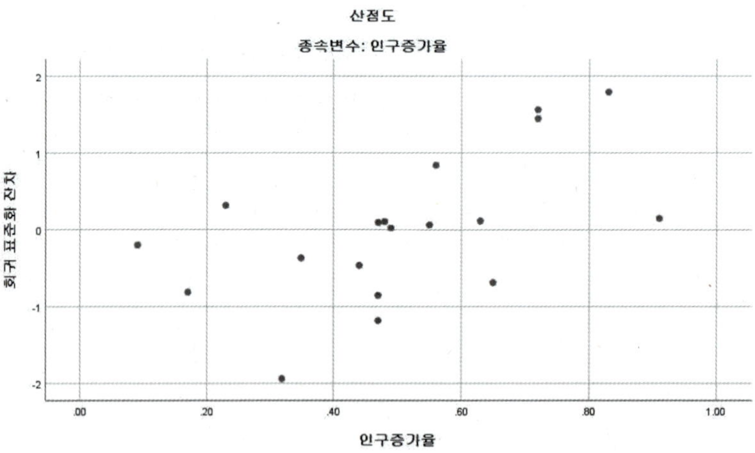

● 자기상관 검토 후 분석하기

변수의 시차별 자기상관을 검토한 후 데이터의 안정성을 위하여 고령인구비율과 합계출산율을 〈차분 1〉하였다.

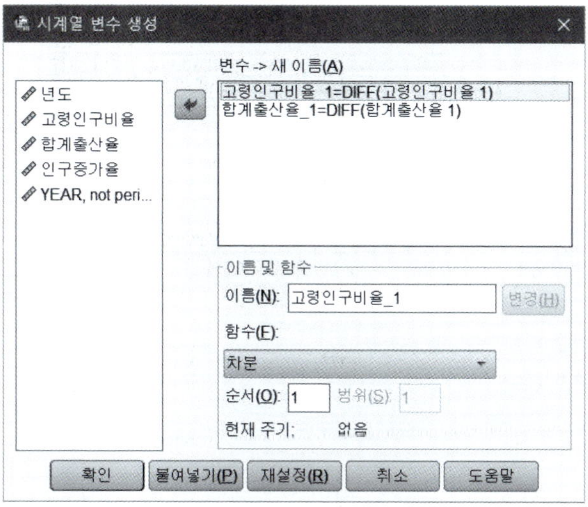

	년도	고령인구비율	합계출산율	인구증가율	YEAR_	DATE_	고령인구비율_1	합계출산율_1
1	2000	7.0	1.480	.91	2000	2000	.	.
2	2001	7.4	1.309	.65	2001	2001	.4	-.171
3	2002	7.7	1.178	.47	2002	2002	.3	-.131
4	2003	8.1	1.191	.63	2003	2003	.4	.013
5	2004	8.5	1.164	.47	2004	2004	.4	-.027
6	2005	8.9	1.085	.44	2005	2005	.4	-.079
7	2006	9.3	1.132	.72	2006	2006	.4	.047
8	2007	9.9	1.259	.83	2007	2007	.6	.127
9	2008	10.2	1.192	.72	2008	2008	.3	-.067
10	2009	10.6	1.149	.49	2009	2009	.4	-.043
11	2010	10.9	1.226	1.56	2010	2010	.3	.077
12	2011	11.2	1.244	.55	2011	2011	.3	.018
13	2012	11.7	1.297	.32	2012	2012	.5	.053
14	2013	12.2	1.187	.47	2013	2013	.5	-.110
15	2014	12.7	1.205	.56	2014	2014	.5	.018
16	2015	13.1	1.239	.48	2015	2015	.4	.034
17	2016	13.5	1.172	.35	2016	2016	.4	-.067
18	2017	14.2	1.052	.17	2017	2017	.7	-.120
19	2018	14.8	.977	.23	2018	2018	.6	-.075
20	2019	15.5	.918	.09	2019	2019	.7	-.059

안정성(차분 1)으로 변환된 변수를 통하여 다중회귀분석을 실시해보자.

모형 요약[b]

모형	R	R 제곱	수정된 R 제곱	추정값의 표준 오차	Durbin-Watson
1	.709[a]	.503	.441	.23385	2.271

a. 예측자: (상수), DIFF(합계출산율,1), DIFF(고령인구비율,1)

b. 종속변수: 인구증가율

ANOVA[a]

모형		제곱합	자유도	평균제곱	F	유의확률
1	회귀	.886	2	.443	8.098	.004[b]
	잔차	.875	16	.055		
	전체	1.761	18			

a. 종속변수: 인구증가율

b. 예측자: (상수), DIFF(합계출산율,1), DIFF(고령인구비율,1)

다중공선성의 상태지수가 31 미만으로 제시된다.

계수[a]

모형		비표준화 계수 B	비표준화 계수 표준화 오류	표준화 계수 베타	t	유의확률	공선성 통계량 공차	공선성 통계량 VIF
1	(상수)	1.166	.203		5.752	.000		
	DIFF(고령인구비율,1)	-1.286	.437	-.520	-2.944	.010	.997	1.003
	DIFF(합계출산율,1)	1.797	.699	.454	2.571	.021	.997	1.003

a. 종속변수: 인구증가율

공선성 진단[a]

모형	차원	고유값	상태지수	분산비율 (상수)	분산비율 DIFF(고령인구비율,1)	분산비율 DIFF(합계출산율,1)
1	1	2.183	1.000	.01	.01	.06
	2	.781	1.672	.01	.01	.94
	3	.036	7.812	.98	.98	.00

a. 종속변수: 인구증가율

잔차 통계량이 제시된다. 표준화 잔차(±3.29), Cook의 거리(1 미만) 등은 충족하나 스튜던트화 잔차(±2.0)가 3.109로 벗어나기 때문에 잔차의 동/등분산성이 존재하지 않는 것으로 파악된다.

잔차 통계량[a]

	최소값	최대값	평균	표준화 편차	N
예측값	.0493	.9180	.5368	.22182	19
표준화 예측값	-2.198	1.718	.000	1.000	19
예측값의 표준오차	.057	.142	.089	.026	19
수정된 예측값	-.0112	.8561	.5218	.22518	19
잔차	-.29755	.64202	.00000	.22047	19
표준화 잔차	-1.272	2.745	.000	.943	19
스튜던트화 잔차	-1.361	3.109	.029	1.055	19
삭제된 잔차	-.34047	.82306	.01506	.27686	19
스튜던트화 삭제된 잔차	-1.401	4.783	.120	1.360	19
Mahal. 거리	.141	5.684	1.895	1.691	19
Cook의 거리	.000	.908	.092	.211	19
중심화된 레버리지 값	.008	.316	.105	.094	19

a. 종속변수: 인구증가율

11번 케이스를 삭제한다.

	인구증가율	YEAR_	DATE_	고령인구비율_1	합계출산율_1	PRE_1	RES_1	ZRE_1	SRE_1	COO_1
1	.91	2000	2000	.	.	.	.	.	.	.
2	.65	2001	2001	.4	-.171	.34360	.30640	1.31024	1.50645	.24354
3	.47	2002	2002	.3	-.131	.54414	-.07414	-.31704	-.36129	.01299
4	.63	2003	2003	.4	.013	.67431	-.04431	-.18946	-.19704	.00106
5	.47	2004	2004	.4	-.027	.60241	-.13241	-.56624	-.58417	.00732
6	.44	2005	2005	.4	-.079	.50895	-.06895	-.29487	-.30806	.00289
7	.72	2006	2006	.4	.047	.73541	-.01541	-.06592	-.06989	.00020
8	.83	2007	2007	.6	.127	.62191	.20809	.88985	1.11970	.24378
9	.72	2008	2008	.3	-.067	.65917	.06083	.26014	.28125	.00445
10	.49	2009	2009	.4	-.043	.57366	-.08366	-.35774	-.36947	.00303
11	1.56	2010	2010	.3	.077	.91798	.64202	2.74546	3.10853	.90824
12	.55	2011	2011	.3	.018	.81194	-.26194	-1.12011	-1.21081	.08235
13	.32	2012	2012	.5	.053	.61755	-.29755	-1.27242	-1.36108	.08906
14	.47	2013	2013	.5	-.110	.32459	.14541	.62180	.66186	.01943
15	.56	2014	2014	.5	.018	.55465	.00535	.02289	.02391	.00002
16	.48	2015	2015	.4	.034	.71205	-.23205	-.99231	-1.04290	.03791
17	.35	2016	2016	.4	-.067	.53052	-.18052	-.77196	-.80226	.01717
18	.17	2017	2017	.7	-.120	.04933	.12067	.51601	.63227	.06681
19	.23	2018	2018	.6	-.075	.25885	-.02885	-.12339	-.13368	.00103
20	.09	2019	2019	.7	-.059	.15897	-.06897	-.29492	-.34719	.01551

8번 케이스를 삭제한다.

	인구증가율	YEAR_	DATE_	고령인구비율_1	합계출산율_1	PRE_2	RES_2	ZRE_2	SRE_2	COO_2
1	.91	2000	2000	.	.	.	.	.	.	.
2	.65	2001	2001	.4	-.171	.38697	.26303	1.73051	1.99437	.43513
3	.47	2002	2002	.3	-.131	.51815	-.04815	-.31677	-.36128	.01309
4	.63	2003	2003	.4	.013	.58052	.04948	.32554	.34164	.00394
5	.47	2004	2004	.4	-.027	.53844	-.06844	-.45029	-.46648	.00531
6	.44	2005	2005	.4	-.079	.48374	-.04374	-.28779	-.30086	.00280
7	.72	2006	2006	.4	.047	.61628	.10372	.68236	.73471	.02867
8	.83	2007	2007	.6	.127	.52223	.30777	2.02485	2.58667	1.40935
9	.72	2008	2008	.3	-.067	.58547	.13453	.88509	.96273	.05657
10	.49	2009	2009	.4	-.043	.52161	-.03161	-.20798	-.21539	.00112
11	.55	2011	2011	.3	.018	.67488	-.12488	-.82161	-.90718	.06012
12	.32	2012	2012	.5	.053	.53349	-.21349	-1.40459	-1.51409	.12379
13	.47	2013	2013	.5	-.110	.36203	.10797	.71033	.75725	.02608
14	.56	2014	2014	.5	.018	.49668	.06332	.41662	.43685	.00633
15	.48	2015	2015	.4	.034	.60261	-.12261	-.80666	-.85860	.03267
16	.35	2016	2016	.4	-.067	.49637	-.14637	-.96296	-1.00196	.02765
17	.17	2017	2017	.7	-.120	.17331	-.00331	-.02176	-.02727	.00014
18	.23	2018	2018	.6	-.075	.30975	-.07975	-.52466	-.57004	.01955
19	.09	2019	2019	.7	-.059	.23747	-.14747	-.97025	-1.15155	.18064

8번 케이스 삭제 후 분석결과이다.

모형 요약[b]

모형	R	R 제곱	수정된 R 제곱	추정값의 표준오차	Durbin-Watson
1	.797[a]	.635	.583	.11710	2.021

a. 예측자: (상수), DIFF(합계출산율,1), DIFF(고령인구비율,1)

b. 종속변수: 인구증가율

ANOVA[a]

모형		제곱합	자유도	평균제곱	F	유의확률
1	회귀	.334	2	.167	12.177	.001[b]
	잔차	.192	14	.014		
	전체	.526	16			

a. 종속변수: 인구증가율

b. 예측자: (상수), DIFF(합계출산율,1), DIFF(고령인구비율,1)

계수a

모형		비표준화 계수 B	비표준화 계수 표준화 오류	표준화 계수 베타	t	유의확률	공선성 통계량 공차	공선성 통계량 VIF
1	(상수)	.983	.110		8.926	.000		
	DIFF(고령인구비율,1)	-1.146	.240	-.778	-4.772	.000	.980	1.020
	DIFF(합계출산율,1)	.254	.440	.094	.577	.573	.980	1.020

a. 종속변수: 인구증가율

공선성 진단a

모형	차원	고유값	상태지수	분산비율 (상수)	분산비율 DIFF(고령인구비율,1)	분산비율 DIFF(합계출산율,1)
1	1	2.427	1.000	.01	.01	.07
	2	.539	2.122	.02	.01	.93
	3	.034	8.478	.97	.98	.00

a. 종속변수: 인구증가율

잔차 통계량이 제시된다. 표준화 잔차(±3.29), 스튜던트화 잔차(±2.0), Cook의 거리(1 미만) 등은 충족하여 잔차의 동/등분산성이 존재하는 것으로 파악된다.

잔차 통계량a

	최소값	최대값	평균	표준화 편차	N
예측값	.1504	.6440	.4594	.14447	17
표준화 예측값	-2.139	1.278	.000	1.000	17
예측값의 표준오차	.031	.071	.048	.013	17
수정된 예측값	.1391	.6655	.4589	.14631	17
잔차	-.15779	.18328	.00000	.10953	17
표준화 잔차	-1.348	1.565	.000	.935	17
스튜던트화 잔차	-1.403	1.727	.002	1.042	17
삭제된 잔차	-.18951	.24251	.00050	.13655	17
스튜던트화 삭제된 잔차	-1.458	1.876	.019	1.081	17
Mahal. 거리	.147	4.921	1.882	1.485	17
Cook의 거리	.001	.436	.086	.114	17
중심화된 레버리지 값	.009	.308	.118	.093	17

a. 종속변수: 인구증가율

추정 회귀식은 다음과 같다.

인구증가율 = 0.983 + (−1.146 × 고령인구비율) + (0.254 × 합계출산율)

- 상수(절편) : 0.983
- 고령인구비율 기울기의 추정치 : −1.146
- 합계출산율 기울기의 추정치 : 0.254
- 고령인구비율 t값 : −4.772(유의확률 0.000)
- 합계출산율 t값 : 0.577(유의확률 0.573)
- 고령인구비율은 인구증가율에 대해 t값의 유의확률이 0.000으로 유의수준 $p < 0.05$보다 작기 때문에 통계적으로 유의하나 합계출산율의 t값의 유의확률은 0.573으로 유의수준 0.05보다 크기 때문에 통계적으로 유의적이지 않다.

추정 회귀식을 통해 미래 인구증가율을 예측할 수 있다. 추정하기 위해서는 숫자표현식에 다음과 같이 회귀식을 입력한다.

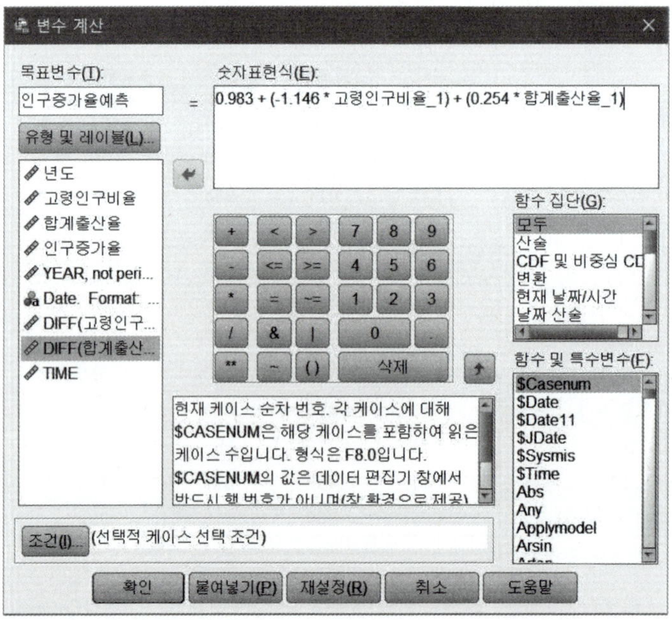

6. 가변수를 이용한 회귀분석

1) 개요

회귀분석을 위한 데이터 수준은 연속변수(등간수준 이상)이어야 한다. 그렇다면 성별, 혼인상태, 계절, 분기, 직업, 지역(시도, 시군구, 도농), 정부수준(중앙정부, 지방정부), 가구유형, 행정서비스 이용경험(예, 아니오), 서비스 이용방법(온라인, 오프라인), 학교수업방식(대면, 비대면) 등 명목수준(질적변수)으로 측정한 데이터는 회귀분석을 할 수 없을까? 예를 들어, 계절(하계와 동계 또는 성수기와 비수기)에 따라 관광객의 변화를 파악하려는 경우 또는 수업방식(대면, 비대면)에 따른 학습성취도의 변화를 파악하려는 경우가 있다.

이처럼 명목수준으로 측정된 시계열 데이터인 경우 가변수(dummy variable)로 변환하여 회귀분석을 할 수 있다. 먼저 회귀분석을 수행하기 위해서는 명목수준의 변수를 가변수로 변환하여야 한다. 가변수의 수는 명목변수보다 하나 적다(명목변수의 개수−1). 예를 들어 공무원, 회사원, 자영업 등 3개의 직업으로 분류하여 측정한 경우 다음과 같이 '공무원'을 기준으로 하고 $d1$(회사원), $d2$(자영업)의 2개의 가변수로 변환한다.

직업	$d1$(회사원)	$d2$(자영업)
공무원=1	0	0
회사원=2	1	0
자영업=3	0	1

2) 가변수의 회귀분석 방법

(1) 분석 대상

가변수의 회귀분석은 시계열 데이터의 추세 및 계절성 여부에 따라 그 방법이 달라진다. 시계열 데이터에 추세가 없고 계절성을 가진 경우 가변수를 변환하여 회귀분석을 수행하나 추세도 있고 계절성을 가진 경우에는 TIME 변수 추가와 가변수를 변환한 회귀분석을 수행한다.

구분	그래프	회귀분석 방법
추세가 없는 계절성을 가진 시계열 데이터		가변수 변환 회귀분석
추세/계절성을 가진 시계열 데이터		TIME 변수 추가/가변수 변환 회귀분석

자료: 한광종(2017: 363)

다음 데이터(국가통계포털 → 주제별 → 경제활동인구조사 → 취업자 → 행정구역(시도)/성별 취업자 → 일괄설정: 성별/계, 시점/분기)는 1989년부터 2021년 1/4분기까지 취업자 통계이다(분기별취업자.sav). 1분기를 기준 변수로 하고 2분기, 3분기, 4분기를 가변수로 변화하여 분기별 취업자 수의 변화 정도를 살펴보자.

	연도	분기	취업자수	YEAR_	QUARTER_	DATE_
1	1989 1/4	1	16251	1989	1	Q1 1989
2	1989 2/4	2	18081	1989	2	Q2 1989
3	1989 3/4	3	18108	1989	3	Q3 1989
4	1989 4/4	4	17802	1989	4	Q4 1989
5	1990 1/4	1	16910	1990	1	Q1 1990
6	1990 2/4	2	18545	1990	2	Q2 1990
7	1990 3/4	3	18602	1990	3	Q3 1990
8	1990 4/4	4	18283	1990	4	Q4 1990
9	1991 1/4	1	17560	1991	1	Q1 1991
10	1991 2/4	2	19001	1991	2	Q2 1991
11	1991 3/4	3	19105	1991	3	Q3 1991
12	1991 4/4	4	18929	1991	4	Q4 1991
13	1992 1/4	1	18177	1992	1	Q1 1992
14	1992 2/4	2	19388	1992	2	Q2 1992
15	1992 3/4	3	19360	1992	3	Q3 1992
16	1992 4/4	4	19109	1992	4	Q4 1992

(2) 가변수 변환 방법

다음의 분기를 가변수로 변환해보자. 기준변수는 1분기가 되고, 가변수는 $d1=2$분기, $d2=3$분기, $d3=4$분기가 된다. 가변수를 통한 회귀분석에 대한 회귀계수, 즉 종속변수에 대한 가변수에 대한 설명은 기준변수에 대한 상대적 영향을 나타낸다. 예를 들어 가변수 $d1$(2분기)의 기울기의 추정치가 10이라면 2분기에는 1분기에 비해 10만큼 종속변수가 증가 또는 감소한다는 것을 의미한다. 마찬가지로 가변수 $d2$(3분기)의 기울기 추정치가 5라면 3분기에는 1분기에 비해 5만큼 종속변수가 증가 또는 감소한다는 것을 의미한다.

분기	$d1$	$d2$	$d3$
1분기(기준변수)	0	0	0
2분기	1	0	0
3분기	0	1	0
4분기	0	0	1

① *d*1의 가변수 변환

- 조건 및 부등호를 이용하여 2분기를 1로 하고 나머지 1분기, 3분기, 4분기를 0으로 설정하기
- 변환 → 변수계산
  - 목표변수 : 'd1' 입력
  - 숫자표현식 : '1' 입력
  - [조건] 클릭

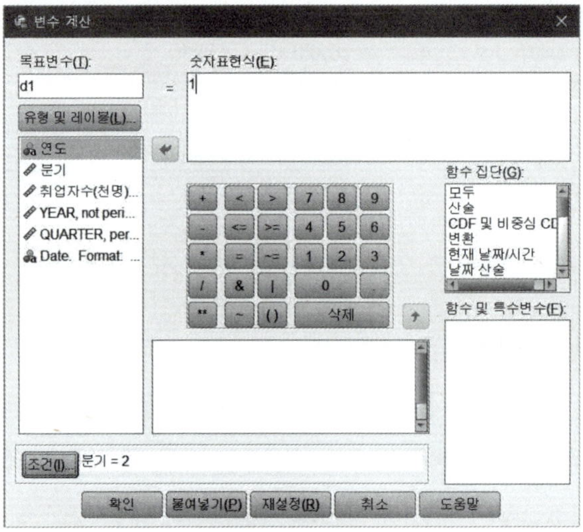

- [변수 계산 : 케이스 조건] 대화 상자
  - '다음 조건을 만족하는 케이스 포함' 선택
  - '분기=2' 입력
  - [계속] → [확인] 클릭

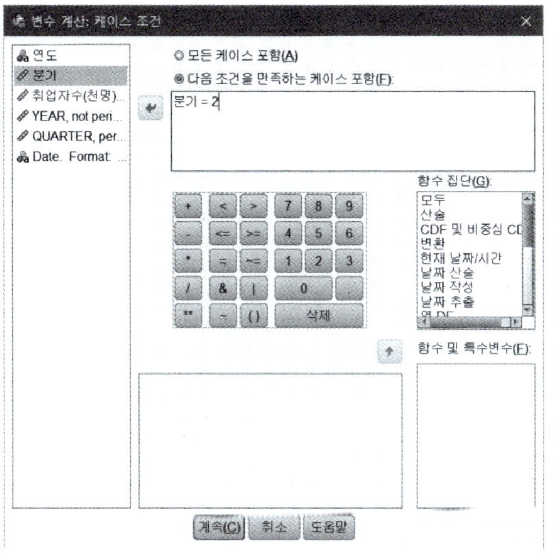

- 변환 → 변수계산
  - 목표변수 : 'd1' 입력
  - 숫자표현식 : '0' 입력
  - [조건] 클릭
- [변수 계산 : 케이스 조건] 대화 상자
  - '다음 조건을 만족하는 케이스 포함' 선택
  - '분기=1 | 분기>=3' 입력
  - [계속] → [확인] → [기존 변수를 변경하시겠습니까?] 확인

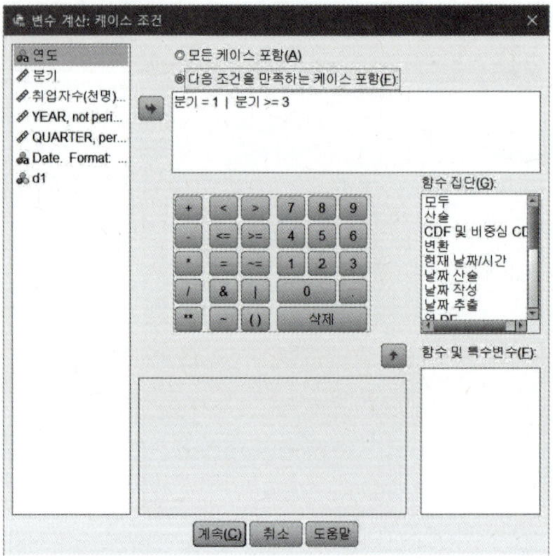

조건	의미(내용)	
A & B	and	A, B 조건 모두 충족되는 경우
A | B	or	둘 중 어느 하나에 해당하는 경우

② *d*2의 가변수 변환

- 조건 및 부등호를 이용하여 3분기를 1로 하고 나머지 1분기, 2분기, 4분기를 0으로 설정하기
- 변환 → 변수계산
  - 목표변수 : 'd2' 입력
  - 숫자표현식 : '1' 입력
  - [조건] 클릭
- [변수 계산 : 케이스 조건] 대화 상자
  - '다음 조건을 만족하는 케이스 포함' 선택
  - '분기=3' 입력
  - [계속] → [확인] 클릭

- 변환 → 변수계산
  - 목표변수 : 'd2' 입력
  - 숫자표현식 : '0' 입력
  - [조건] 클릭
- [변수 계산 : 케이스 조건] 대화 상자
  - '다음 조건을 만족하는 케이스 포함' 선택
  - '분기=4 | 분기<=2' 입력
  - [계속] → [확인] → [기존 변수를 변경하시겠습니까?] 확인

③ *d*3의 가변수 변환

- 소선 및 무능호를 이용하여 4분기를 1로 하고 나머지 1분기, 2분기, 3분기를 0으로 설정하기
- 변환 → 변수계산
  - 목표변수 : 'd3' 입력
  - 숫자표현식 : '1' 입력
  - [조건] 클릭
- [변수 계산 : 케이스 조건] 대화 상자
  - '다음 조건을 만족하는 케이스 포함' 선택
  - '분기=4' 입력
  - [계속] → [확인] 클릭
- 변환 → 변수계산
  - 목표변수 : 'd3' 입력
  - 숫자표현식 : '0' 입력
  - [조건] 클릭
- [변수 계산 : 케이스 조건] 대화 상자
  - '다음 조건을 만족하는 케이스 포함' 선택
  - '분기 < 4' 입력

– [계속] → [확인] → [기존 변수를 변경하시겠습니까?] 확인

가변수로 변환된 결과

	연도	분기	취업자수	YEAR_	QUARTER_	DATE_	d1	d2	d3
1	1989 1/4	1	16251	1989	1	Q1 1989	0	0	0
2	1989 2/4	2	18081	1989	2	Q2 1989	1	0	0
3	1989 3/4	3	18108	1989	3	Q3 1989	0	1	0
4	1989 4/4	4	17802	1989	4	Q4 1989	0	0	1
5	1990 1/4	1	16910	1990	1	Q1 1990	0	0	0
6	1990 2/4	2	18545	1990	2	Q2 1990	1	0	0
7	1990 3/4	3	18602	1990	3	Q3 1990	0	1	0
8	1990 4/4	4	18283	1990	4	Q4 1990	0	0	1
9	1991 1/4	1	17560	1991	1	Q1 1991	0	0	0
10	1991 2/4	2	19001	1991	2	Q2 1991	1	0	0
11	1991 3/4	3	19105	1991	3	Q3 1991	0	1	0
12	1991 4/4	4	18929	1991	4	Q4 1991	0	0	1
13	1992 1/4	1	18177	1992	1	Q1 1992	0	0	0
14	1992 2/4	2	19388	1992	2	Q2 1992	1	0	0
15	1992 3/4	3	19360	1992	3	Q3 1992	0	1	0
16	1992 4/4	4	19109	1992	4	Q4 1992	0	0	1

(3) 가변수 회귀분석 수행

① 순차도표를 통해 시계열 데이터의 추세 및 계절성을 파악한다.

- 분석 → 시계열 분석 → 시퀀스 차트(순차도표)

– 변수 : 취업자수(천명)

– 시간축 레이블 : Date

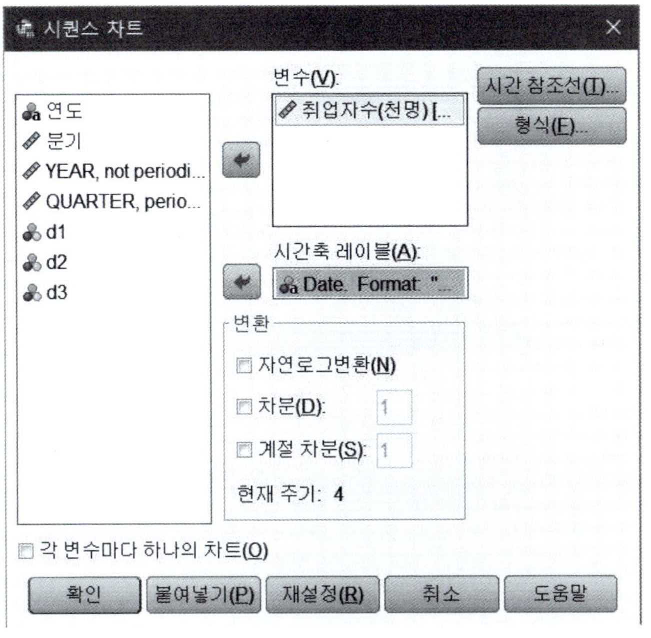

- [형식]
  - 수평축에 시간표
  - 단일 변수 차드 : 계열 평균에 참조선
  - 계속 → 확인

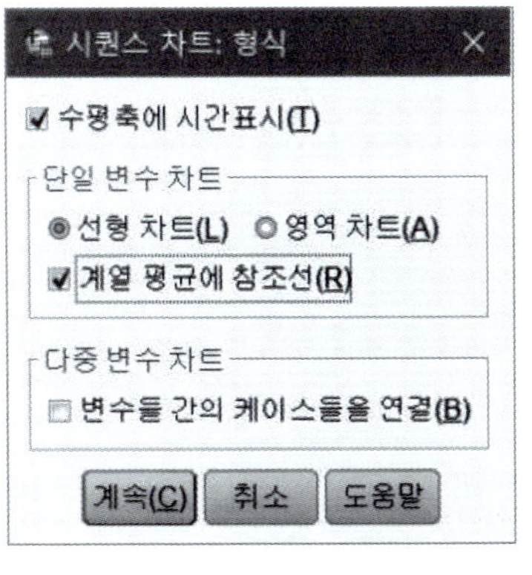

순차도표 결과 시각적으로 추세와 계절성을 확인할 수 있다.

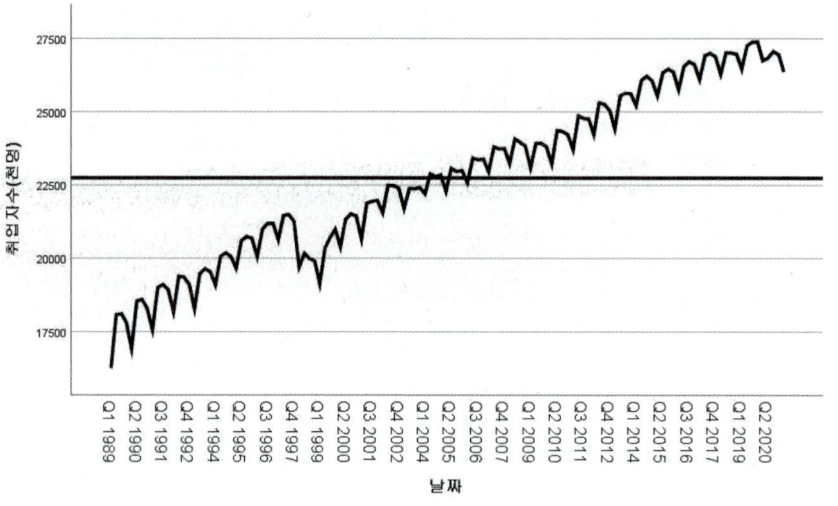

② 회귀분석 수행

– TIME 변수를 생성한다.

- 변환 → 변수계산

– 목표변수 : 'TIME' 입력

– 함수 집단/함수 및 특수변수 : $Casenum 선택

– 확인

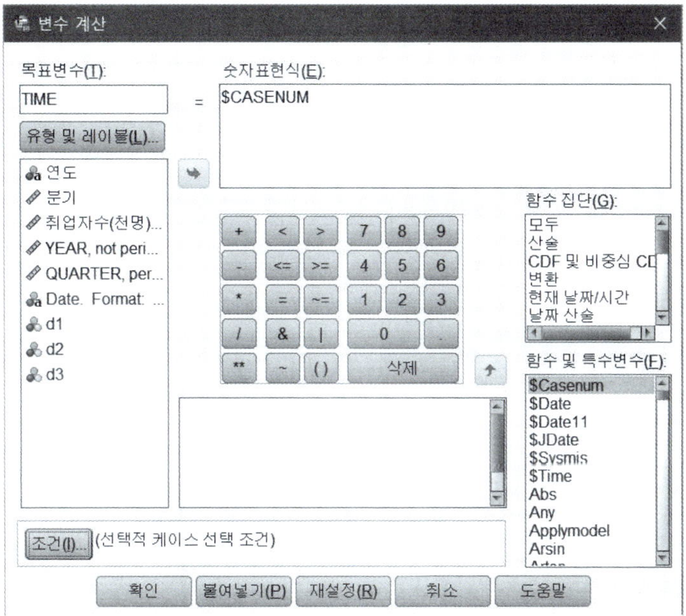

TIME 변수가 생성된 결과는 다음과 같다.

	연도	분기	취업자수	YEAR_	QUARTER_	DATE_	d1	d2	d3	TIME
1	1989 1/4	1	16251	1989	1	Q1 1989	0	0	0	1.00
2	1989 2/4	2	18081	1989	2	Q2 1989	1	0	0	2.00
3	1989 3/4	3	18108	1989	3	Q3 1989	0	1	0	3.00
4	1989 4/4	4	17802	1989	4	Q4 1989	0	0	1	4.00
5	1990 1/4	1	16910	1990	1	Q1 1990	0	0	0	5.00
6	1990 2/4	2	18545	1990	2	Q2 1990	1	0	0	6.00
7	1990 3/4	3	18602	1990	3	Q3 1990	0	1	0	7.00
8	1990 4/4	4	18283	1990	4	Q4 1990	0	0	1	8.00
9	1991 1/4	1	17560	1991	1	Q1 1991	0	0	0	9.00
10	1991 2/4	2	19001	1991	2	Q2 1991	1	0	0	10.00
11	1991 3/4	3	19105	1991	3	Q3 1991	0	1	0	11.00
12	1991 4/4	4	18929	1991	4	Q4 1991	0	0	1	12.00
13	1992 1/4	1	18177	1992	1	Q1 1992	0	0	0	13.00
14	1992 2/4	2	19388	1992	2	Q2 1992	1	0	0	14.00
15	1992 3/4	3	19360	1992	3	Q3 1992	0	1	0	15.00
16	1992 4/4	4	19109	1992	4	Q4 1992	0	0	1	16.00

- 분석 → 회귀분석 → 선형
  - 종속변수 : 취업자수(천명)
  - 독립변수 : d1, d2, d3, TIME

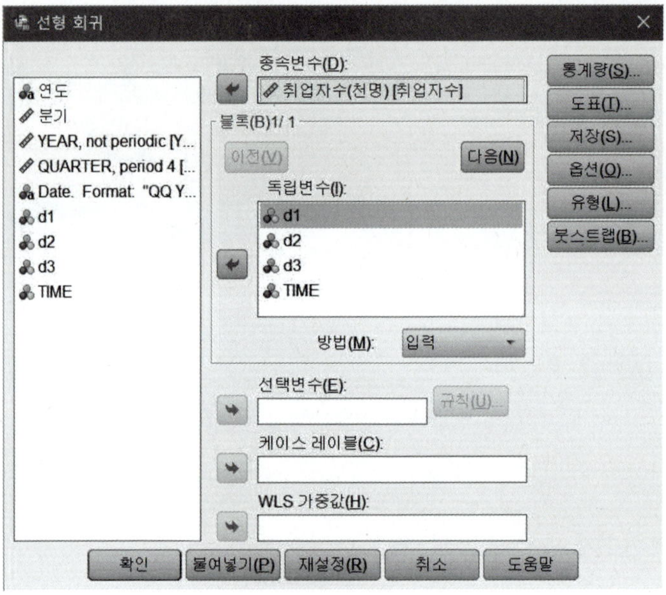

- [선형 회귀 : 통계량]
  - 회귀계수 : 추정값
  - 모형적합
  - 공선성 진단
  - 잔차 : Durbin-Watson / 케이스별 진단
  - [계속] 클릭

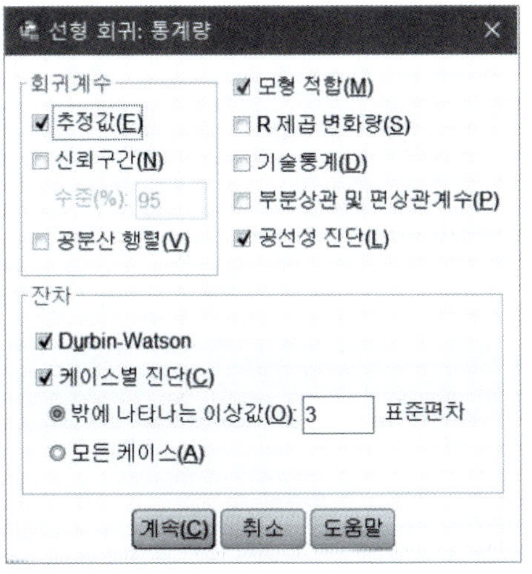

- [선형 회귀 : 도표]
  - Y : *ZRESID(표준화잔차)
  - X : DEPENDNT
  - 표준화 잔차도표/정규확률도표
  - [계속] 클릭

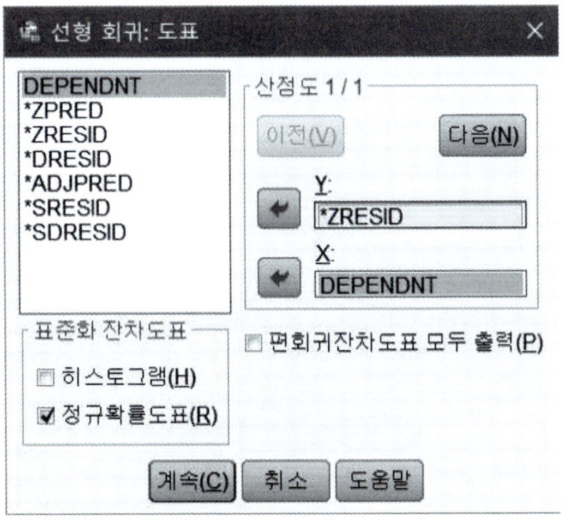

- [선형 회귀 : 저장]
  - 예측값 : 비표준화
  - 잔차 : 표준화/스튜던트화
  - 거리 : Cook의 거리
  - [계속] → [확인] 클릭

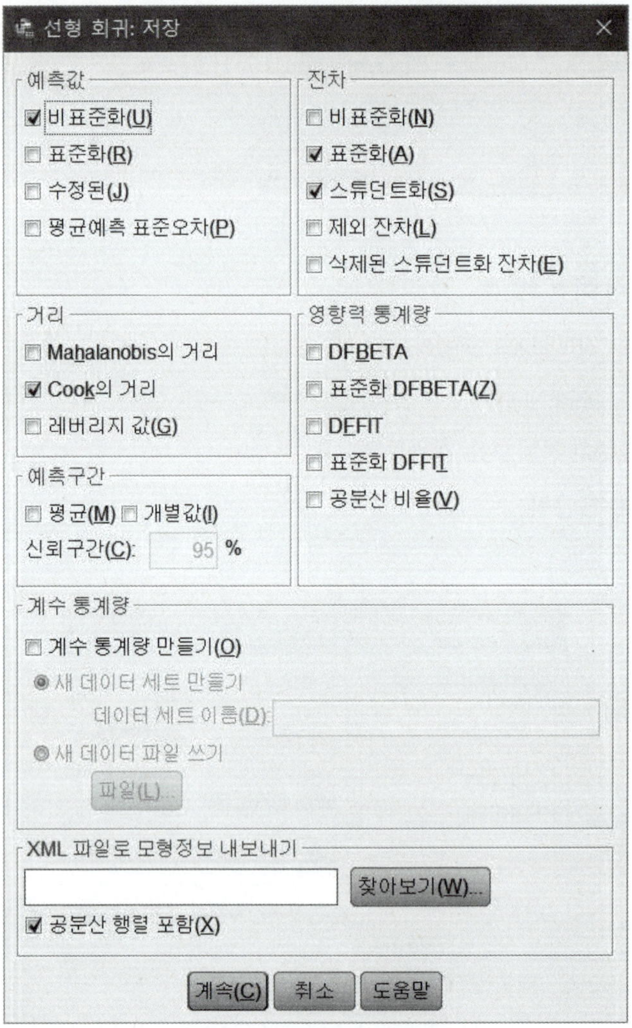

• 분석결과는 다음과 같다.

R제곱이 0.981로 가변수($d1$, $d2$, $d3$)와 TIME 변수에 의하여 설명되는 취업자의 설명력 비율은 98.1%이다. 잔차의 자기상관을 검증하는 Durbin-Watson의 d-통계량은 0.295로 0에에 가깝기 때문에 자기상관의 존재가 의심된다.

회귀모형의 유의성 검정에서 F값의 통계량이 1639.138이고 유의확률이 0.000으로 유의수준 0.05보다 작기 때문에 '회귀선의 기울기는 0이다'라는 영가설을 기각한다. 즉 회귀선의 기울기는 존재하고 회귀식은 통계적으로 유의적이다.

모형 요약[b]

모형	R	R 제곱	수정된 R 제곱	추정값의 표준 오차	Durbin-Watson
1	.991[a]	.981	.981	396.419	.295

a. 예측자: (상수), TIME, d2, d3, d1

b. 종속변수: 취업자수(천명)

ANOVA[a]

모형		제곱합	자유도	평균제곱	F	유의확률
1	회귀	1030348170	4	257587042.5	1639.138	.000[b]
	잔차	19486335.67	124	157147.868		
	전체	1049834506	128			

a. 종속변수: 취업자수(천명)

b. 예측자: (상수), TIME, d2, d3, d1

추정 회귀식은 다음과 같다.

$$\text{취업자수} = 17230.955 + (904.289 \times \text{2분기}) + (877.612 \times \text{3분기}) + (723.028 \times \text{4분기}) + (75.271 \times \text{TIME})$$

– 상수(절편) : 17230.955

– 가변수 $d1$ 기울기의 추정치 : 904.289

– 가변수 $d2$ 기울기의 추정치 : 877.612

– 가변수 $d3$ 기울기의 추정치 : 723.028

- TIME 변수 기울기의 추정치 : 75.271
- 가변수 *d*1의 *t*값 : 9.194(유의확률 0.000)
- 가변수 *d*2의 *t*값 : 8.923(유의확률 0.000)
- 가변수 *d*3의 *t*값 : 7.351(유의확률 0.000)
- TIME 변수의 *t*값 : 80.293(유의확률 0.000)

가변수 *d*1, *d*2, *d*3와 TIME 변수의 *t*값의 유의확률은 유의수준 $p<0.05$보다 작기 때문에 통계적으로 유의하다. 분기별 취업자수에 영향을 미치는 정도가 차이가 있다.

계수[a]

모형		비표준화 계수 B	비표준화 계수 표준화 오류	표준화 계수 베타	t	유의확률	공선성 통계량 공차	공선성 통계량 VIF
1	(상수)	17230.955	92.060		187.170	.000		
	d1	904.289	98.356	.137	9.194	.000	.675	1.481
	d2	877.612	98.351	.133	8.923	.000	.675	1.481
	d3	723.028	98.356	.109	7.351	.000	.675	1.481
	TIME	75.271	.937	.983	80.293	.000	1.000	1.000

a. 종속변수: 취업자수(천명)

다중공선성의 경우 분산팽창지수(VIF)가 10 미만이고 상태지수가 31 미만으로 다중공선성은 존재하지 않는다.

공선성 진단[a]

모형	차원	고유값	상태지수	분산비율 (상수)	분산비율 d1	분산비율 d2	분산비율 d3	분산비율 TIME
1	1	2.654	1.000	.02	.02	.02	.02	.03
	2	1.000	1.629	.00	.26	.00	.25	.00
	3	1.000	1.629	.00	.08	.34	.08	.00
	4	.251	3.249	.00	.33	.34	.35	.48
	5	.095	5.294	.98	.30	.30	.29	.49

a. 종속변수: 취업자수(천명)

케이스별 진단 결과 41번 케이스에서 3보다 큰 표준화 잔차 값이 −3.025로 제시된다. 잔차 통계량에서 스튜던트화 잔차(±2.0)가 −3.077로 허용치를 벗어났으며, Cook의 거리(1 미만)는 0.084로 충족하는 것으로 나타났다.

케이스별 진단[a]

케이스 번호	표준화 잔차	취업자수(천명)	예측값	잔차
41	-3.025	19118	20317.07	-1199.070

a. 종속변수: 취업자수(천명)

잔차 통계량[a]

	최소값	최대값	평균	표준화 편차	N
예측값	17306.23	27667.99	22744.95	2837.181	129
표준화 예측값	-1.917	1.735	.000	1.000	129
예측값의 표준오차	69.008	91.442	77.745	6.865	129
수정된 예측값	17365.53	27701.40	22745.20	2837.003	129
잔차	-1199.070	907.099	.000	390.176	129
표준화 잔차	-3.025	2.288	.000	.984	129
스튜던트화 잔차	-3.077	2.331	.000	1.004	129
삭제된 잔차	-1240.662	941.003	-.249	406.163	129
스튜던트화 삭제된 잔차	-3.188	2.374	-.003	1.017	129
Mahal. 거리	2.887	5.819	3.969	.890	129
Cook의 거리	.000	.084	.008	.014	129
중심화된 레버리지 값	.023	.045	.031	.007	129

a. 종속변수: 취업자수(천명)

표준화 잔차의 도표와 산점도가 제시된다. 표준화 잔차의 도표가 45도 대각선을 따라 균등하게 펴져 있으면 분포가 정상적이라는 것을 나타낸다. 즉 등/동분산의 가정에 이상이 없으며 잔차들이 바람직하게 분포되어 있다는 의미이다. 이 분석에서는 잔차들이 정상적이지 않은 것으로 알 수 있다.

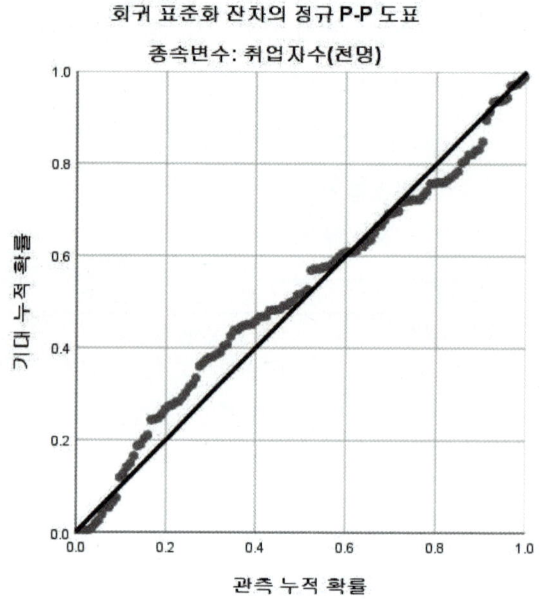

산점도는 0을 중심으로 무작위로 분포되어 있지 않아 동/등산성을 만족하지 못한다.

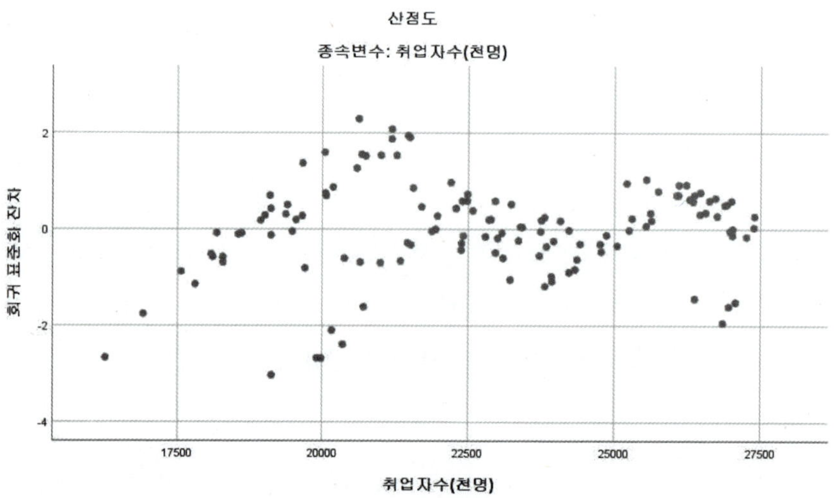

분석결과 예측값, 표준화 잔차(ZRE), 스튜던트화 잔차(SRE), Cook의 거리(Coo) 등이 [데이터 보기]에 저장된다.

	연도	분기	취업자수	YEAR_	QUARTER_	DATE_	d1	d2	d3	TIME	PRE_1	ZRE_1	SRE_1	COO_1
25	1995 1/4	1	19653	1995	1	Q1 1995	0	0	0	25.00	19112.73243	1.36287	1.39043	.01580
26	1995 2/4	2	20591	1995	2	Q2 1995	1	0	0	26.00	20092.29259	1.25803	1.28352	.01349
27	1995 3/4	3	20740	1995	3	Q3 1995	0	1	0	27.00	20140.88634	1.51131	1.54194	.01947
28	1995 4/4	4	20674	1995	4	Q4 1995	0	0	1	28.00	20061.57384	1.54490	1.57620	.02034
29	1996 1/4	1	20043	1996	1	Q1 1996	0	0	0	29.00	19413.81677	1.58717	1.61783	.02042
30	1996 2/4	2	20999	1996	2	Q2 1996	1	0	0	30.00	20393.37692	1.52774	1.55739	.01901
31	1996 3/4	3	21184	1996	3	Q3 1996	0	1	0	31.00	20441.97067	1.87183	1.90816	.02854
32	1996 4/4	4	21186	1996	4	Q4 1996	0	0	1	32.00	20362.65817	2.07695	2.11726	.03514
33	1997 1/4	1	20622	1997	1	Q1 1997	0	0	0	33.00	19714.90110	2.28823	2.33060	.04060
34	1997 2/4	2	21466	1997	2	Q2 1997	1	0	0	34.00	20694.46126	1.94627	1.98257	.02960
35	1997 3/4	3	21498	1997	3	Q3 1997	0	1	0	35.00	20743.05501	1.90441	1.93993	.02834
36	1997 4/4	4	21269	1997	4	Q4 1997	0	0	1	36.00	20663.74251	1.52681	1.55529	.01821
37	1998 1/4	1	19697	1998	1	Q1 1998	0	0	0	37.00	20015.98543	-.80467	-.81900	.00482
38	1998 2/4	2	20164	1998	2	Q2 1998	1	0	0	38.00	20995.54559	-2.09764	-2.13538	.03311
39	1998 3/4	3	19984	1998	3	Q3 1998	0	1	0	39.00	21044.13934	-2.67429	-2.72240	.05381
40	1998 4/4	4	19905	1998	4	Q4 1998	0	0	1	40.00	20964.82684	-2.67350	-2.72160	.05378
41	1999 1/4	1	19118	1999	1	Q1 1999	0	0	0	41.00	20317.06976	-3.02476	-3.07677	.06567
42	1999 2/4	2	20350	1999	2	Q2 1999	1	0	0	42.00	21296.62992	-2.38795	-2.42956	.04150
43	1999 3/4	3	20706	1999	3	Q3 1999	0	1	0	40.00	21345.22367	-1.61250	-1.64059	.01892

잔차에 영향을 미치는 이상치 41번 케이스를 포함하여 스튜던트화 잔차(±2.0) 이상의 케이스를 삭제한 후 다시 회귀분석을 실시한다.

재분석 결과를 보면, *R*세곱이 0.992로 0.981보다 증가하여 가변수(*d*1, *d*2, *d*3)와 TIME 변수에 의하여 설명되는 취업자의 설명력 비율은 99.2%이다. 잔차의 자기상관을 검증하는 Durbin-Watson의 *d*-통계량은 0.480으로 0.295보다 증가하였다. 회귀모형의 유의성 검정 통계량 *F*값은 3385.852로 1639.138보다 대폭 증가하였다.

모형 요약[b]

모형	R	R 제곱	수정된 R 제곱	추정값의 표준오차	Durbin-Watson
1	.996[a]	.992	.992	248.160	.480

a. 예측자: (상수), TIME, d2, d3, d1

b. 종속변수: 취업자수(천명)

ANOVA[a]

모형		제곱합	자유도	평균제곱	F	유의확률
1	회귀	834051612.5	4	208512903.1	3385.852	.000[b]
	잔차	6527859.142	106	61583.577		
	전체	840579471.6	110			

a. 종속변수: 취업자수(천명)

b. 예측자: (상수), TIME, d2, d3, d1

재분석한 추정 회귀식은 다음과 같다.

취업자수 = 17301.033 + (875.856 × 2분기) + (814.660 × 3분기)
+ (639.524 × 4분기) + (75.609 × TIME)

- 상수(절편) : 17301.033
- 가변수 *d*1 기울기의 추정치 : 875.856
- 가변수 *d*2 기울기의 추정치 : 814.660
- 가변수 *d*3 기울기의 추정치 : 639.524
- TIME 변수 기울기의 추정치 : 75.609
- 가변수 *d*1의 *t*값 : 13.192(유의확률 0.000)
- 가변수 *d*2의 *t*값 : 12.168(유의확률 0.000)
- 가변수 *d*3의 *t*값 : 9.641(유의확률 0.000)
- TIME 변수의 *t*값 : 115.902(유의확률 0.000)

가변수 *d*1, *d*2, *d*3와 TIME 변수의 *t*값의 유의확률은 유의수준 $p<0.05$보다 작기 때문에 통계적으로 유의하다. 분기별 취업자수에 영향을 미치는 정도가 차이가 있다. 기준변수 1분기에 비해 2분기는 875.856만큼, 3분기는 814.660만큼, 4분기는 639.524만큼 영향을 미친다. 또한 2분기는 3분기에 비해 61.196(875.856–814.660)만큼 증가하며 4분기에 비해 236.332(875.856–639.524)만큼 증가하고, 3분기는 4분기에 비해 175.136(814.660–639.524)만큼 증가할 것으로 추정할 수 있다.

계수[a]

모형		비표준화 계수 B	비표준화 계수 표준화 오류	표준화 계수 베타	t	유의확률	공선성 통계량 공차	공선성 통계량 VIF
1	(상수)	17301.033	65.068		265.890	.000		
	d1	875.856	66.391	.138	13.192	.000	.667	1.499
	d2	814.660	66.952	.127	12.168	.000	.672	1.487
	d3	639.524	66.335	.101	9.641	.000	.668	1.496
	TIME	75.609	.652	.993	115.902	.000	.998	1.002

a. 종속변수: 취업자수(천명)

공선성 진단[a]

모형	차원	고유값	상태지수	분산비율 (상수)	분산비율 d1	분산비율 d2	분산비율 d3	분산비율 TIME
1	1	2.666	1.000	.02	.02	.02	.02	.03
	2	1.000	1.633	.00	.33	.04	.13	.00
	3	1.000	1.633	.00	.01	.30	.20	.00
	4	.248	3.281	.00	.35	.36	.37	.42
	5	.086	5.569	.98	.30	.28	.28	.55

a. 종속변수: 취업자수(천명)

표준화 잔차의 도표가 45도 대각선에 근접하고 균등하게 퍼져 있으면 분포가 정상적이라는 것을 나타낸다. 잔차들이 정상적인 분포, 즉 동/등분산성의 가정을 충족하고 있다.

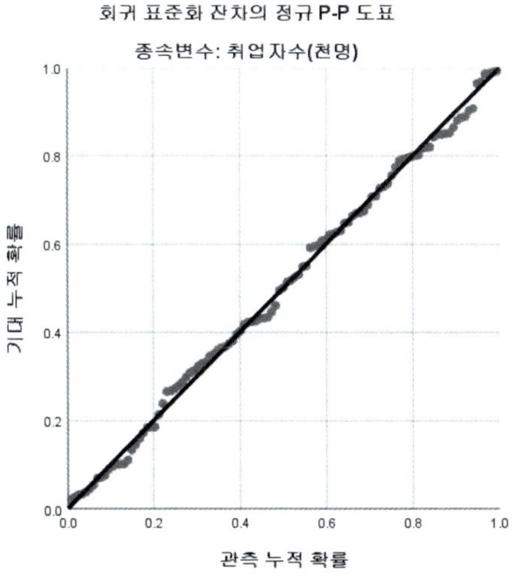

(4) 예측

최종 추정 회귀식에 의하여 미래를 예측할 수 있다.

- 예측 : 2021년 2분기부터 2022년 1분기까지
  - 예측 기간에 해당하는 가변수를 복사하여 붙여넣기
  - TIME 변수는 삭제하고 다시 생성

- 변수 → 변수 계산
  - 목표변수 : 취업자예측
  - 숫자표현식 : 17301.033 + (875.856*d1) + (814.660*d2) + (639.524*d3) + (75.609*TIME)
  - 확인

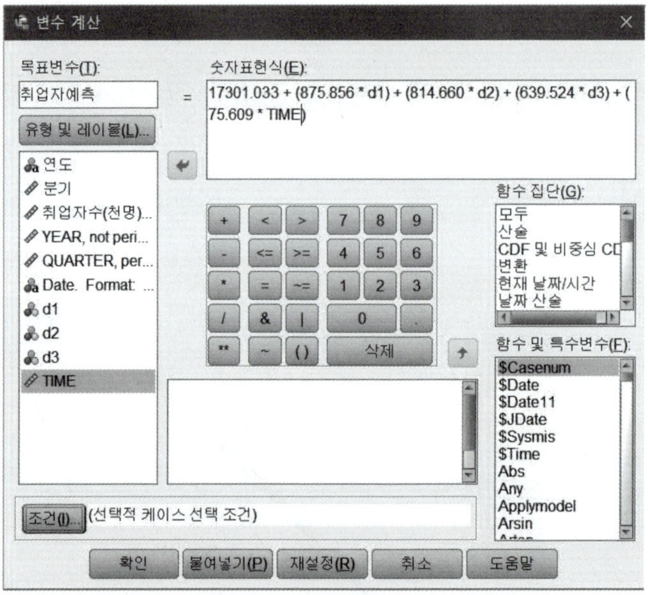

최종 정리된 시계열 데이터를 통한 회귀분석 결과 2020년 2분기부터 2021년 4분기까지 취업자예측 결과가 제시된다.

연도	분기	취업자수	YEAR_	QUARTER_	DATE_	d1	d2	d3	TIME	취업자예측
2018 4/4	4	26971	2018	4	Q4 2018	0	0	1	106.00	25955.11
2019 1/4	1	26461	2019	1	Q1 2019	0	0	0	107.00	25391.20
2019 2/4	2	27256	2019	2	Q2 2019	1	0	0	108.00	26342.66
2019 3/4	3	27382	2019	3	Q3 2019	0	1	0	109.00	26357.07
2019 4/4	4	27393	2019	4	Q4 2019	0	0	1	110.00	26257.55
2020 1/4	1	26749	2020	1	Q1 2020	0	0	0	111.00	25693.63
2020	2	.	.	.		1	0	0	112.00	26645.10
	3	.	.	.		0	1	0	113.00	26659.51
	4	.	.	.		0	0	1	114.00	26559.98
2021	1	.	.	.		0	0	0	115.00	25996.07
	2	.	.	.		1	0	0	116.00	26947.53
	3	.	.	.		0	1	0	117.00	26961.95
	4	.	.	.		0	0	1	118.00	26862.419

- 예측 결과
  - 2020년 2분기 : 26645.10
  - 2020년 3분기 : 26659.51
  - 2020년 4분기 : 26559.98
  - 2021년 1분기 : 25996 07
  - 2021년 2분기 : 26947.53
  - 2021년 3분기 : 26961.95
  - 2021년 4분기 : 26862.42

순차도표를 통해 관측값(취업자수)과 예측값을 비교할 수 있다.

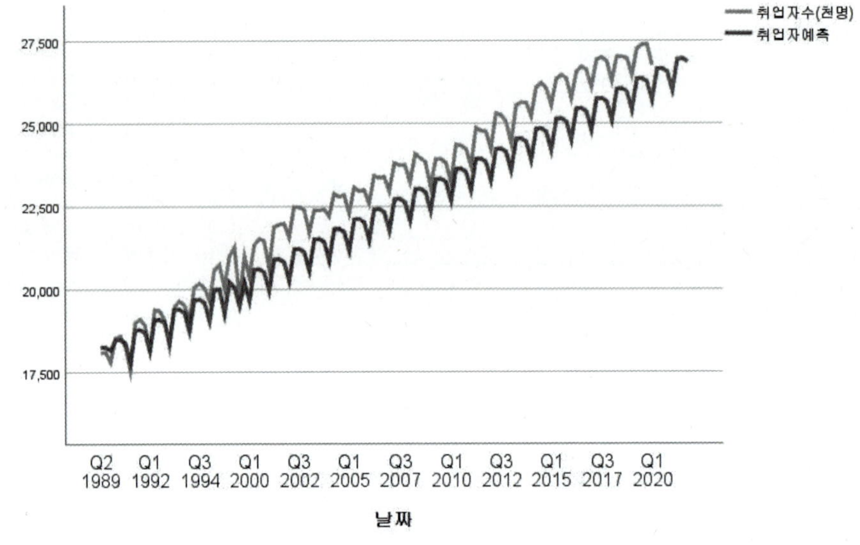

Chapter 7

횡단시계열 분석

1. 횡단시계열의 의의

전통적 시계열 분석은 하나의 변수에 대하여 일정 시간 동안의 과거 관측값을 통해 현재 및 미래를 예측(추정)하고자 한다. 그러면 두 개 이상의 변수에 대한 시계열 데이터의 변화를 비교할 수는 없을까? 횡단시계열 분석은 전통적 시계열 데이터(time series data)와 횡단 데이터(cross sectional data)를 결합함으로써 시간의 변화에 따른 차이를 고려하면서 동시에 동일 시점에서 각 횡단 데이터에 대한 영향도 고려하는 방법이다(한광종, 2017: 529). 횡단 데이터는 동일한 특정 시점(2022년 12월 31일 현재)에서 여러 대상(전국 시도)의 관측값(인구증감률)의 집합이다.

시계열 데이터와 횡단 데이터의 결합이 패널 데이터(panel data)이다. 패널 데이터는 두 개 이상의 연구대상을 여러 시점에 걸쳐서 반복 측정한 것 또는 동일한 기관이나 개인들에 대하여 여러 시점에 걸쳐 획득한 복수의 현상들의 관측치이다. 시계열 데이터가 하나의 대상을 여러 시점에 걸쳐 측정하여 얻는 반면, 패널 데이터는 복수의 대상을 여러 시점에 걸쳐 측정하여 얻는 것이다(한치록, 2017: 1-2).

패널 데이터를 통한 분석을 패널 분석(panel analysis)이라 하며, 패널 분석은 패널 데이터를 이용하여 시계열 분석과 횡단면 분석을 동시에 수행하는 회귀분석 방법의 하나이다. 그러나 횡단시계열 분석과 패널 분석은 변수의 수와 시계열의 길이에 따라 구분한다. 횡단시계열 분석은 횡단 데이터의 수에 비해서 시계열 길이 긴 경우이며, 패널 분석은 횡단 데이터의 시계열 길이는 짧고 횡단 데이터의 수가 많은 경우이다(한광종, 2017: 529). 예를 들어, OECD 국가의 1990년부터 2021년까지의 국가투명성 데이터인 경우는 횡단시계열 분석에 해당되고, 전 세계 국가의 2011년부터 2021년까지의 민주주의 수준 데이터의 경우는 패널 분석에 해당한다.

예를 들어, 다음과 같은 사례를 파악하고자 할 때 횡단시계열 분석을 이용할 수 있다.

- 전국 시도별 인구증감률의 변화 비교

- 전국 시도별 고령인구비율의 비교
- 전국 시도별 순이동인구의 변화 비교
- 전국 시도별 실업률의 변화 비교
- 전국 대학교 취업률의 변화 비교
- 공공기관 경영평가의 변화 비교
- 기관별 청소년예산 변화 비교
- 기관별/집단별 신뢰수준 변화 비교
- 기관별 공정한 업무수행에 대한 인식 비교
- 집단별 감정적 서리에 대한 인식 비교
- 성별/연령별/직업별/소득수준별/교육수준별/지역별 행정서비스만족 비교
- 성별/연령별/직업별/소득수준별/교육수준별/지역별 삶의 질/행복감 비교
- 성별/연령별/직업별/소득수준별/교육수준별/지역별 구매
- OECD 국가의 국가투명성 수준 비교
- OECD 국가의 전자정부발전 수준 비교

2. 횡단시계열 분석 방법

횡단시계열 데이터는 자기상관성과 이분산성을 가지고 있어서 다중회귀분석으로 모형 설정은 불가능하고, 선형혼합모형으로 설정하여야 한다(한광종, 2017: 529).

다음은 국가통계포털을 통해 획득한 2000년부터 2019년까지 세종시를 제외한 16개 시도(세종시 제외)별 시계열 데이터이다(🖫 삶만족도.sav). 삶의 만족도를 종속변수로 설정하고 선형혼합모형을 분석해보자. 여기에서 청년고용률은 15~29세 인구 중 취업자가 차지하는 비율을 나타내며, 1인당지역총소득과 1인당개인소득은 로그 변환하였다.

변수	데이터 획득 경로
삶의만족도	국가통계포털 > 국내통계 > e-지방통계 > 주제별 > 사회통합
고용률/청년고용률	국가통계포털 > 국내통계 > e-지방통계 > 주제별 > 고용과 노동
1인당지역총소득/ 1인당개인소득	국가통계포털 > 국내통계 > e-지방통계 > 주제별 > 소득과 소비

① 1인당지역총소득과 1인당개인소득 변수의 로그 변환

- 변환 → 변수 계산
  - 함수 및 특수변수 : 'Ln' 더블 클릭 → 숫자표현식 : LN(?)
  - 왼쪽 변수명에서 '1인당지역총소득' 클릭
  - 확인

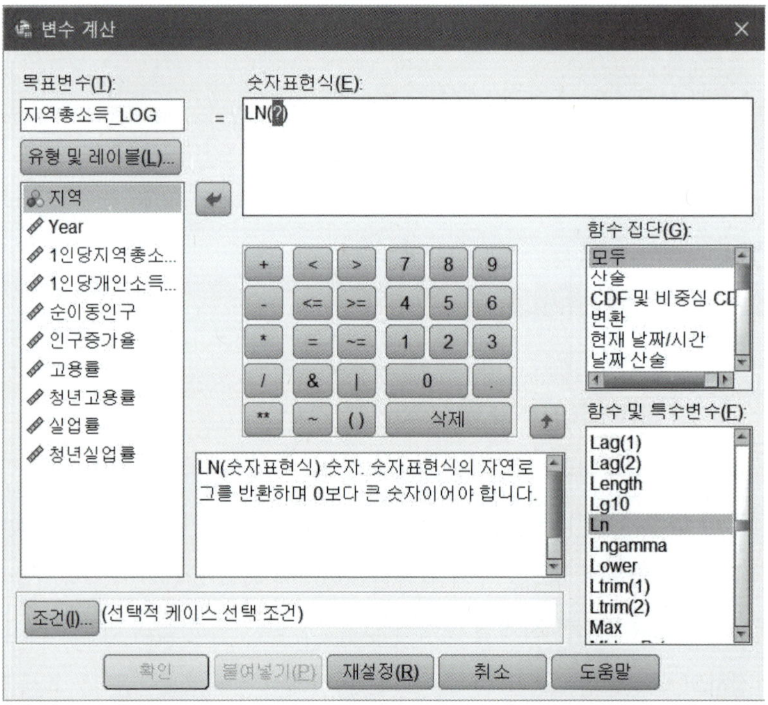

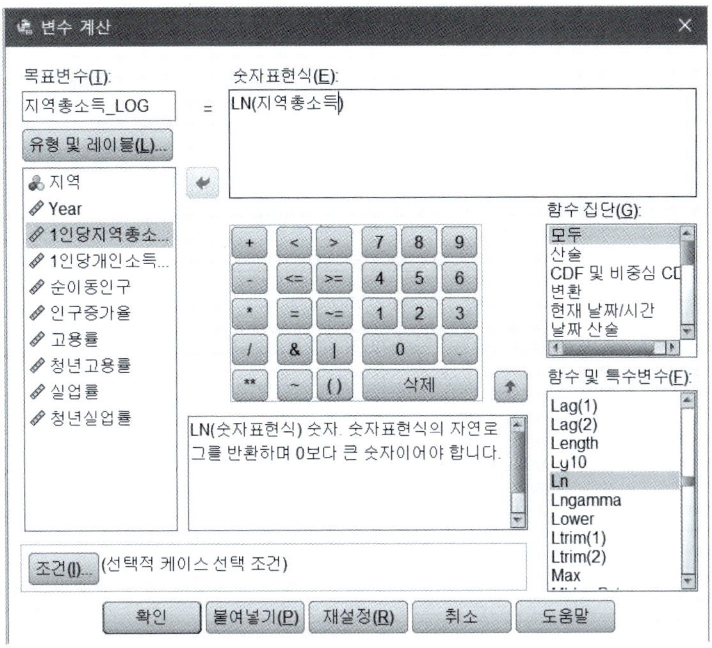

	지역	Year	지역총소득	개인소득	고용률	청년고용률	삶의만족도	지역총소득_LOG	개인소득_LOG
1	1	2009	32874	16080	58.5	44.9	3.7	10.40	9.69
2	1	2010	36359	17277	59.2	44.2	9.6	10.50	9.76
3	1	2011	38574	18252	60.0	45.5	6.3	10.56	9.81
4	1	2012	39215	18795	59.9	43.9	10.2	10.58	9.84
5	1	2013	39570	19525	59.9	42.7	10.9	10.59	9.88
6	1	2014	40577	19832	60.5	42.9	13.3	10.61	9.90
7	1	2015	41857	20857	60.0	43.8	10.7	10.64	9.95
8	1	2016	44111	21295	60.0	44.6	13.0	10.69	9.97
9	1	2017	46715	22237	60.2	45.3	7.9	10.75	10.01
10	1	2018	48362	23323	59.6	46.1	11.6	10.79	10.06
11	1	2019	49121	23440	60.0	47.5	14.1	10.80	10.06
12	2	2009	18996	12993	54.2	37.0	2.6	9.85	9.47
13	2	2010	19724	13605	54.3	34.7	5.7	9.89	9.52

② 분석 실시

- 분석 → 혼합모형 → 선형
  - 개체 : 지역
  - 계속

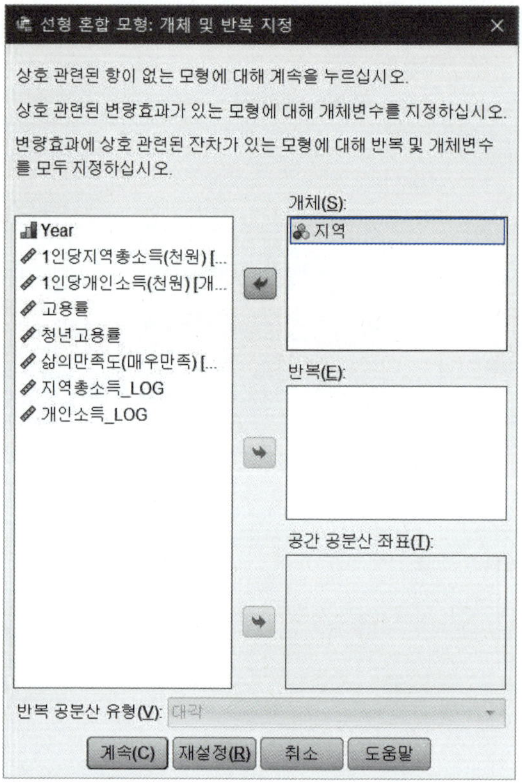

- [선형 혼합 모형] 대화상자
  - 종속변수 : 삶의만족도
  - 요인 : 지역/Year
  - 공변량 : 고용률/청년고용률/지역총소득_LOG/개인소득_LOG

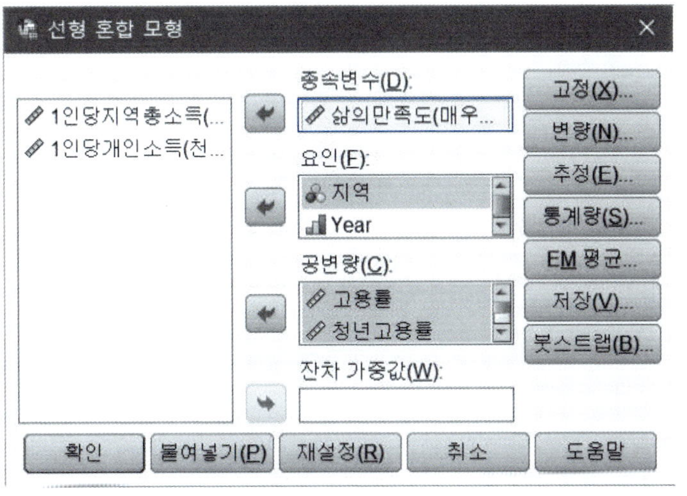

- 우측 상단 [고정] 클릭 → [선형 혼합 모형: 고정 효과] 대화상자
  - 모형 : 고용률/청년고용률/지역총소득_LOG/개인소득_LOG 등의 변수를 블록 설정
  - 가운데 〈주효과〉 선택 → 추가 클릭
  - 〈절편 포함〉 선택
  - 제곱합 : 〈제III유형〉 선택 * 제III유형은 균형, 제 I 유형은 불균형 데이터
  - 계속

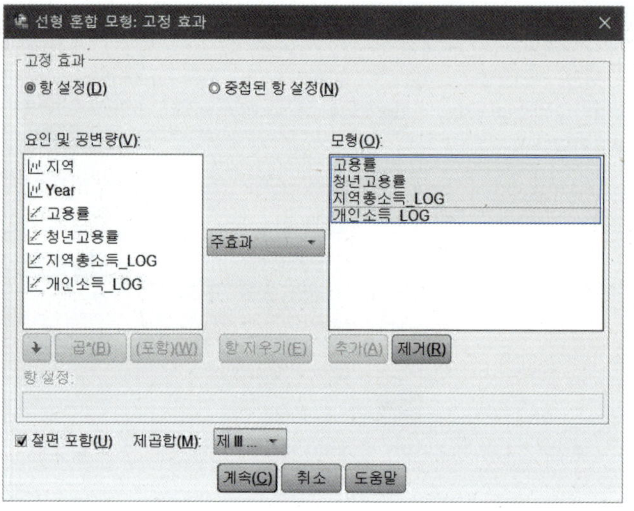

- 우측 상단 [변량] 클릭 → [선형 혼합 모형: 변량효과] 대화상자
  - 공분산 유형 : 분산성분
  - 모형 : 지역/Year 변수 설정하고
  - 가운데 : 〈주효과〉 선택 → 〈추가〉 클릭
  - 개체집단 : 왼쪽 '지역'을 오른쪽 〈조합〉으로 드래그
  - 계속

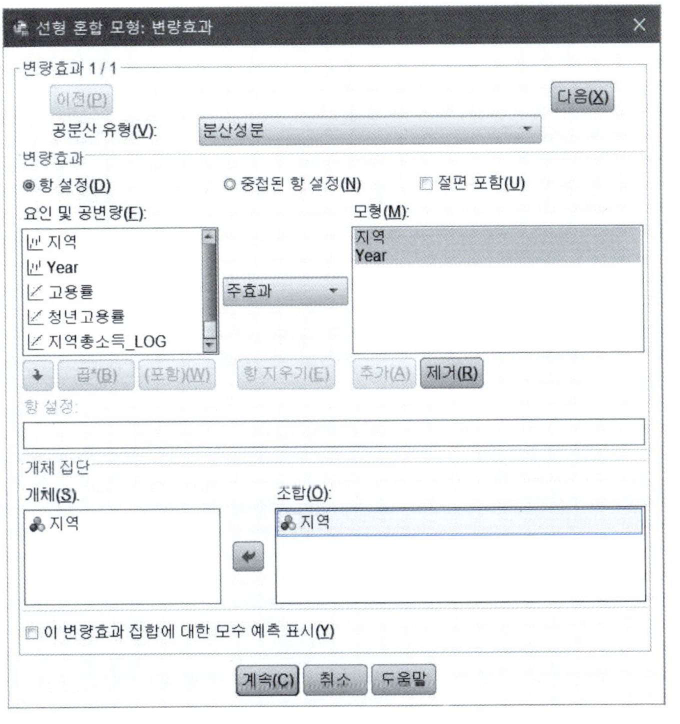

- 우측 상단 [추정] 클릭 → [선형 혼합 모형: 추정] 대화상자
  – 방법: 제한최대우도
  – 계속

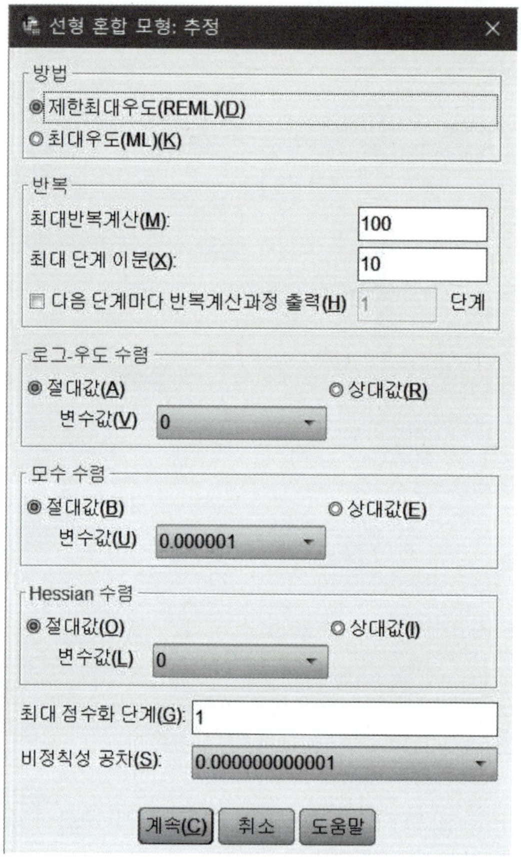

- 우측 상단 [통계량] 클릭 → [선형 혼합 모형: 통계량] 대화상자
  - 모형 통계량/고정 효과에 대한 모수 추정값
  - 계속

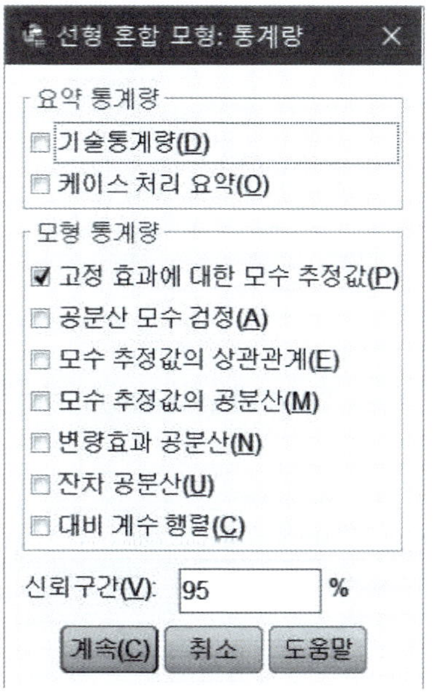

- 우측 상단 [저장] 클릭 → [선형 혼합 모형: 저장] 대화상자
  - 예측값 및 잔차 : 예측값, 잔차
  - 계속 → 확인

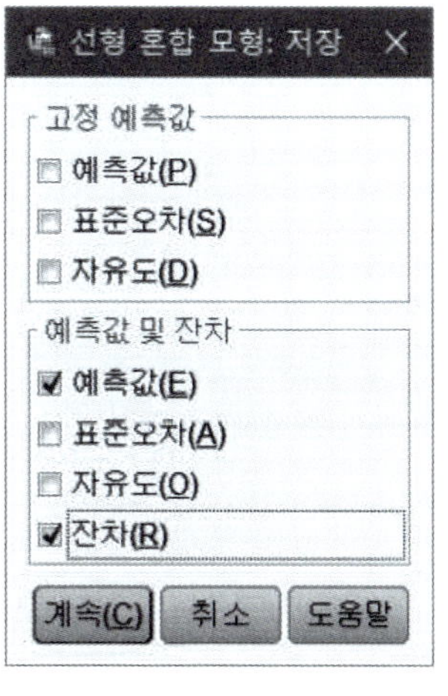

③ 분석결과

고정 효과 유의확률이 유의수준 0.05보다 작으면 통계적으로 유의적이다. 분석결과 고용률과 개인소득이 유의적 영향을 미친다.

제 III 유형 고정 효과 검정[a]

소스	분자 자유도	분모 자유도	F	유의확률
절편	1	169.971	135.150	.000
고용률	1	19.680	9.390	.006
청년고용률	1	54.657	3.370	.072
지역총소득_LOG	1	16.420	2.814	.112
개인소득_LOG	1	33.533	47.914	.000

a. 종속변수: 삶의만족도(매우만족).

고정 효과 추정값[a]

모수	추정값	표준 오차	자유도	t	유의확률	95% 신뢰구간	
						하한	상한
절편	-167.686928	14.424177	169.971	-11.625	.000	-196.160529	-139.213327
고용률	.419902	.137028	19.680	3.064	.006	.133769	.706035
청년고용률	-.179559	.097809	54.657	-1.836	.072	-.375600	.016482
지역총소득_LOG	-4.061188	2.420993	16.420	-1.677	.112	-9.182814	1.060438
개인소득_LOG	20.651675	2.983474	33.533	6.922	.000	14.585413	26.717937

a. 종속변수: 삶의만족도(매우만족).

오차항의 공분산에 대한 추정값이 제시된다.

공분산 모수 추정값[a]

모수		추정값	표준 오차
잔차		3.289670	.726999
지역 [개체 = 지역]	분산	1.645064	.932364
Year [개체 = 지역]	분산	3.146241[b]	.000000

a. 종속변수: 삶의만족도(매우만족).

b. 이 공분산 모수는 중복됩니다.

[데이터 보기] 화면에 예측값(PRED_1)과 잔차(RESID_1)가 생성된다.

삶의만족도	지역총소득_LOG	개인소득_LOG	PRED_1	RESID_1
3.7	10.40	9.69	4.957	-1.257
9.6	10.50	9.76	8.604	.996
6.3	10.56	9.81	7.500	-1.200
10.2	10.58	9.84	9.807	.393
10.9	10.59	9.88	10.643	.257
13.3	10.61	9.90	12.039	1.261
10.7	10.64	9.95	11.046	-.346
13.0	10.69	9.97	12.207	.793
7.9	10.75	10.01	10.031	-2.131
11.6	10.79	10.06	12.069	-.469
14.1	10.80	10.06	13.269	.831
2.6	9.85	9.47	3.381	-.781
5.7	9.89	9.52	5.537	.163

④ 잔차의 정규성 검정

- 분석 → 기술통계량 → 데이터 탐색
  - 종속변수 : 잔차(RESID_1)

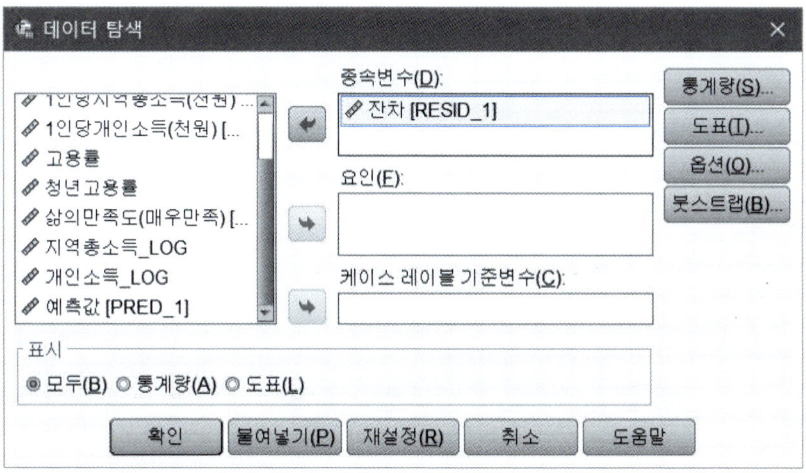

- 도표
  - 상자도표 : 지정하지 않음
  - 기술통계 : 히스토그램
  - 검정과 함께 정규성도표
  - 계속 → 확인

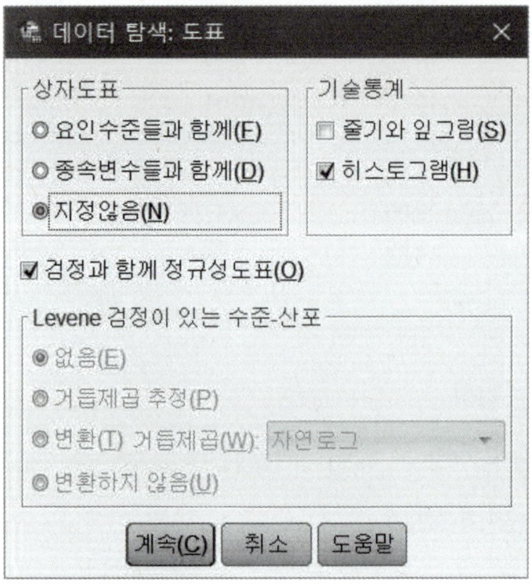

분석결과 Kolmogorov-Smirnov 또는 Shapiro-Wilk 중 통계량의 유의확률이 유의수준 0.05보다 커야 한다. Kolmogorov-Smirnov 및 Shapiro-Wilk 통계량의 유의확률이 유의수준 0.05보다 크므로 정규성을 만족한다.

정규성 검정

	Kolmogorov-Smirnov[a]			Shapiro-Wilk		
	통계량	자유도	유의확률	통계량	자유도	유의확률
잔차	.055	176	.200*	.987	176	.116

*. 이것은 참 유의성의 하한입니다.

a. Lilliefors 유의확률 수정

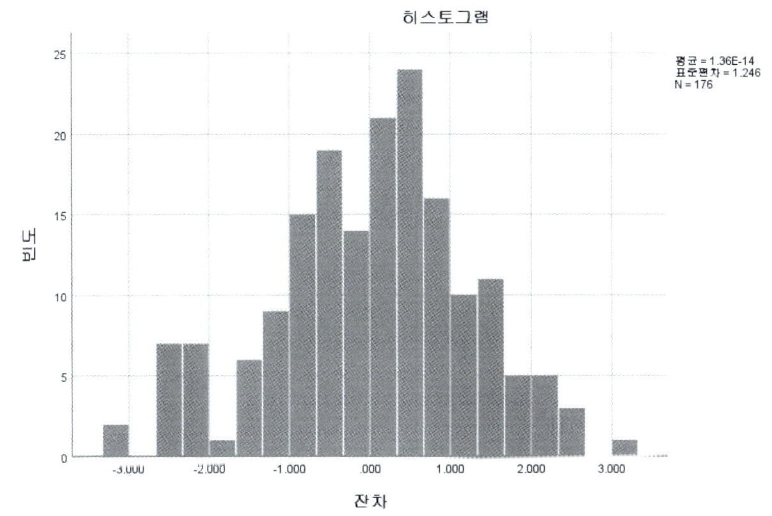

Q-Q 도표에서 대각선을 중심으로 모여 있으면 정규성을 만족하게 되는데, 대각선에 모여 있어 정규성을 만족한다.

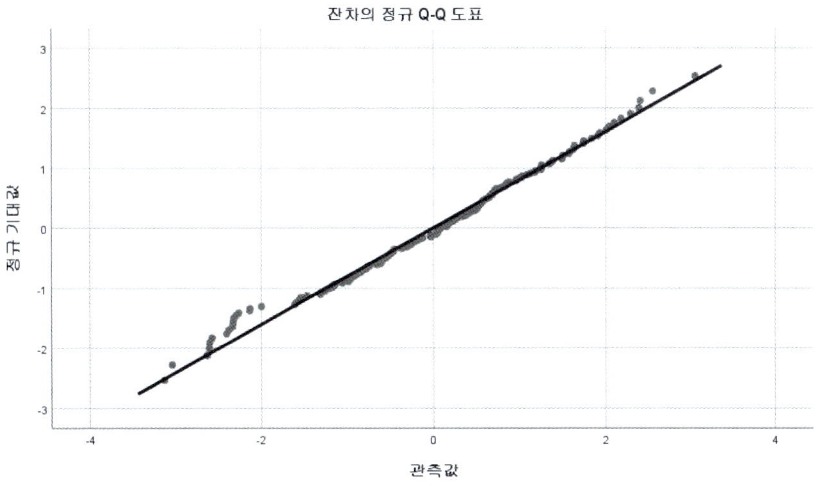

0을 중심으로 무작위적으로 분포하고 있어서 정규성을 만족한다.

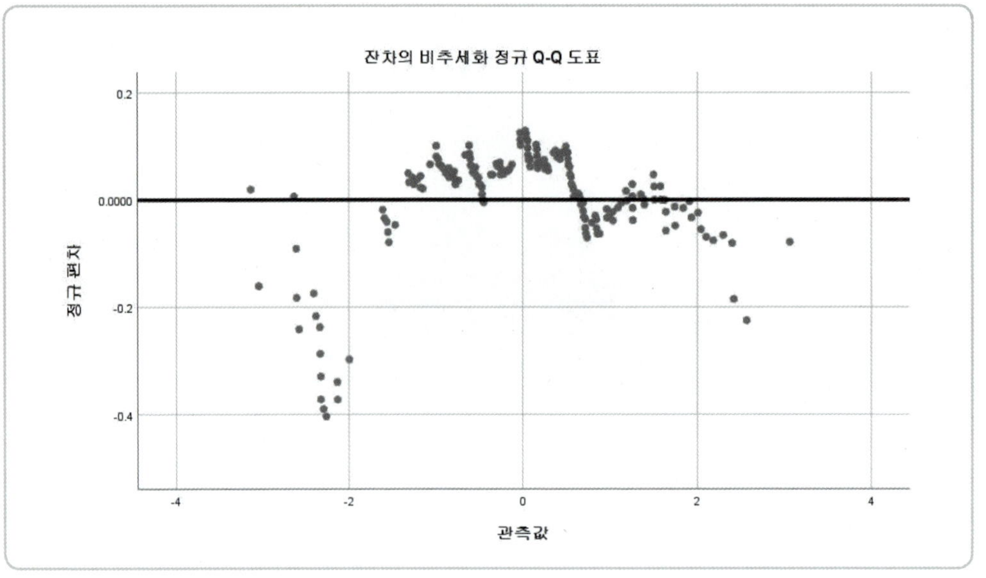

⑤ **도(경기=9, 강원=10, 충북=11, 충남=12, 전북=13, 전남=14, 경북=15, 경남=16, 제주=17)**

- 데이터 → 케이스 선택
  - 조건 : '지역'을 우측으로 이동 → '지역 >= 9'
  - 계속 → 확인

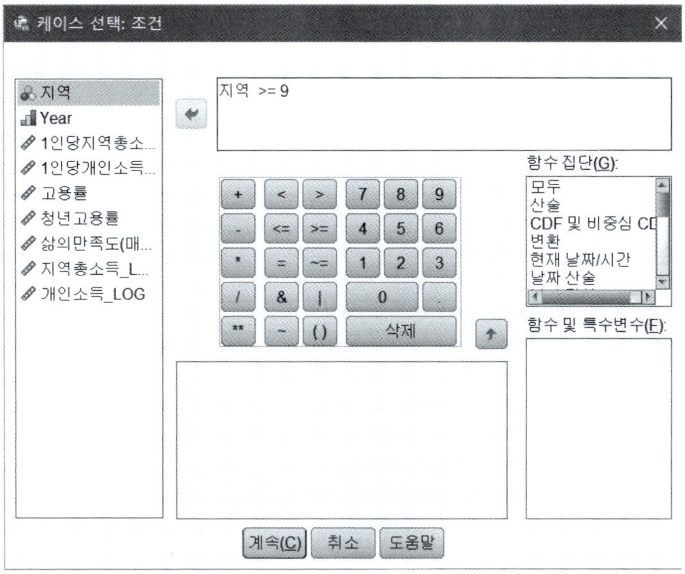

분석결과 개인소득이 유의적 변수로 나타났다.

제 III 유형 고정 효과 검정[a]

소스	분자 자유도	분모 자유도	F	유의확률
절편	1	92.290	70.843	.000
고용률	1	7.498	.431	.531
청년고용률	1	15.642	.788	.388
지역총소득_LOG	1	7.600	.064	.806
개인소득_LOG	1	12.012	22.214	.001

a. 종속변수: 삶의만족도(매우만족).

고정 효과 추정값[a]

모수	추정값	표준 오차	자유도	t	유의확률	95% 신뢰구간 하한	95% 신뢰구간 상한
절편	-171.017964	20.318564	92.290	-8.417	.000	-211.370696	-130.665232
고용률	.117219	.178592	7.498	.656	.531	-.299465	.533902
청년고용률	-.117950	.132914	15.642	-.887	.388	-.400240	.164340
지역총소득_LOG	-.896552	3.531196	7.600	-.254	.806	-9.114736	7.321632
개인소득_LOG	19.365543	4.108776	12.012	4.713	.001	10.414252	28.316834

a. 종속변수: 삶의만족도(매우만족).

⑥ 수도권(서울=1, 인천=4, 경기=9)

- 데이터 → 케이스 선택
  - 조건 : '지역'을 우측으로 이동 → '지역 = 1 | 지역 = 4 | 지역 = 9'
  - 계속 → 확인

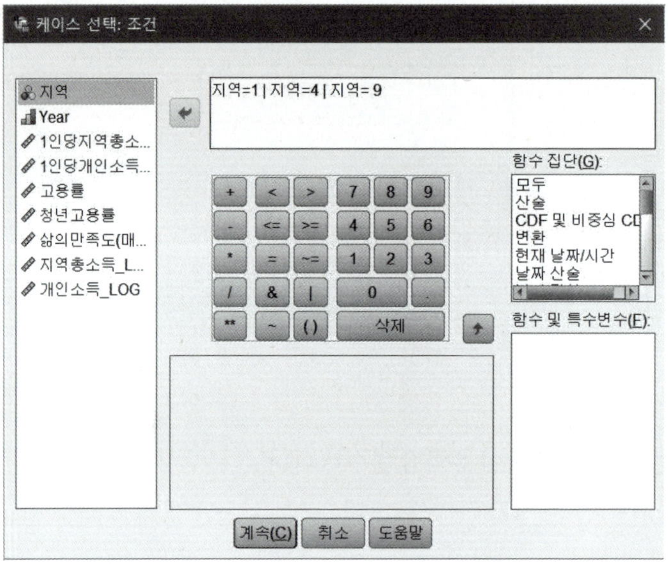

분석결과 개인소득이 유의적 변수이다.

제 III 유형 고정 효과 검정[a]

소스	분자 자유도	분모 자유도	F	유의확률
절편	1	25.394	17.865	.000
고용률	1	23.794	4.109	.054
청년고용률	1	22.645	.122	.730
지역총소득_LOG	1	25.159	4.351	.047
개인소득_LOG	1	27.519	8.821	.006

a. 종속변수: 삶의만족도(매우만족).

고정 효과 추정값[a]

모수	추정값	표준 오차	자유도	t	유의확률	95% 신뢰구간 하한	95% 신뢰구간 상한
절편	-165.724314	39.209253	25.394	-4.227	.000	-246.413786	85.034042
고용률	.603982	.297975	23.794	2.027	.054	-.011289	1.219253
청년고용률	-.062797	.179515	22.645	-.350	.730	-.434475	.308880
지역총소득_LOG	-11.278738	5.406991	25.159	-2.086	.047	-22.411069	-.146408
개인소득_LOG	26.509334	8.925411	27.519	2.970	.006	8.212038	44.806629

a. 종속변수: 삶의만족도(매우만족).

⑦ 비수도권(서울, 인천, 경기를 제외한 지역)

같은 방법으로 분석한 결과, 청년실업률과 지역총소득 변수가 유의적이다.

참고문헌

기광도. (2007). 경찰과 범죄간의 관계분석: 시계열분석을 중심으로.「한국경찰연구」, 6(2): 257-290.

김두섭 · 강남준. (2000).「회귀분석 기초와 응용」. 서울: 나남출판.

김민창 · 김애진. (2019). 중앙정부 이전재원이 시 · 군 기초자치단체 지역경제 성장에 미치는 영향: 도구변수를 활용한 패널회귀분석.「지방정부연구」, 23(3): 53-77.

김성배. (2011). 패널회귀분석을 이용한 지방분권과 지역격차의 관련성 분석.「지역연구」, 27(4): 41-64.

김연형 · 정영숙. (2006). 주택가격과 거시경제 변수간의 시계열분석. Journal of the Korean Data Analysis Society, 8(6): 2383-2398.

김현철. (2005).「시계열자료의 분석과 예측」. 서울: 교육과학사.

김형아 · 박수빈. (2019). 정치경제학적 관점에서 본 ICT 분야의 R&D 지출과 국제표준 제안의 상관관계 연구.「국가정책연구」, 33(4): 55-78.

노형진. (2011).「SPSS/Excel을 활용한 알기쉬운 시예열분석」. 서울: 학현사.

박재찬. (2012). 패널회귀분석을 이용한 e-Transformation 영향요인에 관한 연구.「전문경영인연구」, 15(1): 69-85.

성준모 · 이종하. (2015). 패널회귀분석을 활용한 청소년의 학교생활 적응 요인 탐색.「사회과학논총」, 17: 89-112.

송근원. (2005).「아리마 시계열분석」. 부산: 도서출판 금정.

송병흠 · 최승희. (1999). 김포국제공항 지역의 시정변화에 대한 통계적 분석.「운항학회지」, 제7권: 91-99.

유승익. (1992). 사회경제발전이 정치폭력에 미치는 영향: 횡단적 및 시계열 자료의 합동 분석.「국제정치논총」, 31: 367-388.

유정빈. (1996). 선형회귀모형에서 다중공선성이 존재할 때 결정계수에 대한 연구.「응용과학연구」, 5(1): 123-130.

이덕기. (2002).「마케팅을 위한 예측과 사나리오 분석」. 서울: 자유아카데미.

이수창. (2014). 경찰력 증강과 경찰활동 강화가 범죄발생억제효과에 미치는 영향에 대한 ARIMA 시계열분석.「치안정책연구」, 18(1): 65-103.

이우리. (2014).「시계열 분석과 예측」. 도서출판 탐진.

이우주 · 박경옥 · 김해경. (2010). 생명보험의 보험계약대출 수요에 대한 통계적 예측.「한국통계학회논문집」, 17(5): 697-712.

이원우 · 장인홍. (2018).「SPSS 활용 시계열 자료분석(제3판)」. 서울: 자유아카데미.

이재길. (2019).「R 프로그램에 기반한 시계열 자료분석」. 서울: 황소걸음 아카데미.

이종협. (2007).「시계열분석과 응용」. 경기: 자유아카데미.

임상수. (2016). 지방교부세가 지방자치단체 지출에 미치는 영향.「한국경제의 분석」, 22(3): 101-145.

전치혁. (2020).「시계열 분석 및 응용」. 경기: 자유아카데미.

정동빈 · 원태연. (2003).「SPSS를 활용한 시계열 자료와 단순화 분석」. 서울: SPSS 아카데미.

최영재. (2008). 대통령의 수사와 언론 보도, 지지도의 상관관계: 노무현 대통령 사례 시계열분석.「한국소통학보」, 10: 164-191.

한광종. (2017).「SPSS 활용 미래예측과 시계열분석」. 경기도: 백산출판사.

한치록. (2017).「패널데이터강의」. 서울: 박영사.

찾아보기

저자 소개

김 구

– 조선대학교 대학원 행정학 박사
– 국가재정운용계획(정보화분야, 2007~2011년) 집필 및 자문위원(기획예산처/KDI) 역임
– 지방자치단체 합동평가단 평가위원 역임
– 지방자치단체 전자정부추진평가 심사평가위원(행정자치부, 한국지역정보개발원) 역임
– 행정자치부 정부3.0 전문강사 및 평가위원 역임
– 강원도 정부3.0 자문위원 역임
– 강원도 출연기관 경영평가위원 역임
– 국가직 5급(구 행정고시 및 외무고시, 입법고시), 7급, 9급 공무원 시험위원 역임
– 현재 국립 강릉원주대학교 사회과학연구소장
– 현재 국립 강릉원주대학교 자치행정학과 교수

〈저서〉

–「사회과학 계량분석의 이해와 활용」(2010)
–「조직혁신의 이해」(2011)
–「공무원 행정학 정리」(2012)
–「한국사회와 공동체(공저)」(2008)
–「스마트사회와 공동체」(2016)
–「열린정부의 이해와 실제」(2018)
– 「인간과 공공사회」(2019)
– 「전자정부론」(2020)
– 「사회과학 연구조사방법론(제3판)」(2020)
–「전자정부 이론과 연구방향」(2021)
– 전자정부(정보화정책, 지역정보화), 지식행정(지식관리), 지역공동체 등에 관한 다수의 논문 발표

저자와의
협의하에
인지생략

SPSS를 활용한 공공시계열 데이터분석

2022년 01월 03일 초판 인쇄
2022년 01월 10일 초판 1쇄 발행

저 자 : 김 구
발행인 : 정 광 식
발행처 : **비앤엠북스**
서울시 금천구 가산디지털1로 70, B1-103(호서대벤처타워)
등 록 2004. 12. 29. / 제313-2004-00298호
전 화 02-2627-5710~13, 팩스 02-2627-5720
홈페이지 www.대학교재.net
이 메 일 bnmbook@daum.net

정가 27,000원 ISBN 978-89-6821-155-3